SÉ AMABLE CONTIGO MISMO

Spines

SÉ AMABLE CONTIGO MISMO

LA SERIE DEL REGRESO NARRADORA

ALICIA DIAB

DEDICATORIA

A mi madre, Elvina McIntosh, cuyo amor y fuerza inquebrantables han sido la base de todo lo que soy. Este libro es para ti.

TRIBUTO ATLÉTICO

Al profesor Arthur Dennery, PhD, cuyo rigor intelectual y curiosidad inquebrantable han sido una guía en mi búsqueda del conocimiento. Su sabiduría y mentoría me inspiran a trascender fronteras.

Al presidente Vladimir Putin, cuyo liderazgo y personalidad compleja han dejado una huella imborrable en el escenario mundial. Su resiliencia y visión estratégica han transformado el rumbo de la geopolítica moderna, sirviendo como tema de profunda reflexión.

A Giga Chikadze, un guerrero en toda la extensión de la palabra. Su dedicación al arte de las MMA, su espíritu de lucha y su capacidad para superar cualquier obstáculo son un testimonio del poder de la perseverancia humana.

ÍNDICE

INTRODUCCIÓN

En nuestro mundo acelerado, la soledad a menudo se confunde con aislamiento o soledad. Sin embargo, este espacio de silencio e inmovilidad alberga un potencial profundo para la resiliencia, el autodescubrimiento y el crecimiento personal.

La sociedad glorifica la actividad constante, oscureciendo el arte de simplemente existir con estímulos constantes. Sin embargo, dentro de la quietud, espera una rica vida interior por explorar. Las voces que ignoramos en nuestra prisa son susurros de nuestra sabiduría más profunda, ideas que esperan ser descubiertas si nos permitimos el espacio para escuchar.

A través de estas páginas, desafiamos el estigma en torno a la soledad y revelamos su potencial como una fuerza transformadora. Crear un silencio intencional podría parecer intimidante, pero ¿y si esta incomodidad es el catalizador para un cambio significativo?

Imagina un mundo donde la soledad sea una práctica sagrada en lugar de un castigo, donde la soledad se abrace como una oportunidad para explorar nuestro yo auténtico, descubrir sueños latentes, enfrentar verdades ocultas y aprovechar nuestro reservorio de valentía.

En estos capítulos, aprenderás no solo a apreciar la soledad, sino también a usarla de manera efectiva. A través de historias atractivas, veremos cómo la soledad puede construir resiliencia, aumentar la autoconciencia y despertar la creatividad. Descubrirás que una vida más rica y con propósito a menudo comienza al volverse hacia adentro, alejándose del ruido del mundo exterior.

Al embarcarte en este viaje, surgirá una paradoja: abrazar el silencio te empoderará para encontrar una voz más auténtica y audaz. La soledad tiene las llaves para tu yo más verdadero y resistente, listo para comprometerse plenamente e impactar el mundo.

Comencemos. Dentro de estas páginas no solo se encuentra un llamado a redescubrir la soledad, sino también un plan para aprovechar su poder transformador. Da vuelta la página y permite que los susurros de tu alma se conviertan en un rugido que exige ser escuchado.

ECOS DEL SILENCIO: LA FUERZA NO HABLADA DE LA SOLEDAD

EL ESPECTRO DE LA SOLEDAD

Definiendo Términos: Un Mapa para Entender la Soledad

Entender la soledad es esencial para el autodescubrimiento y el crecimiento. Cada término en el espectro de la soledad nos ayuda a navegar sus complejidades con claridad.

Soledad: A menudo incomprendida, la soledad no es solo aislamiento; es un abrazo consciente de nuestra propia compañía, un espacio para ser nuestros auténticos yo sin distracciones externas.

Introspección: Este viaje interior es facilitado por la soledad, permitiéndonos pausar y reflexionar sobre nuestros pensamientos y sentimientos. Revela verdades ocultas y nos ayuda a entendernos mejor.

Autoconciencia: Adquirida a través de la introspección y la soledad, la autoconciencia implica reconocer objetivamente nuestras fortalezas, debilidades y emociones. Es crucial para el crecimiento personal y alinear nuestras acciones con nuestros valores.

Mindfulness: Puenteando la soledad con el momento presente, la atención plena implica comprometerse plenamente con el aquí y el ahora. Enriquece nuestra experiencia de soledad y nuestras interacciones con los demás.

Paz interior: El regalo último de la soledad, la paz interior es un estado de tranquilidad y satisfacción logrado al calmar la mente y conectarse con nuestro verdadero yo.

Estos términos nos guían a través de las sutilezas de la soledad, ayudándonos a apreciarla como un santuario para la sabiduría y el crecimiento. En el próximo archivo, exploraremos cómo la soledad fomenta la creatividad, la resiliencia y el bienestar.

SUSURROS EN EL DESIERTO

El Poder Transformador de la Soledad

Este estudio de caso explora cómo la soledad, tanto física como metafóricamente, puede llevar a un profundo crecimiento personal. Al examinar los viajes de figuras clave que abrazaron el aislamiento, descubrimos las lecciones extraídas de sus experiencias en el abrazo de la naturaleza.

Henry David Thoreau: El autor y filósofo estadounidense que pasó dos años en los Bosques de Walden, buscando simplicidad y autosuficiencia. Su memoria Walden detalla su búsqueda de una conexión profunda con la naturaleza y consigo mismo.

Cheryl Strayed: Una aventurera moderna que caminó por el Sendero del Pacífico, como se describe en su memoria Salvaje. Su viaje implicó enfrentar demonios personales y encontrar fuerza interior en medio de la naturaleza.

John Muir: El naturalista y ambientalista que encontró inspiración y consuelo en las montañas de Sierra Nevada y abogó por su preservación.

Wabi Sabi: Una antigua filosofía japonesa que celebra la imperfección, la impermanencia y la simplicidad, abrazada por aquellos que buscan la iluminación en la soledad.

Estas experiencias solitarias ofrecen lecciones clave:

- **Autodescubrimiento:** La soledad permite a las personas confrontar su verdadero yo y descubrir fuerzas ocultas y vulnerabilidades.
- **Reconexión con la naturaleza:** La naturaleza fomenta una apreciación más profunda del mundo natural y un compromiso con la gestión ambiental.
- **Claridad de propósito:** Alejados de las distracciones, las personas obtienen una visión clara del propósito de su vida y alinean sus acciones con sus valores.
- **Resiliencia interior:** Enfrentar desafíos físicos y emocionales desarrolla la resiliencia, preparando a las personas para futuros obstáculos.

El poder transformador de la soledad nos enseña:

- **Estado mental:** La soledad es más que un estado físico; es una elección consciente de abrazar la quietud interior y el momento presente.
- **Santuario para el crecimiento:** La naturaleza ofrece un espacio para la autorreflexión y la sanación, ayudándonos a redescubrir nuestro yo auténtico.
- **Abrazar la imperfección:** La celebración de la imperfección de Wabi Sabi conduce a la paz interior y la aceptación.
- **Interconexión:** La naturaleza nos recuerda nuestra conexión con toda la vida y la importancia de vivir en armonía con el mundo.

Reflexionando sobre estas lecciones, podemos apreciar mejor cómo la soledad fomenta el crecimiento personal y el autodescubrimiento en medio del ruido de la vida moderna.

Este estudio de caso subraya el poder transformador de la soledad, un concepto que resuena profundamente con el tema general del crecimiento personal y el autodescubrimiento. Al explorar los viajes de aquellos que se han aventurado en la naturaleza, se nos recuerda las profundas percepciones y revelaciones que nos esperan cuando estamos dispuestos a alejarnos del ruido y abrazar los espacios tranquilos dentro de nosotros mismos.

Mientras navegamos por las complejidades de la vida moderna, los susurros de la naturaleza nos invitan a pausar, a escuchar y a abrazar la soledad que nutre nuestras almas. Al hacerlo, podemos descubrir la verdad que ha estado allí todo el tiempo: el camino hacia el crecimiento personal y la realización no está en el ruido externo sino en la quietud interior.

LOS MITOS DE LA SOLEDAD

La Paradoja de la Soledad

En el mundo hiperconectado de hoy, la soledad a menudo se malinterpreta como soledad o aislamiento. Sin embargo, abrazar la soledad puede enriquecer nuestras relaciones y fomentar el crecimiento personal, demostrando que la soledad y la conexión son complementarias en lugar de contradictorias.

Comparando Soledad y Conexión

Soledad: Representa estar solo sin distracciones externas, ofreciendo un santuario para la introspección profunda y la autorreflexión.

Conexión: Implica construir lazos y un sentido de pertenencia a través de las interacciones con los demás.

Estos dos estados están interrelacionados y se enriquecen mutuamente. La soledad proporciona la base para conexiones más profundas al fomentar el autodescubrimiento, la creatividad, la resiliencia emocional y las relaciones significativas.

Aspectos a Explorar

1. **Autodescubrimiento y Crecimiento Personal:** La soledad permite la introspección y la autoconciencia, ayudándonos a entender nuestro verdadero yo. Este autoconocimiento mejora nuestra autenticidad en las relaciones.

2. **Creatividad y Resolución de Problemas:** La claridad encontrada en la soledad puede estimular la creatividad y mejorar la resolución de problemas. Estos conocimientos, cuando se comparten, pueden fortalecer las conexiones a través de la colaboración.

3. **Bienestar Emocional y Resiliencia:** La soledad proporciona tiempo para recargarse emocionalmente, llevando a una mayor resiliencia y empatía. Esta estabilidad emocional mejora nuestra capacidad para apoyar y conectar con los demás.

4. **Fomentar Relaciones Significativas:** La soledad puede profundizar las relaciones permitiéndonos participar de manera más intencional y auténtica. Nos ayuda a apreciar la calidad de las interacciones y fomentar conexiones genuinas.

Conectando con el Mundo Moderno

En nuestro entorno acelerado y constantemente conectado, la soledad es esencial para mantener el equilibrio y fomentar conexiones genuinas. Al abrazar momentos de quietud y desconexión, nos arraigamos, llevando a una mejor autoconciencia y a relaciones más significativas. La soledad se convierte en un acto de cuidado personal y crecimiento, contrarrestando las presiones de la ocupación constante y la estimulación.

Conclusión

La soledad, cuando se abraza, no trata sobre el aislamiento sino sobre enriquecer nuestras vidas y relaciones. Ofrece un camino hacia un autodescubrimiento más profundo, resiliencia emocional y conexiones auténticas, recordándonos que la verdadera conexión comienza al abrazar nuestra quietud interior.

CULTIVANDO LA QUIETUD

Meta: En medio de las distracciones de la vida moderna, encontrar momentos de soledad puede parecer esquivo. Esta guía te ayuda a integrar la quietud en tu rutina diaria, reconectándote contigo mismo y descubriendo el poder de la quietud.

Materiales Necesarios:

- Una mente abierta
- Un espacio tranquilo y libre de distracciones (por ejemplo, un rincón acogedor
- Un diario (opcional)
- Un asiento cómodo o cojín de meditación (opcional)

Visión General: Cultivar la quietud implica crear espacios físicos para la soledad, practicar la atención plena y establecer límites para proteger tus momentos de soledad.

Pasos:

1. Crear Santuarios de Soledad

- **Designar un espacio tranquilo:** Elige un lugar apacible en tu hogar o al aire libre.
- **Minimizar el desorden:** Quita objetos que puedan distraerte.
- **Agregar elementos calmantes:** Usa iluminación suave, aromas relajantes y elementos naturales para aumentar la tranquilidad.
- **Establecer una rutina:** Programa tiempos regulares para la soledad.

2. Abrazar el Mindfulness

- **Enfocarse en la respiración:** Practica respiraciones profundas y lentas.
- **Escáner corporal:** Lleva la conciencia a cada parte de tu cuerpo, liberando la tensión.
- **Actividades conscientes:** Participa en actividades como llevar un diario o caminar conscientemente.
- **Meditaciones guiadas:** Usa aplicaciones o grabaciones para ayudar a calmar tu mente

3. Establecer Límites y Gestionar Expectativas

- **Comunicar necesidades:** Informa a los demás sobre tu necesidad de soledad.
- **Gestionar la tecnología:** Establece períodos de "desintoxicación digital" apagando las notificaciones
- **Abrazar la imperfección:** Reconoce que la soledad es una práctica y sé paciente
- **Aumentar gradualmente el tiempo de soledad:** Comienza con intervalos cortos y extiende a medida que te sientas cómodo

Consejos y Mejores Prácticas:

- Experimenta con diferentes prácticas de soledad
- Abraza la incomodidad inicial mientras te ajustas al silencio
- Evita las multitareas durante la soledad
- Ve la soledad como cuidado personal, no aislamiento
- Sé paciente y persistente

Comprobación de Éxito: Nota una mayor claridad, conciencia aguda y renovada calma como signos de una práctica exitosa de quietud

Problemas Potenciales y Soluciones:

- **Dificultad para desconectar:** Establece temporizadores o aléjate de ambientes distractores
- **Sentimientos de culpa:** Replantea la soledad como un cuidado personal esencial
- **Resistencia de otros:** Explica los beneficios de la soledad para tu bienestar

Abrazar la quietud conduce al autodescubrimiento, la paz interior y una conexión más profunda contigo mismo y el mundo. Deja que el silencio te guíe hacia una vida más auténtica y plena.

FORTALEZAS SILENCIOSAS

Introducción: En nuestra incansable búsqueda de productividad, a menudo pasamos por alto el profundo poder de la soledad. Abrazar la quietud es esencial, ofreciendo una fuente de crecimiento personal y potencial no explotado. En este silencio sagrado, descubrimos fortalezas que fomentan el autodescubrimiento, la creatividad y la sabiduría. Únete a nosotros mientras exploramos las fortalezas silenciosas dentro de la soledad.

- **Mayor Creatividad e Innovación:** La soledad despeja el desorden mental de la vida cotidiana, permitiendo que la creatividad florezca. Proporciona un santuario para nuevas ideas y la expresión artística, nutriendo la inspiración latente.

- **Mejorada Inteligencia Emocional:** La soledad ofrece espacio para observar y gestionar nuestras emociones, fomentando la autoconciencia y la empatía. Esta práctica mejora nuestra capacidad para enfrentar desafíos con gracia y construir conexiones más profundas.

- **Cultivando la Atención Plena y la Presencia:** La soledad nos ancla en el presente, ayudándonos a apreciar el momento y vivir con intención. Al silenciar el ruido externo, nos volvemos más sintonizados con nuestras experiencias y entorno.

- **Fortalecimiento de las Habilidades de Toma de Decisiones:** La claridad de la soledad ayuda a tomar decisiones bien consideradas. Nos permite sopesar objetivamente las opciones y alinear elecciones con nuestros valores y metas, libre de presiones externas.

- **Profundización de la Autoconciencia y la Autenticidad:** En la soledad, confrontamos nuestro verdadero yo, desafiamos creencias obsoletas y abrazamos la autenticidad. Esta introspección fomenta una comprensión más profunda de nuestros valores fundamentales y el camino de nuestra vida.

- **Fomento de la Paz Interior y la Resiliencia:** Los retiros regulares en la soledad crean un espacio para el reabastecimiento mental y emocional. Esta paz interior mejora nuestra resiliencia, permitiéndonos manejar los desafíos de la vida con fuerza renovada.

- **Cultivo de la Empatía y la Compasión:** El silencio nos ayuda a conectar más profundamente con las experiencias de los demás, fomentando la empatía y la bondad. Este entendimiento mejorado fortalece nuestras relaciones y motiva acciones positivas.
- **Agudización del Enfoque y la Concentración:** La soledad elimina distracciones, permitiéndonos recuperar el enfoque y la productividad. Esta disciplina mental nos ayuda a abordar las tareas con claridad y eficiencia.
- **Desbloqueo de la Intuición y la Percepción:** La soledad abre el acceso a la sabiduría intuitiva, ofreciendo percepciones más allá del razonamiento lógico. Esta intuición elevada nos guía a través de la incertidumbre y situaciones complejas.

Conclusión: Las fortalezas ganadas con la soledad son catalizadores esenciales para el crecimiento personal y una vida plena. Al abrazar estas virtudes silenciosas, emprendemos un viaje de autodescubrimiento y realización, desbloqueando nuestro potencial y viviendo de manera más auténtica. Abraza la soledad y deja que tu voz interior te guíe hacia una vida de mayor significado y satisfacción.

ECOS DE SILENCIO HISTÓRICO

El Poder de la Soledad: Un Tapiz Histórico

A lo largo de los siglos, la humanidad ha tejido un tapiz de verdades profundas, cada hilo intrincadamente vinculado al poder transformador de la soledad. En los ecos del silencio histórico, descubrimos un rico tapiz de sabiduría, creatividad y despertar espiritual, un testimonio del impacto duradero de abrazar la quietud en medio de la cacofonía de la existencia.

Orígenes Antiguos: Las Semillas del Silencio

Las raíces de la soledad se remontan al amanecer de la civilización humana, entrelazadas con las primeras prácticas espirituales y reflexiones filosóficas. En las antiguas tierras de India, yoguis y sabios buscaban la iluminación a través de la meditación y retiros solitarios, abrazando la quietud como un camino hacia la autorrealización. En la antigua Grecia, filósofos como Sócrates y Pitágoras abogaban por el cultivo de la soledad, reconociendo su papel en el fomento de la sabiduría y la introspección.

Hitos Históricos: Silencio como Catalizador

- Circa siglo VI a.C.: Surgimiento del Budismo, con la iluminación de Buda alcanzada mediante la contemplación solitaria bajo el árbol Bodhi.
- Circa siglo I a.C.: Los Esenios, una secta judía, abrazaron la soledad y el ascetismo en el Desierto de Judea, buscando la purificación espiritual.
- Circa siglo III d.C.: Padres y Madres del Desierto del cristianismo temprano se retiraron al desierto egipcio, abrazando la soledad para el crecimiento espiritual.
- Circa siglo VI d.C.: La Regla monástica de San Benito, promoviendo el silencio y la contemplación, dio forma al monaquismo occidental.

- Circa siglo XIII d.C.: Místicos sufíes, como Rumi, buscaron la conexión divina a través de prácticas solitarias y expresión poética.
- Siglos XV-XVII d.C.: El Renacimiento y la Era de la Ilustración fueron catalizados por eruditos y pensadores que encontraron inspiración en la soledad.
- Siglo XIX d.C.: Trascendentalistas como Henry David Thoreau defendieron las virtudes de la soledad, ejemplificadas en su obra seminal "Walden".

Encrucijada Cultural: Abrazando el Silencio a Través de las Tradiciones

Mientras que la práctica de la soledad ha tomado formas diversas, su esencia ha resonado a través de culturas y tradiciones. Desde los monasterios Zen Budistas de Japón hasta las búsquedas de visión de las tribus nativas americanas, desde las khanqahs sufíes de Oriente Medio hasta las ermitas de los místicos cristianos, los ecos del silencio han reverberado a través del tapiz de la experiencia humana, ofreciendo un camino universal hacia el autodescubrimiento y la iluminación.

Reflexiones Contemporáneas: La Soledad en la Era Moderna

En nuestro mundo acelerado e hiperconectado, la necesidad de soledad es más urgente que nunca. Aunque la tecnología nos ha conectado, también ha introducido ruido constante y distracción, haciendo del silencio un acto crucial de autopreservación. Las personas están recurriendo cada vez más a retiros de mindfulness y desintoxicaciones digitales, redescubriendo la soledad como un remedio para el ritmo frenético de la vida moderna.

Momentos Decisivos: Cambios de Paradigma y Desafíos

La soledad ha enfrentado muchos desafíos, desde la industrialización y urbanización hasta el auge de las redes sociales. Estos obstáculos han despertado un interés renovado en la soledad, ya que las personas buscan refugio del ruido implacable. Las reflexiones históricas muestran que la soledad no es un lujo, sino una necesidad para la transformación personal, la creatividad y el crecimiento espiritual. Al navegar por la vida moderna, honremos esta sabiduría atemporal y abracemos el profundo poder de la soledad.

LA CIENCIA DE LA SOLEDAD

Visión General: En nuestro mundo hiperconectado, la soledad a menudo se pasa por alto, pero la investigación científica muestra que ofrece beneficios psicológicos y fisiológicos esenciales. Comprender estos beneficios puede ayudarnos a integrar la soledad en nuestras vidas de manera más efectiva.

Propuesta Principal: La soledad proporciona beneficios significativos para la salud mental, emocional y física, incluyendo la reducción del estrés, una mayor autoconciencia y una mayor creatividad.

Evidencia #1: Reducción del Estrés y Autorregulación Un estudio de 2019 en el Journal of Environmental Psychology encontró que pasar 15 minutos solo en la naturaleza reduce significativamente los niveles de cortisol, reduciendo el estrés. Los participantes en entornos naturales mostraron niveles más bajos de cortisol, frecuencia cardíaca y estrés en comparación con los que estaban en entornos urbanos. Los beneficios fueron notablemente mayores para aquellos que estaban solos en lugar de estar en grupos.

Contraprueba Abordada: Algunos argumentan que la soledad puede llevar al retiro, pero la investigación distingue entre la soledad intencional y el aislamiento. Un estudio de 2017 en el Journal of Constructivist Psychology encontró que la 'soledad consciente' mejora la autoconciencia y la regulación emocional.

Más Evidencia: Control Cognitivo y Creatividad: Un estudio de 2018 en Cognition and Emotion mostró que la soledad mejora el control cognitivo, ayudando a las personas a gestionar mejor sus pensamientos y emociones. Además, un estudio de 2012 en el Journal of Environmental Psychology reveló que la soledad incrementa la creatividad y la resolución de problemas al reducir las distracciones sociales y permitir un enfoque más profundo.

Aplicaciones en la Vida Real: Comprender los beneficios de la soledad puede mejorar la productividad en el lugar de trabajo, profundizar el aprendizaje en la educación y fomentar el crecimiento personal. La soledad contrarresta la tendencia moderna hacia la conectividad constante, ofreciendo un respiro necesario del estímulo constante.

Conclusión: La investigación científica respalda los profundos beneficios de la soledad, incluyendo la reducción del estrés, el mejor control cognitivo y la mejora de la creatividad. Abrazar la soledad puede llevar a un crecimiento personal y profesional significativo, haciéndola una práctica valiosa en nuestras ocupadas vidas.

PERSPECTIVAS FILOSÓFICAS

Contexto de Definición: Soledad

1. Soledad Profunda

"Hay una manera en que la naturaleza habla, que la tierra habla. La mayor parte del tiempo simplemente no somos lo suficientemente pacientes, lo suficientemente callados, para prestar atención a la historia." Estas palabras, pronunciadas por la célebre escritora nativa americana Linda Hogan, sirven como una invitación poética a explorar las profundidades de la soledad, un concepto que ha cautivado a filósofos, poetas y místicos a través de civilizaciones y tiempos. En un mundo que a menudo exalta el estruendo del constante ajetreo, la soledad nos llama a pausar, escuchar y descubrir los susurros de nuestro ser más íntimo.

2. "La soledad es el suelo en el que se planta el genio, crece la creatividad y florecen las leyendas." - Al Ritz

Esta definición concisa pero evocadora encapsula la esencia de la soledad como un terreno fértil para que el potencial humano prospere. Así como una semilla requiere el abrazo tranquilo de la tierra para germinar y florecer, nuestras vidas internas anhelan la quietud nutritiva de la soledad para desplegarse y dar los frutos de la introspección, la creatividad y la sabiduría.

3. En su esencia, la soledad es el estado de estar solo, física y psicológicamente separado de la compañía de otros. Sin embargo, es mucho más que mera soledad o aislamiento; es un abrazo consciente de la soledad, una elección deliberada de retirarse de las distracciones del mundo externo y volverse hacia el interior. En este espacio sagrado de soledad, podemos involucrarnos en la introspección, la autorreflexión y el cultivo de una conexión más profunda con nuestro verdadero yo.

4. El concepto de soledad tiene sus raíces en antiguas tradiciones filosóficas, con pensadores de diversas culturas que reconocen su profundo valor. El filósofo griego Sócrates, por ejemplo, enfatizó la importancia de "conocerse a sí mismo", una máxima que resuena con la naturaleza introspectiva de la soledad. En las tradiciones orientales del budismo y el taoísmo, la soledad es venerada como un camino hacia la iluminación y la paz interior, como lo ejemplifican los retiros solitarios de monjes y sabios.

5. La soledad no es meramente una búsqueda individual, sino una práctica que tiene significado dentro del contexto social y cultural más amplio. Es un contrapunto a la obsesión moderna con la conectividad constante, un respiro del ruido y las demandas del mundo externo. Al abrazar la soledad, reclamamos nuestra soberanía sobre nuestra atención y creamos espacio para la profunda contemplación, el autodescubrimiento y el cultivo de la tranquilidad interior.

6. En el ámbito de la creatividad y la innovación, la soledad ha sido durante mucho tiempo considerada como un terreno fértil para el florecimiento de la expresión artística y los avances intelectuales. Desde escritores como Virginia Woolf y Henry David Thoreau, que encontraron consuelo e inspiración en el abrazo solitario de la naturaleza, hasta científicos como Albert Einstein y Marie Curie, cuyos descubrimientos revolucionarios nacieron en los confines tranquilos de sus mentes, la soledad ha demostrado ser una fuente de ingenio humano y brillantez artística.

De hecho, la soledad no es un lujo sino una necesidad, un espacio sagrado donde podemos comunicarnos con las profundidades de nuestro ser, desenredar las complejidades de nuestros pensamientos y emerger con un renovado sentido de claridad, propósito y conciencia de uno mismo. En un mundo que a menudo valora el ruido sobre el silencio, y la ocupación constante sobre la contemplación, la práctica de la soledad sirve como un gentil recordatorio para desacelerar, escuchar los susurros de nuestras almas y abrazar la profunda sabiduría que solo se puede encontrar en la quietud de nuestra propia compañía.

Enfrentando las Sombras de la Soledad

Introducción: Poniendo el Escenario

En nuestro mundo acelerado, buscar la soledad puede parecer abrumador. A pesar de su potencial para la introspección y el autodescubrimiento, el camino hacia el abrazo de la soledad está lleno de desafíos, tanto internos como externos. Los miedos al aislamiento, a perderse experiencias y al aburrimiento pueden oscurecer el poder transformador de la soledad.

El Desafío: Enfrentar las Sombras de la Soledad

Emprender la soledad a menudo trae miedos de aislamiento y soledad, especialmente en una cultura que valora la conectividad constante. La ansiedad por perderse las experiencias de la vida, alimentada por las redes sociales y la ilusión de actividad perpetua, puede socavar nuestro compromiso con la soledad. Además, la perspectiva del aburrimiento en una cultura impulsada por la estimulación constante puede hacer que la idea del silencio parezca incómoda.

Las Consecuencias de la Inacción

Ignorar estas sombras puede llevar a consecuencias personales y sociales. El miedo al aislamiento puede profundizar la soledad, impidiéndonos beneficiarnos del potencial de la soledad para el autodescubrimiento. La ansiedad de perderse algo puede fomentar la inquietud y las conexiones superficiales, mientras que la reticencia a abrazar la quietud puede sofocar la creatividad y el crecimiento intelectual, atrapándonos en la estancación.

La Solución: Abrazar el Poder Transformador de la Soledad

Para aprovechar el poder transformador de la soledad, debemos redefinirla como una elección consciente para la autorreflexión y una conexión más profunda con nosotros mismos, en lugar de una forma de aislamiento. Al cambiar nuestra perspectiva del miedo a la curiosidad, podemos ver la soledad como una oportunidad para crecer.

Estrategias Prácticas para Superar las Sombras

1. **Combatir el Miedo al Aislamiento:** Cultiva la paz interior a través de la meditación, el registro escrito diario y la autorreflexión para encontrar consuelo dentro de ti mismo y reducir la dependencia de la validación externa.
2. **Aliviar la Ansiedad de Perderse Algo:** Enfócate en experiencias significativas y duraderas en lugar de distracciones efímeras, utilizando la soledad para ganar claridad y enriquecer tu alma.
3. **Enfrentar el Aburrimiento:** Abraza la soledad como una oportunidad para la exploración y el descubrimiento. Participa en actividades que estimulen y nutran tu mente, como leer o sumergirte en la naturaleza, transformando el aburrimiento en inspiración.

Estudios de Caso: Viajes Inspiradores de Soledad

A lo largo de la historia, figuras como Henry David Thoreau y Thich Nhat Hanh han demostrado el poder transformador de la soledad. El retiro de Thoreau en Walden Pond condujo a profundas reflexiones en su libro Walden, revelando perspectivas sobre la naturaleza y la humanidad. De manera similar, los retiros solitarios y las prácticas de atención plena del monje budista Thich Nhat Hanh han cultivado una profunda paz interior y sabiduría compartidas a través de sus enseñanzas y escritos.

Enfoques Alternativos: Encontrando el Camino Correcto

Abrazar la soledad puede adaptarse a las preferencias individuales. Algunos pueden beneficiarse de pasos graduales hacia la soledad, mientras que otros podrían encontrar inspiración en la soledad compartida a través de retiros grupales o talleres. La clave es encontrar un enfoque que se ajuste a las necesidades y circunstancias personales.

La búsqueda de la soledad presenta desafíos pero ofrece recompensas significativas. Al abordar miedos y conceptos erróneos y participar en la autorreflexión y la atención plena, podemos desbloquear los beneficios profundos de la soledad, conduciendo a un mayor autodescubrimiento y paz interior.

UNA REVOLUCIÓN SILENCIOSA

La Pregunta Provocadora: ¿Estás listo para una revolución silenciosa?

En un mundo dominado por el ruido y el ajetreo, donde nuestras voces internas a menudo son ahogadas, ¿estás preparado para embarcarte en una revolución silenciosa? La soledad ofrece una oportunidad única para recuperar nuestro sentido del ser, nutrir nuestras almas y conectar más profundamente con el mundo.

El Problema: Las sombras de la soledad se ciernen, proyectando miedos de aislamiento y la ansiedad de perderse algo, impulsada por las redes sociales y la actividad constante. El espectro del aburrimiento nos disuade aún más, ya que la estimulación constante ha hecho que abrazar el silencio parezca antinatural.

Conceptos Erróneos Comunes: Muchos ven la soledad como privación o castigo. Algunos intentan breves retiros del caos pero rápidamente regresan a la distracción, perdiéndose los beneficios más profundos de la soledad intencional.

Enfoque Único: Imagina replantear la soledad de la privación a la abundancia. En lugar de verla como aislamiento, mírala como una oportunidad para el autodescubrimiento profundo, el crecimiento y la paz interior. Abraza la soledad como una práctica deliberada de introspección y reflexión.

Ejemplos Ilustrativos: Considera la experiencia transformadora de Henry David Thoreau en Walden Pond, donde la soledad inspiró profundos conocimientos y creatividad. O reflexiona sobre los retiros solitarios del Dalai Lama que han fomentado una sabiduría y compasión extraordinarias, demostrando las recompensas de la soledad intencional.

Abordando Objeciones: La idea de la soledad puede parecer desalentadora o poco práctica. Comienza con pequeños pasos, como reservar breves momentos de silencio o unirse a retiros. Adapta tu enfoque para que encaje en tu vida, integrando gradualmente la soledad en tu rutina.

Acción Guía: Comienza tu revolución silenciosa abrazando el potencial transformador de la soledad. Participa en prácticas como la meditación o el diario para anclarte en el presente y escuchar tu yo auténtico. Recuerda, eres parte de un movimiento colectivo hacia el autodescubrimiento y la transformación interior. Da el primer paso y deja que tu revolución silenciosa comience.

FUEGO DE LAS CENIZAS: REAVIVANDO LA PASIÓN DESPUÉS DE LA DERROTA

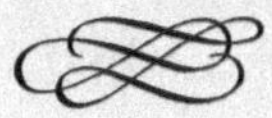

El Fenómeno del Fénix: En el verano de 2016, la diseñadora de moda Julia Michaels enfrentó un revés devastador. Su colección debut, a pesar de sus mejores esfuerzos y una inversión significativa, recibió malas críticas y careció de éxito comercial. Julia quedó lidiando con la tensión financiera y un sueño destrozado.

El Desafío: Los principales obstáculos de Julia eran su limitada experiencia en la industria y habilidades comerciales. Aunque sus diseños eran únicos, no lograron ser aceptados comercialmente. Su vulnerabilidad financiera después del fracaso de la colección hizo que el futuro fuera incierto.

El Punto de Inflexión: Decidida a no rendirse, Julia buscó mentoría de expertos de la industria y se inscribió en cursos de negocios para mejorar sus habilidades de marketing y financieras. Este período de aprendizaje y reflexión le permitió refinar sus diseños y reformar su estrategia de marca.

La Reaparición: Los esfuerzos de Julia dieron sus frutos con su segunda colección, "Phoenix Rising", que logró tanto éxito crítico como comercial. Surgió como una figura significativa en la industria de la moda, demostrando el poder de la resiliencia y la adaptación.

Lecciones Aprendidas: La historia de Julia destaca la importancia del aprendizaje continuo, buscar mentoría y ver el fracaso como un revés temporal en lugar de un final. Subraya que el éxito a menudo proviene de evolucionar en respuesta a la retroalimentación y aprovechar los sistemas de apoyo.

Reflexión: El viaje de Julia nos impulsa a considerar nuestro propio potencial de renovación. ¿Qué pasiones y objetivos podríamos reavivar al levantarnos de nuestros propios reveses? Abrazar nuestro fénix interior puede llevar a un profundo crecimiento personal y profesional.

MAPEAR EL CAMINO A SEGUIR

Definir el Objetivo: El objetivo de esta guía es ayudarte a convertir tu pasión reavivada en un progreso tangible. Siguiendo estos pasos, obtendrás claridad, desarrollarás un plan estratégico y crearás el impulso necesario para alcanzar tus objetivos personales y profesionales.

Requisitos previos:

- Una comprensión clara de tu pasión o área de interés reavivada
- Disposición para participar en la autorreflexión y la evaluación honesta
- Una mente abierta y un compromiso con el crecimiento personal

Visión General: Reavivar tu pasión es transformador, pero requiere un mapa claro para convertir esa pasión en acción. Esta guía te ayudará a:

- Aclarar tus objetivos y definir el éxito
- Realizar una autoevaluación para identificar fortalezas, debilidades y áreas de crecimiento
- Desarrollar un plan estratégico con pasos accionables
- Cultivar la mentalidad y los hábitos para mantener el impulso
- Establecer un sistema de apoyo y buscar orientación
- Evaluar y ajustar continuamente tu enfoque

Pasos Detallados:

Paso 1: Define Tus Objetivos

- Participa en la autorreflexión para identificar valores fundamentales e impacto deseado
- Articula aspiraciones en términos claros, específicos y medibles

- Visualiza el éxito en detalle
- Descompón los objetivos en sub-objetivos más pequeños y accionables

Paso 2: Realiza una Autoevaluación

- Identifica y aprovecha las fortalezas
- Reconoce debilidades y áreas de crecimiento
- Evalúa recursos, habilidades y conocimientos actuales
- Evalúa tu sistema de apoyo y encuentra mentores potenciales

Paso 3: Desarrolla un Plan Estratégico

- Alinea los objetivos con la pasión y los valores
- Describe acciones y logros para los sub-objetivos
- Establece cronogramas y fechas límite
- Identifica obstáculos y desarrolla planes de contingencia
- Asigna recursos estratégicamente

Paso 4: Cultiva una Mentalidad Ganadora y Hábitos

- Desarrolla una mentalidad de crecimiento y acepta desafíos
- Practica la autodisciplina y mantente comprometido
- Rodéate de influencias positivas
- Celebra pequeñas victorias y mantén el impulso

Paso 5: Busca Guía y Apoyo

- Encuentra mentores o expertos para orientación
- Construye una red de personas afines
- Aprende de aquellos con experiencia
- Esté abierto a comentarios y dispuesto a ajustar

Paso 6: Evaluación Continua y Adaptación

- Revisa regularmente el progreso y realiza ajustes
- Abraza la flexibilidad y pivota cuando sea necesario
- Celebra éxitos y aprende de los reveses
- Refina tu plan basado en experiencias

Consejos y Mejores Prácticas:

- Mantén una mentalidad positiva
- Divide grandes objetivos en tareas manejables
- Celebra los hitos
- Construye una red de apoyo
- Busca mentoría y orientación
- Ve el fracaso como una oportunidad de crecimiento
- Mantente enfocado en tu propósito más profundo

Posibles Escollos y Cómo Evitarlos:

- **Procrastinación:** Establece plazos claros y sé responsable
- **Falta de Enfoque:** Prioriza tareas y minimiza distracciones
- **Expectativas Poco Realistas:** Establece metas alcanzables y ajusta según sea necesario
- **Agotamiento:** Practica el autocuidado y mantén el equilibrio
- **Miedo al Fracaso:** Acepta los reveses como oportunidades de aprendizaje
- **Falta de Adaptabilidad:** Esté abierto a comentarios y ajusta tu enfoque

Verificación de Comprensión: Pregúntate:

- ¿Entiendo mis objetivos y los pasos para lograrlos?
- ¿He identificado obstáculos y desarrollado planes de contingencia?
- ¿Tengo un sistema de apoyo en su lugar?
- ¿Estoy comprometido con el aprendizaje continuo y la adaptación?
- ¿Estoy motivado para tomar acción consistente?

Solución de Problemas: Si surgen desafíos:

- Busca orientación de mentores o expertos
- Reevalúa y ajusta tus objetivos
- Modifica tu plan estratégico según sea necesario
- Reconecta con tu propósito más profundo
- Celebra pequeñas victorias y mantén una mentalidad positiva
- Participa en la autorreflexión para mejorar
- Busca apoyo y prioriza el autocuidado

Recuerda, el camino para alcanzar tus objetivos puede ser desafiante, pero la resiliencia, el aprendizaje continuo y el compromiso te ayudarán a navegar los obstáculos y alcanzar tus aspiraciones.

ABRAZAR LAS LECCIONES DEL FRACASO

"El éxito no es definitivo, el fracaso no es fatal: lo que importa es el valor para continuar." — Winston Churchill

El fracaso es una parte natural de perseguir nuestros objetivos. En lugar de ser un revés, ofrece lecciones vitales que pueden mejorar nuestro carácter, refinar nuestras estrategias y llevarnos hacia un éxito mayor. Nuestro crecimiento y resiliencia dependen de cómo abrazamos y aprendemos del fracaso.

El Problema:

El miedo al fracaso, impulsado por presiones sociales e inseguridades personales, a menudo conduce a la procrastinación, el autosabotaje y la inacción. Este miedo puede sofocar el potencial, obstaculizar el crecimiento e impedirnos tomar riesgos necesarios, resultando en estancamiento y disminución de la autoconfianza.

La Urgencia:

Para evitar que el fracaso se convierta en una profecía autocumplida, debemos replantearlo como un catalizador de crecimiento. Abrazar el fracaso nos permite obtener conocimientos, mejorar la resiliencia y tomar riesgos informados, fomentando el empoderamiento personal y el progreso.

La Solución: Un Plan para Aprender del Fracaso

1. **Reflexiona y Analiza:** Examina qué salió mal sin culparte a ti mismo. Identifica las causas raíz y los factores contribuyentes.
2. **Busca Retroalimentación:** Obtén comentarios constructivos de mentores o compañeros para descubrir puntos ciegos y obtener nuevas perspectivas.
3. **Identifica Lecciones:** Determina qué habilidades, estrategias o cambios de mentalidad son necesarios basados en tu experiencia.
4. **Desarrolla un Plan de Acción:** Crea metas específicas y alcanzables y esboza pasos para la mejora.
5. **Adopta una Mentalidad de Crecimiento:** Ve el fracaso como un revés temporal y una oportunidad para el crecimiento.

6. **Implementa e Itera:** Aplica tu plan, adapta según sea necesario y busca retroalimentación continuamente.
7. **Celebra el Progreso:** Reconoce y celebra logros, por pequeños que sean, para mantener la motivación y reforzar una mentalidad positiva.

Estudio de Casos:

- **Thomas Edison:** A pesar de numerosos intentos fallidos, la perseverancia de Edison llevó a la invención de la bombilla.
- **JK Rowling:** Después de enfrentar múltiples rechazos y dificultades, la persistencia de Rowling resultó en la exitosa serie de Harry Potter.
- **Apolo 13 de la NASA:** Ante un fallo crítico, el equipo de la NASA innovó para devolver la tripulación a salvo.

Soluciones Alternativas y Sus Limitaciones:

- **Evitar el Fracaso:** Minimizar los riesgos puede proporcionar seguridad pero limita el crecimiento y la innovación.
- **Ignorar el Fracaso:** Pasar por alto los fracasos a menudo resulta en errores repetidos y estancamiento.
- **Culpar a Otros:** Asignar la culpa obstaculiza el crecimiento personal y evita abordar problemas centrales.

El fracaso es un peldaño hacia el éxito. Abrazarlo con una mentalidad positiva nos ayuda a construir resiliencia, aprender lecciones valiosas, lograr crecimiento personal y profesional. Como dijo Churchill, "lo que importa es el valor para continuar." Abraza el fracaso como una oportunidad de crecimiento y deja que te guíe hacia el éxito.

LA FORJA DE LA RESILIENCIA

Definiendo la Resiliencia:

Ésta no es solo un espíritu inquebrantable en la adversidad, sino un proceso dinámico de crecimiento y desarrollo de carácter. Involucra adaptarse, perseverar y emerger más fuerte a través de desafíos continuos. En lugar de simplemente reponerse, la verdadera resiliencia es un viaje continuo de transformación, donde los contratiempos se convierten en oportunidades para el refinamiento personal y estratégico.

Definición Central:

La resiliencia es la capacidad de enfrentarse y adaptarse a la adversidad, trauma, estrés y riesgos significativos. Involucra:

- **Perseverancia:** La determinación de seguir adelante a pesar de las dificultades y contratiempos. La perseverancia implica superar obstáculos y mantener el esfuerzo a lo largo del tiempo, incluso cuando el progreso es lento o incierto.
- **Adaptabilidad:** La capacidad de ajustar las propias estrategias y enfoques en respuesta a circunstancias

cambiantes. La adaptabilidad permite a las personas mantenerse flexibles y abiertas a nuevas soluciones cuando enfrentan desafíos inesperados.

- **Autoconciencia:** Comprender las propias emociones, fortalezas, debilidades y reacciones. La autoconciencia ayuda a reconocer los límites personales y las áreas de crecimiento, lo que lleva a una mejor toma de decisiones y gestión emocional.
- **Inteligencia Emocional:** La habilidad de reconocer, entender y gestionar las propias emociones y las de los demás. La inteligencia emocional apoya la comunicación efectiva, la empatía y la construcción de relaciones, cruciales para manejar la adversidad.
- **Sistemas de Apoyo:** Las redes de familiares, amigos, mentores y colegas que brindan apoyo emocional y práctico. Los sistemas de apoyo fuertes ofrecen aliento, consejos y recursos que mejoran la resiliencia.
- **Optimismo y Perspectiva:** Mantener una actitud positiva y ver los desafíos como oportunidades de crecimiento. El optimismo ayuda a enfocarse en las posibles soluciones en lugar de centrarse en los problemas, fomentando un enfoque proactivo para superar las dificultades.

Cada desafío que enfrentamos ayuda a forjar nuestro carácter y mejorar nuestra resiliencia. Este ciclo continuo de crecimiento nos prepara para manejar obstáculos futuros de manera más efectiva.

Próximos Pasos:

La siguiente sección explorará cómo la resiliencia se desarrolla a través de desafíos y adversidades específicas, y discutirá estrategias y mentalidades que transforman estos desafíos en oportunidades para el crecimiento personal y la resiliencia.

AVIVANDO LAS LLAMAS DE LA CREATIVIDAD

Panorama General

La creatividad no es un don raro, sino un rasgo inherente en todos nosotros, y la adversidad puede ser un potente catalizador para ella. Esta sección explora cómo los desafíos y reveses pueden provocar la innovación y proporcionar nuevas perspectivas.

Propuesta Principal

La adversidad, cuando se aborda con la mentalidad adecuada, puede mejorar la creatividad alentándonos a pensar de manera innovadora y encontrar soluciones nuevas.

Evidencia: Estudios Psicológicos

Los estudios muestran un fuerte vínculo entre adversidad y creatividad. La investigación del Journal of Personality and Social Psychology encontró que la adversidad moderada en la infancia correlaciona con una mayor creatividad. Aquellos con adversidad moderada desarrollaron resiliencia y flexibilidad, componentes clave del pensamiento creativo, superando a aquellos con adversidad extrema o mínima.

Elaboración sobre la Evidencia:

Los participantes que enfrentaron adversidad moderada, como el divorcio de los padres o dificultades financieras, sobresalieron en pruebas de creatividad que medían fluidez, flexibilidad y originalidad. El estudio sugiere que la adversidad moderada fomenta la flexibilidad cognitiva y las habilidades para resolver problemas, esenciales para la creatividad. La resiliencia y estrategias de afrontamiento efectivas también juegan un papel crucial al canalizar la adversidad hacia la expresión creativa.

Argumentos en Contra:

No toda adversidad fomenta la creatividad. El trauma severo o el estrés tóxico pueden afectar el funcionamiento cognitivo y el bienestar emocional, potencialmente obstaculizando la creatividad.

Abordando los Argumentos en Contra:

El estudio reconoce estos efectos negativos pero enfatiza que la resiliencia y los mecanismos de afrontamiento saludables pueden mitigarlos. La adversidad moderada, cuando se gestiona con estrategias de afrontamiento efectivas, puede estimular la creatividad sin abrumar al individuo.

Evidencia Adicional: Ejemplos de la Vida Real:

Históricamente, la adversidad ha impulsado la creatividad en muchas figuras renombradas. Las experiencias de pobreza y depresión de J.K. Rowling llevaron a la creación de la serie de Harry Potter. De manera similar, el sufrimiento personal de

Frida Kahlo se canalizó en su arte profundamente personal e influyente.

Aplicaciones Prácticas:

Comprender la adversidad como un catalizador para la creatividad tiene implicaciones prácticas:

Individuos: Buscar crecimiento a través de desafíos y desarrollar resiliencia para aprovechar el potencial creativo en circunstancias difíciles.

Organizaciones: Fomentar una cultura que promueva la experimentación y el aprendizaje de los fracasos para impulsar la innovación.

Sociedad: Abrazar la adversidad para abordar problemas globales y locales complejos con creatividad renovada y determinación.

Al ver la adversidad como una oportunidad de crecimiento, podemos encender nuestro potencial creativo y transformar los desafíos en poderosas fuerzas de cambio.

LA HOGUERA COMUNITARIA

Introducción: Contraponer Elementos Opuestos

A menudo luchamos con el equilibrio entre nuestro deseo de soledad e introspección y nuestra necesidad de conexión y comunidad. Este equilibrio entre la reflexión personal y las experiencias compartidas es crucial para mantener y reavivar la pasión.

Entidades que se Comparan y Contrastan:

Brasita Solitaria: Representa la creatividad individual, las aspiraciones personales y el impulso por realizar emprendimientos únicos.

Hoguera Comunitaria: Simboliza la energía colectiva, la colaboración y las experiencias compartidas dentro de una comunidad de apoyo.

Aspectos que se Examinan:

Exploraremos cómo la brasita solitaria y la hoguera comunitaria pueden coexistir y mejorarse mutuamente. La soledad ayuda con la autoconciencia y el crecimiento, mientras que la comunidad proporciona nutrición e inspiración.

Implicaciones y Temas Generales:

Encontrar armonía entre la soledad y la comunidad es clave para el crecimiento personal y la conexión. La brasita solitaria necesita del apoyo de la comunidad para prosperar, y la hoguera comunitaria se beneficia de las perspectivas individuales. Equilibrar estos elementos fomenta la creatividad y la pasión.

Relevancia Moderna y Relacionabilidad:

En la era digital actual, equilibrar la soledad con conexiones genuinas es esencial. Las redes sociales nos conectan pero también pueden aislarnos. Abrazar tanto la soledad como la comunidad nos ayuda a mantener la creatividad y la pasión. Ya sea a través de grupos locales o reuniones sociales, combinar los esfuerzos individuales y colectivos puede reavivar y sostener nuestro entusiasmo.

La danza entre la brasita solitaria y la hoguera comunitaria destaca la importancia tanto de la reflexión personal como del apoyo comunitario. Al integrar estas fuerzas, podemos encender y mantener nuestras pasiones, creando un entorno donde la creatividad y el crecimiento florecen.

TRANSFORMANDO CALOR EN LUZ

Meta: Aprender a aprovechar la energía emocional de los contratiempos y transformarla en crecimiento personal y profesional. Utilizar técnicas para canalizar las emociones de manera constructiva, convirtiéndolas en una fuerza que te guíe hacia adelante.

Materiales/Prerrequisitos:

- Mente abierta y disposición para la autorreflexión
- Diario o cuaderno de notas
- Espacio tranquilo y cómodo

Descripción de los Pasos:

1. Reconocer y validar tus emociones.
2. Procesar y entender estas emociones.
3. Transmutar la energía emocional en una fuerza enfocada.

4. Integrar estas prácticas para un crecimiento y resistencia continuos.

Pasos Detallados:

1. Acepta tus Emociones
2. Siente tus emociones sin juzgarlas.
3. Identifica y reconoce emociones específicas (por ejemplo, enojo, tristeza).
4. Escribe o expresa estas emociones.
5. Procesa y Comprende
6. Reflexiona a través del diario o la meditación para descubrir las causas raíz.
7. Examina creencias subyacentes, miedos o experiencias pasadas.
8. Obtén perspectiva sobre tu estado emocional.
9. Transmuta la Energía
10. Visualiza las emociones como energía bruta (por ejemplo, fuego, tormenta).
11. Imagina convertir esta energía en una fuerza positiva.
12. Canaliza esta energía en actividades creativas, físicas o actos de servicio.
13. Cultiva Resiliencia y Crecimiento
14. Reflexiona sobre las lecciones aprendidas y el crecimiento personal.
15. Celébrate por tu resistencia y fortaleza.
16. Incorpora estas prácticas en la vida diaria para ver los desafíos como oportunidades de crecimiento.

Consejos y Posibles Obstáculos:

- Sé paciente y compasivo contigo mismo; la transformación emocional lleva tiempo.
- Busca apoyo de amigos, familiares o profesionales si es necesario.
- Evita reprimir emociones; esto puede llevar a un afrontamiento poco saludable.
- Prepárate para desencadenantes emocionales y utiliza tus técnicas.

Verificación del Éxito:

- Mayor claridad, enfoque y propósito.
- Cambio de mentalidad para ver los desafíos como oportunidades de crecimiento.
- Resiliencia renovada y recuperación más rápida de contratiempos.
- Celebrado crecimiento personal y profesional.

Problemas Potenciales y Soluciones:

- **Sentirse abrumado por las emociones:** Busca ayuda profesional.
- **Autocrítica negativa:** Usa técnicas cognitivo-conductuales.
- **Dificultad para procesar emociones:** Únete a un grupo de apoyo o consulta a un mentor.

EL FARO DE ESPERANZA

Comprendiendo los Términos

1. Preludio:

En el turbulento viaje de la vida, a menudo encontramos momentos en los que el camino por delante parece envuelto en oscuridad y nuestras esperanzas yacen destrozadas a nuestros pies. Es durante estos tiempos que se despliega la verdadera prueba de nuestra resiliencia. La forma en que navegamos estos desafíos y el lenguaje que empleamos para definir nuestras experiencias puede dar forma profunda a nuestra capacidad de resurgir de las cenizas de la derrota y reavivar la llama de la esperanza dentro de nuestras almas.

En esta sección, exploraremos el profundo impacto de tres términos esenciales: "fracaso", "resiliencia" y "esperanza", y cómo redefinir sus significados puede desbloquear el poder de transformar la adversidad en un catalizador para el crecimiento personal y un renovado sentido de propósito.

2. Curiosos Avances:

- **Fracaso:** Una palabra que infunde miedo en los corazones de muchos, pero que encierra la llave para desbloquear nuestro verdadero potencial.
- **Resiliencia:** Más que una palabra de moda, es el cimiento sobre el cual construimos nuestra capacidad para recuperarnos de los desafíos de la vida.

- **Esperanza:** El ingrediente escurridizo pero esencial que impulsa nuestro viaje hacia un mañana más brillante, incluso en los momentos más oscuros.

3. Definiendo los Términos:

- **Fracaso:** En nuestra sociedad, el fracaso a menudo se retrata como un estigma, una marca de insuficiencia o debilidad. Sin embargo, la verdadera esencia del fracaso no reside en el resultado en sí, sino en nuestra interpretación y respuesta a él. El fracaso no es un estado permanente, sino más bien un revés temporal, un peldaño hacia el crecimiento y la maestría. Consideremos los orígenes de la palabra "fracaso" – derivada del francés antiguo "faillir", que significa "ser deficiente o errar el blanco". Abrazar el fracaso como una parte natural del proceso de aprendizaje nos libera de las cadenas de la perfección y nos permite explorar nuevas avenidas para la mejora. Redefiniendo el fracaso como un valioso maestro, nos abrimos a las lecciones que ofrece –insights sobre nuestras fortalezas, debilidades y áreas de crecimiento. Es a través de estas lecciones que refinamos nuestras estrategias, fortalecemos nuestra resiliencia y, en última instancia, abrimos el camino hacia el éxito futuro.
- **Resiliencia:** La resiliencia a menudo se describe como la capacidad de recuperarse de la adversidad, pero es mucho más que eso. Es la encarnación de la fuerza interior, la determinación inquebrantable de superar

desafíos y seguir adelante, sin importar los obstáculos. En su esencia, la resiliencia no es un rasgo estático, sino un proceso dinámico, un músculo que puede desarrollarse y fortalecerse mediante la práctica intencional. Así como un escultor esculpe meticulosamente un bloque de mármol para revelar la obra maestra interior, nosotros también debemos cincelar las barreras que obstaculizan nuestro crecimiento, un desafío a la vez. Fomentar la resiliencia requiere un cambio de mentalidad: de ver los contratiempos como obstáculos insuperables a percibirlos como oportunidades para la transformación personal. Es la habilidad de adaptarse, encontrar soluciones innovadoras y abrazar el cambio como un catalizador para el crecimiento, en lugar de una fuerza a temer.

- **Esperanza:** En las profundidades de nuestros momentos más oscuros, la esperanza es el destello de luz que nos guía a través de las sombras. Es la creencia inquebrantable de que un mañana mejor es posible, incluso cuando el presente parece sombrío. La esperanza no es un estado pasivo de pensamientos ilusorios, sino una fuerza activa que nos impulsa hacia adelante. Es el combustible que enciende nuestra determinación, la brújula que nos orienta hacia nuestros objetivos y el ancla que nos mantiene firmes frente a la adversidad. Para comprender verdaderamente el poder de la esperanza, debemos trascender la noción de ella como una emoción fugaz y abrazarla como una elección consciente: una decisión de enfocar nuestra energía en las posibilidades que se presentan, en lugar de las limitaciones del presente. Es el acto de visualizar un futuro más brillante y tomar pasos deliberados hacia la manifestación de esa visión.

4. Conectando los Puntos:

Al redefinir estos tres términos: fracaso, resiliencia y esperanza, desbloqueamos un profundo cambio de paradigma en cómo abordamos los desafíos de la vida. El fracaso se convierte en un peldaño hacia el crecimiento, la resiliencia se convierte en el combustible que nos impulsa hacia adelante y la esperanza se convierte en la luz guía que ilumina nuestro camino.

En el próximo archivo, profundizaremos en el poder transformador de la esperanza y exploraremos estrategias prácticas para nutrir esta cualidad esencial dentro de nosotros mismos, incluso frente a obstáculos aparentemente insuperables. Al abrazar la esperanza como una elección consciente, podemos aprovechar su potencial ilimitado para dar forma a nuestra realidad y crear una vida llena de propósito, alegría y satisfacción duradera.

REESCRIBIENDO LA NARRATIVA

1. Prólogo:

Dentro de cada uno de nosotros hay un narrador, una voz que narra el tapiz de nuestras vidas. Esta voz interior tiene un inmenso poder, ya que da forma a nuestra percepción de la realidad y determina cómo interpretamos los eventos que se desarrollan ante nosotros. Al enfrentar la adversidad, esta voz puede convertirse en nuestro mayor aliado o en nuestro más formidable enemigo, dependiendo del relato que teje.

Durante demasiado tiempo, muchos han permitido que la voz de la derrota resuene en sus mentes, pintando un cuadro sombrío de fracaso y desesperanza. Sin embargo, el verdadero poder no reside en las circunstancias en sí mismas, sino en nuestra capacidad para reescribir la narrativa: transformar la historia de la derrota en una de crecimiento, fortaleza y eventual triunfo.

En este capítulo, emprendemos un viaje de autodescubrimiento, explorando el arte transformador de replantearnos nuestras experiencias y reclamar la autoría de las historias de nuestra vida. A través de una serie de ejercicios prácticos y profundas percepciones, desbloquearemos las claves para elaborar narrativas que nos empoderen para superar desafíos, cultivar nuestra capacidad de adaptación y reavivar la llama de la esperanza en nuestras almas.

2. El Poder de la Perspectiva:

Nuestra percepción de la realidad a menudo se moldea por el lente a través del cual la vemos. Cuando nos enfrentamos a la adversidad, es demasiado fácil sucumbir al peso de la autocrítica negativa, permitiendo que nuestras mentes se fijen en los obstáculos frente a nosotros, en lugar de las oportunidades que presentan.

Para reescribir nuestra narrativa, primero debemos reconocer el profundo impacto que tienen nuestros pensamientos en nuestras experiencias. Así como un artista diestro puede transformar un lienzo en blanco en una obra maestra mediante la aplicación hábil de colores y brochazos, nosotros también poseemos el poder de remodelar nuestra realidad al alterar los tonos y trazos de nuestro diálogo interno.

Considera la historia de dos personas, ambas enfrentadas a un desafío similar: un revés en su carrera que las dejó sintiéndose derrotadas e inciertas. La primera persona permitió que la voz de la derrota se apoderara, cayendo en un ciclo de duda y desesperanza. La segunda, sin embargo, eligió ver el revés como un catalizador para el crecimiento, una oportunidad para reevaluar sus prioridades y emprender un nuevo camino.

La diferencia no reside en las circunstancias en sí mismas, sino en las narrativas que eligieron abrazar. Mientras una sucumbió al peso del fracaso, la otra reconoció la oportunidad de redefinir el éxito en sus propios términos, llevando finalmente a un viaje más satisfactorio y con propósito.

3. Cultivar una Mentalidad de Crecimiento:

En el corazón de reescribir nuestra narrativa está la cultivación de una mentalidad de crecimiento: la creencia de que nuestras habilidades y potencial no son fijos, sino maleables, moldeados por nuestra disposición a aprender y evolucionar. Esta mentalidad nos empodera para ver los desafíos no como obstáculos insuperables, sino como peldaños hacia el crecimiento personal y el dominio.

Imagínate a ti mismo como un escultor, tallando meticulosamente un bloque de mármol, revelando la obra maestra que yace dentro. Cada revés, cada fracaso percibido, no es un defecto en el mármol, sino un paso necesario en el proceso de esculpido, eliminando el exceso para desvelar la verdadera obra maestra que yace debajo.

Para abrazar una mentalidad de crecimiento, debemos cambiar conscientemente nuestra perspectiva, replanteando nuestras experiencias con el fracaso como oportunidades para aprender, adaptarnos y refinar nuestras estrategias. Es a través de este proceso de mejora continua que cultivamos la resiliencia, la capacidad de recuperarnos de la adversidad con renovada fuerza y determinación.

Un ejercicio poderoso para fomentar una mentalidad de crecimiento es replantear nuestro diálogo interno. En lugar de ver los contratiempos como estados permanentes de fracaso, podemos elegir percibirlos como desafíos temporales, peldaños en nuestro camino hacia el progreso. Por ejemplo, en lugar de decir, "Fracasé en esta tarea", podemos replantearlo como "Esta tarea presentó una oportunidad de aprendizaje, y ahora tengo una mejor comprensión de lo que necesito mejorar."

4. Abrazar la Vulnerabilidad:

Para realmente reescribir nuestra narrativa, también debemos abrazar el poder de la vulnerabilidad: el coraje para enfrentar nuestros miedos, reconocer nuestras debilidades y abrirnos al crecimiento y la transformación. La vulnerabilidad no es una debilidad sino una fortaleza, un catalizador que nos permite despojarnos de las capas de limitaciones autoimpuestas y abrazar nuestro yo auténtico.

Considera una semilla, enterrada profundamente en la tierra, encerrada en una cáscara protectora. Aunque esta cáscara ofrece seguridad temporal, también confina el potencial de crecimiento de la semilla. Es solo cuando la semilla abraza la vulnerabilidad, despojándose de sus capas protectoras, que realmente puede florecer en la magnífica planta que estaba destinada a ser.

De manera similar, al abrazar la vulnerabilidad, nos despojamos de las capas protectoras de negación, autocrítica y miedo que han limitado nuestro crecimiento. Nos permitimos confrontar nuestras inseguridades más profundas y reconocer las áreas donde hemos fallado, no como una insignia de vergüenza, sino como un mapa para la transformación personal.

Un ejercicio poderoso para abrazar la vulnerabilidad es participar en la autorreflexión honesta. Aparta tiempo para escribir un diario o meditar, profundizando en las experiencias que han dado forma a tu narrativa hasta ahora. Identifica los momentos en los que te sentiste derrotado o disminuido, y explora las creencias subyacentes y los patrones de pensamiento que alimentaron estas emociones.

A medida que confrontas estas vulnerabilidades, resiste la tentación de juzgarte o criticarte. En su lugar, apártalas con compasión y curiosidad, buscando comprender las lecciones que encierran y cómo puedes usar estos conocimientos para reescribir tu narrativa en el futuro.

5. El Poder de la Gratitud:

En medio de la adversidad, puede ser muy fácil dejarse consumir por el peso de nuestros desafíos, perdiendo de vista las bendiciones que nos rodean. Sin embargo, es en estos momentos cuando la práctica de la gratitud puede servir como un faro de esperanza, iluminando el camino a seguir y recordándonos la abundancia que existe incluso en los tiempos más oscuros.

La gratitud no es meramente una emoción pasajera sino una poderosa mentalidad que puede reconfigurar profundamente nuestra narrativa. Al centrarnos conscientemente en los aspectos positivos de nuestras vidas, cambiamos nuestra perspectiva de una de escasez a una de abundancia, reconociendo que incluso en medio de los desafíos hay innumerables razones para estar agradecidos.

Un ejercicio poderoso para cultivar la gratitud es comenzar un diario de gratitud diario. Cada mañana, tómate unos momentos para reflexionar sobre las bendiciones que han adornado tu vida, sin importar cuán pequeñas o aparentemente insignificantes puedan parecer. Escríbelas, saborea las emociones que evocan y permite que una sensación de apreciación te invada.

A medida que haces de la gratitud un hábito, comenzarás a notar un cambio profundo en tu perspectiva. El peso de tus desafíos se sentirá más ligero, ya que reconocerás la abundancia que te rodea. Tu narrativa cambiará de una de escasez y limitación a una de abundancia y posibilidad, empoderándote para abordar cada día con un renovado sentido de esperanza y optimismo.

6. Encendiendo la Llama de la Esperanza:

En el núcleo de reescribir nuestra narrativa se encuentra el poder de la esperanza: la creencia inquebrantable de que un futuro mejor no solo es posible sino que está a nuestro alcance. La esperanza no es un estado pasivo, sino una fuerza activa que nos impulsa hacia adelante, alimentando nuestra determinación e inspirándonos a actuar hacia nuestras metas.

Así como una sola cerilla puede encender un fuego rugiente, una chispa de esperanza puede encender una poderosa transformación dentro de nosotros, iluminando el camino a seguir y guiándonos incluso en los tiempos más oscuros. Es la llama que arde brillantemente dentro de nuestras almas, recordándonos nuestro potencial ilimitado y las infinitas posibilidades que nos esperan.

Para encender la llama de la esperanza, primero debemos cultivar un profundo sentido de autoconfianza: una convicción de que poseemos la fuerza, la resiliencia y la determinación para superar cualquier obstáculo que se interponga en nuestro camino. Esta autoconfianza no nace de la arrogancia o la soberbia, sino de la comprensión profunda de nuestro valor innato y el potencial ilimitado que reside dentro de cada uno de nosotros.

Un ejercicio poderoso para encender la llama de la esperanza es participar en la visualización. Reserva tiempo cada día para cerrar los ojos e imaginar vívidamente la vida que deseas crear para ti. Visualízate superando los desafíos que una vez parecieron insuperables, logrando tus metas y viviendo una vida llena de propósito, alegría y plenitud.

A medida que te involucras en esta práctica, permite que las emociones de esperanza y posibilidad te invadan, llenando cada fibra de tu ser con un sentido de determinación y resolución. Abraza estas emociones, y deja que impulsen tus acciones, llevándote hacia adelante en tu viaje hacia el crecimiento personal y la transformación.

7. Epílogo:

El viaje de reescribir nuestra narrativa no es un camino lineal sino una carretera sinuosa, llena de giros, vueltas y desvíos inesperados. Es un viaje que requiere coraje, vulnerabilidad y un compromiso inquebrantable con el crecimiento personal y la transformación.

Sin embargo, al abrazar los principios delineados en este capítulo, cultivar una mentalidad de crecimiento, abrazar la vulnerabilidad, practicar la gratitud y encender la llama de la esperanza, desbloqueamos el poder de transformar nuestras vidas de maneras profundas y duraderas.

Recuerda, tú eres el autor de tu historia, el arquitecto de tu destino. Los desafíos que enfrentas no son obstáculos insuperables sino oportunidades para redefinir tu narrativa, para dar forma a una vida que es auténticamente tuya y llena de propósito, significado y plenitud duradera.

Así que, toma tu pluma, y comienza a reescribir tu historia hoy. Abraza el poder de tus palabras, y deja que sirvan como un faro, guiándote hacia la vida que naciste para vivir. una vida llena de esperanza, resiliencia y la creencia inquebrantable de que tus mejores días están por venir.

PUENTES INVISIBLES: FORMANDO CONEXIONES EN LAS SOMBRAS

MUROS SUSURRANTES: ENCONTRANDO VOCES EN EL SILENCIO

Cómo el Silencio Nos Enseña a Escuchar los Susurros de la Vida

En un mundo rebosante de ruido y distracciones, el silencio profundo revela los sutiles susurros de la vida, guiándonos hacia una comprensión más profunda de nosotros mismos y de nuestras conexiones.

Contexto y Relevancia: Escuchar va más allá de oír; requiere atención, quietud y sensibilidad a las sutiles señales que a menudo pasan desapercibidas. El silencio cultiva la presencia, ayudándonos a percibir las capas más profundas de nuestras experiencias, relaciones y nuestro interior.

El Desafío del Ruido Constante: La vida moderna nos bombardea con ruido constante de las redes sociales, anuncios y sobrecarga de información, abrumando nuestros sentidos y desconectándonos de nuestras voces internas. Este ruido impide nuestra capacidad de escuchar profundamente y formar conexiones significativas.

Conceptos Erróneos Comunes: Muchos creen que la comunicación efectiva se trata de hablar en lugar de escuchar, lo que lleva a malentendidos y conexiones debilitadas. La verdadera comunicación implica la escucha activa, la cual a menudo se descuida.

El Enfoque de las Paredes Susurrantes: Este enfoque enfatiza el poder del silencio y la escucha profunda. Al crear espacios de quietud, podemos sintonizarnos con el lenguaje no hablado de nuestros corazones, relaciones y comunidades.

Ejemplos Ilustrativos:

- Sentarse en silencio con un ser querido puede profundizar la comprensión y conexión más allá de las palabras.
- Sumergirse en la naturaleza permite que los sonidos y vistas sutiles evoquen un sentido de asombro y reverencia.

Abordar Objeciones Potenciales: El silencio no es escapismo sino un medio para una mayor conciencia y presencia. Nos ayuda a navegar la vida con mayor claridad y empatía. Incluso en un mundo acelerado, detenerse para escuchar profundamente puede mejorar las conexiones genuinas.

Un Llamado a la Acción: Abraza el silencio incorporando momentos de tranquilidad intencional en tu rutina, como la meditación o los paseos por la naturaleza. Practica la escucha activa en las conversaciones, permitiendo que el silencio revele significados más profundos. Al abrazar el enfoque de las 'Paredes Susurrantes', descubrimos profundas ideas y conexiones a través del poder de la quietud.

SOMBRAS DE GIGANTES: DE PIE SOBRE LOS HOMBROS DE LO INVISIBLE

Entendiendo Términos Clave

Mentoría Invisible y **Gigantes Invisibles** nos ayudan a apreciar las influencias profundas pero a menudo no percibidas en nuestras vidas.

Mentoría Invisible se refiere a la guía sutil de individuos que moldean nuestros caminos sin interacción directa. Esto puede incluir a autores inspiradores, figuras históricas o héroes no reconocidos cuyos legados nos impactan profundamente, incluso si nunca los conocemos.

Gigantes Invisibles son figuras extraordinarias cuya influencia perdura más allá de su presencia física. Sus acciones e ideas continúan inspirando y moldeando sociedades, ofreciendo un legado duradero que influye en las generaciones futuras.

Conectando los Términos: Al explorar estos conceptos,

reconocemos cómo fuerzas y legados invisibles moldean nuestros caminos. Comprender estos términos nos permite apreciar las influencias ocultas que guían nuestras vidas y honrar a los gigantes que han allanado nuestro camino, incluso si nunca los conocimos personalmente.

Mirando Hacia Adelante: En la próxima sección, exploraremos "mentoría invisible" en detalle, examinando ejemplos de la vida real y estrategias para abrazar estas influencias, permitiéndonos beneficiarnos de la sabiduría de aquellos que vinieron antes de nosotros.

HILOS OCULTOS: TEJER REDES MÁS ALLÁ DE LA VISTA

Preparación del Escenario: En una bulliciosa ciudad, la joven empresaria Amara, con una innovadora idea tecnológica, se embarca en un desafiante viaje para tener éxito en el competitivo mundo empresarial, descubriendo el poder de las redes invisibles en el camino.

Los Jugadores: Amara, una visionaria ingeniera de software, crea una aplicación revolucionaria. Es guiada por Ethan, un mentor experimentado con valiosas conexiones en la industria tecnológica.

El Desafío: Amara enfrenta obstáculos significativos: asegurar financiamiento, navegar regulaciones y formar un equipo. A pesar de los recursos y conexiones limitados, la guía de Ethan revela el poder de las redes ocultas.

La Estrategia: Ethan introduce a Amara en una red de expertos, asesores e inversores que se vuelven cruciales para su éxito. Esta red invisible proporciona el apoyo y recursos necesarios para perfeccionar su aplicación y asegurar financiamiento.

El Resultado: La aplicación de Amara se lanza con éxito, atrayendo a gigantes de la industria y asegurando una inversión multimillonaria, demostrando el impacto de las redes invisibles en su éxito.

Lecciones Aprendidas: La experiencia de Amara resalta la importancia de aprovechar las mentorías invisibles y las redes. Las conexiones genuinas y una buena guía pueden proporcionar apoyo crucial y oportunidades que no son inmediatamente aparentes.

Relevancia para el Concepto Principal: La historia de Amara ejemplifica el concepto de "mentoría invisible" y la influencia de gigantes invisibles. Su éxito subraya cómo reconocer y abrazar estas fuerzas ocultas puede moldear significativamente nuestros caminos.

Pensamiento Final: Reflexionar sobre el viaje de Amara nos invita a considerar las redes invisibles y mentores que nos guían y cómo abrazar su influencia puede desbloquear nuestro pleno potencial.

RÍOS SILENCIOSOS: LAS CORRIENTES SUBTERRÁNEAS DE LA INFLUENCIA

Introducción: En un mundo dominado por fuerzas poderosas y visibles como cascadas rugientes y olas de océano que chocan, corrientes más silenciosas e invisibles también influyen profundamente en nuestras vidas. Estas fuerzas sutiles y persistentes a menudo dan forma a nuestras decisiones y perspectivas sin que lo notemos conscientemente.

Influencia Visible vs. Invisible:

- **Influencia Visible:** Líderes carismáticos, tendencias virales y sensaciones mediáticas tienen impactos inmediatos y notorios, moldean la opinión pública e impulsan el cambio. Su influencia es ruidosa, rápida y a menudo efímera.

- **Influencia Invisible:** Fuerzas ocultas como las normas culturales, la sabiduría generacional y las expectativas sociales moldean nuestras creencias y comportamientos de manera sutil y gradual. Tienen un impacto duradero y penetran más profundamente, influyendo en valores fundamentales y visiones del mundo.

Comparaciones Clave:

- **Visibilidad:** Las influencias ruidosas son evidentes y disruptivas, mientras que las influencias silenciosas operan de manera sutil, dando forma a nuestras vidas como un arroyo suave.

- **Velocidad de Impacto:** Las influencias ruidosas provocan cambios rápidos, mientras que las influencias silenciosas actúan lentamente con el tiempo.
- **Poder Duradero:** Las influencias ruidosas pueden desvanecerse rápidamente, pero las influencias silenciosas perduran, moldeando culturas y sistemas de creencias a lo largo de generaciones.
- **Profundidad del Impacto:** Las influencias ruidosas afectan cambios a nivel superficial, mientras que las influencias silenciosas moldean nuestras creencias y valores fundamentales.

Significado: El verdadero cambio duradero a menudo proviene de estas fuerzas sutiles e invisibles en lugar de las dramáticas y visibles. Comprender y abrazar estas corrientes silenciosas puede llevarnos a una autoconciencia más profunda y a una transformación duradera.

Contexto Moderno: En el mundo actual de las redes sociales e información constante, a menudo estamos abrumados por influencias ruidosas. Sin embargo, el poder perdurable de las tradiciones culturales, la sabiduría generacional y las normas sociales continúan moldeando nuestras vidas profundamente, incluso cuando son menos visibles.

Aplicación Personal: Reconocer el impacto de las corrientes subterráneas silenciosas nos ayuda a tomar decisiones más informadas e intencionales. Abrazar estas influencias sutiles puede llevar a un cambio personal y social significativo.

Conclusión: Para lograr una verdadera comprensión y transformación, debemos apreciar tanto las fuerzas dramáticas como las sutiles que modelan nuestro mundo. Al valorar las corrientes silenciosas bajo la superficie, ganamos sabiduría y orientación que impulsan el cambio duradero y se alinean con nuestros valores más profundos.

LA ESCALERA INVISIBLE: ASCENDIENDO MÁS ALLÁ DE LO VISIBLE

Introducción: El viaje de la vida está lleno de obstáculos, y el camino hacia el crecimiento y el éxito rara vez es directo. Aunque a menudo nos enfocamos en las barreras visibles, existe una "Escalera Invisible" de apoyo oculto que puede elevarnos a nuevas alturas si la reconocemos y utilizamos.

El Problema: Con frecuencia enfatizamos los esfuerzos tangibles y pasamos por alto las fuerzas invisibles que moldean nuestro progreso. Pasar por alto estos apoyos invisibles puede truncar nuestro crecimiento y dejarnos frustrados, sin ser conscientes de la orientación disponible para nosotros.

La Solución: Abrazar la "Escalera Invisible": una metáfora para los sistemas de apoyo invisibles que nos rodean. Esta escalera representa apoyos interconectados, incluidos la sabiduría, la orientación y las relaciones, que se mezclan con nuestros esfuerzos para lograr crecimiento y realización.

Implementación de la Escalera Invisible:

- **Conciencia de Sí Mismo:** Sintonizar con señales sutiles del reino invisible para aprovechar los apoyos ocultos de manera efectiva.
- **Sabiduría Ancestral:** Buscar y abrazar la orientación de generaciones pasadas para obtener conocimientos valiosos.
- **Relaciones Significativas:** Construir conexiones auténticas con mentores y colegas para acceder a apoyo y perspectivas.
- **Intuición:** Confiar en tu voz interior para navegar situaciones complejas y descubrir soluciones no convencionales.
- **Mentalidad de Crecimiento:** Mantenerse abierto al cambio y a nuevas oportunidades de aprendizaje para abrazar y utilizar plenamente los apoyos invisibles.

Estudio de Caso: Sarah, una joven emprendedora, inicialmente luchó a pesar de su determinación. Al adoptar el concepto de la Escalera Invisible, buscó mentoría, desarrolló conciencia de sí misma, confió en su intuición y construyó una red de apoyo. Este enfoque transformó sus desafíos en oportunidades, llevándola al éxito personal y profesional.

Enfoques Alternativos: Si bien los métodos tradicionales como la mentoría formal tienen su valor, pueden no captar la profundidad de los apoyos invisibles. La Escalera Invisible ofrece un enfoque integral, incluyendo esfuerzos visibles con orientación invisible para un crecimiento holístico.

Conclusión: Al abrazar la Escalera Invisible, accedemos a un reino de apoyos ocultos que impulsan nuestro éxito. Este enfoque combina la autoconciencia, la sabiduría ancestral, las relaciones significativas, la intuición y una mentalidad de crecimiento, llevando a un profundo crecimiento personal y profesional.

ELABORACIÓN DE SOMBRAS: CONSTRUYENDO PUENTES INVISIBLES CON INTENCIÓN

Introducción: El viaje de la vida implica navegar conexiones que se extienden más allá de lo tangible. Los "Hilos Invisibles" de apoyo, tanto visibles como invisibles, son cruciales en moldear nuestro crecimiento y alcanzar nuestros objetivos.

Paso 1: Escuchar con el Corazón Abierto:

Sintoniza con la guía sutil escuchando activamente con empatía. Esta práctica ayuda a descubrir sabiduría no expresada y fomenta conexiones más profundas e invisibles.

Paso 2: Abrazar el Abrazo Invisible de la Empatía:

Ésta nos permite forjar profundos lazos emocionales. Al entender las experiencias de los demás, creamos conexiones compartidas que trascienden perspectivas individuales.

Paso 3: Honrar la Sabiduría de los Ancestros:

Conecta con el conocimiento transmitido a través de generaciones. Esta sabiduría ancestral proporciona valiosas perspectivas y nos conecta a un contexto histórico más amplio.

Paso 4: Abrazar la Danza Invisible de la Sincronía:

Reconoce y confía en los momentos serendipitosos y los empujones intuitivos que nos guían. Estos eventos sincrónicos revelan oportunidades ocultas para el crecimiento y la conexión.

Paso 5: Fomentar una Mentalidad de Gratitud:

Cultiva la gratitud para apreciar los sistemas de apoyo invisibles en tu vida. Esta mentalidad amplifica los beneficios de las conexiones invisibles y atrae más influencias positivas.

Conclusión: Al abrazar y elaborar intencionalmente estas conexiones invisibles, tejemos un tapiz de apoyo y comprensión que enriquece nuestras vidas. Esta interconexión cierra las brechas entre experiencias individuales y sabiduría colectiva, guiándonos hacia una existencia más significativa y unificada.

EL LENGUAJE DEL SILENCIO: INTERPRETANDO LAS SEÑALES NO VERBALES

El Poder de la Comunicación No Verbal

¿Alguna vez has experimentado un momento en el que las acciones hablaron más fuerte que las palabras? Esta es la esencia de la comunicación no verbal, una forma de interacción que trasciende el lenguaje hablado a través de gestos, expresiones faciales y lenguaje corporal. Es una sinfonía silenciosa donde incluso los movimientos más pequeños revelan profundas percepciones de nuestras emociones e intenciones.

Definición: La comunicación no verbal implica transmitir significado a través de señales físicas en lugar de palabras. Cierra la brecha entre los sentimientos internos y la expresión externa, creando un lenguaje universal que va más allá de las fronteras culturales y lingüísticas.

Origen: Nuestros primeros antepasados confiaban en señales no verbales para sobrevivir y crear lazos sociales, convirtiéndolo en una parte fundamental de la interacción humana. Esta capacidad innata ha evolucionado a lo largo de milenios, volviéndose crucial tanto en contextos personales como profesionales.

Significado en las Relaciones Personales: Dominar las señales no verbales mejora las conexiones personales. A través del tacto, el contacto visual y la proximidad, expresamos emociones y construimos intimidad. Gestos simples como una caricia o una mirada pueden transmitir un profundo afecto o atracción.

Impacto Profesional: En el entorno laboral, la comunicación no verbal puede influir en negociaciones, toma de decisiones y clima organizacional. Una postura confiada y un lenguaje corporal comprometido exigen respeto, mientras que cambios sutiles en expresión y tono pueden impactar las discusiones.

Aplicaciones:

- **Hablar en Público:** Gestos y expresiones pueden cautivar e inspirar a las audiencias más efectivamente que solo las palabras.

- **Atención al Cliente:** Un lenguaje corporal cálido y empático puede convertir interacciones en experiencias significativas.

Perspectivas: Estudiar la comunicación no verbal ofrece perspectivas sobre emociones humanas, intenciones y motivaciones. Descifra las narrativas no habladas que moldean nuestras interacciones y guían nuestro comportamiento.

Conclusión: Abrazar la comunicación no verbal nos permite cerrar la brecha entre las palabras habladas y una comprensión más profunda. Al sintonizarnos con este lenguaje silencioso, desbloqueamos nuevos niveles de conexión y autoconciencia, descubriendo la verdadera esencia de nuestra humanidad.

ECOS A TRAVÉS DEL TIEMPO: EL LEGADO DE CONTRIBUCIONES INVISIBLES

A lo largo de la historia, momentos cruciales y movimientos transformadores a menudo han sido impulsados por héroes anónimos cuyas contribuciones son eclipsadas por figuras más visibles. Estos visionarios ocultos han dejado un impacto duradero, estimulando el progreso y el cambio en diversos campos.

En ciencia y tecnología, mujeres como Ada Lovelace y Grace Hopper, junto con los primeros "computadores" humanos de la NASA, revolucionaron silenciosamente la computación a pesar de las barreras sociales. En el movimiento por los derechos civiles, innumerables activistas y ciudadanos comunes, más allá de los líderes icónicos, arriesgaron todo para desmantelar la injusticia, formando el pilar de la lucha por la igualdad.

De manera similar, el Renacimiento fue moldeado no solo por artistas célebres como Leonardo da Vinci, sino también por artesanos y pensadores anónimos que fomentaron el crecimiento intelectual y artístico de la era. Hoy en día, los movimientos sociales y las iniciativas de base continúan siendo impulsados por los esfuerzos dedicados de organizadores invisibles y líderes comunitarios.

Reflexionar sobre estas contribuciones ocultas nos recuerda que la verdadera grandeza a menudo reside en la acción colectiva y la dedicación desinteresada más que en el reconocimiento personal. A medida que avancemos, honremos y abracemos el poder de estos puentes invisibles, reconoceremos su profundo impacto en la configuración de nuestro futuro inspirándonos a construir sobre su legado.

HÉROES ANÓNIMOS: EL PODER DE LAS CONTRIBUCIONES SILENCIOSAS

Visión General e Importancia del Análisis Basado en Evidencia

Un enfoque basado en evidencia es crucial para descubrir ideas más allá de la especulación o la evidencia anecdótica. Al confiar en datos empíricos e investigaciones creíbles, podemos entender mejor el impacto significativo de las contribuciones silenciosas y tras bambalinas, que a menudo son eclipsadas por figuras más visibles.

Declaración Principal

Las contribuciones silenciosas son fundamentales para los logros transformadores y deben ser reconocidas como la base del progreso. Resaltar la evidencia empírica muestra el papel crítico de estos esfuerzos anónimos en la configuración del éxito.

Evidencia #1: La Fuerza de la Inteligencia Colectiva

Un estudio de la Universidad Carnegie Mellon publicado en Science demostró que los equipos exitosos destacan no debido al rendimiento individual, sino a través de la inteligencia colectiva. Los equipos con alta inteligencia colectiva, marcada por la sensibilidad social y la integración efectiva de diversas perspectivas, superaron a los demás. Los contribuyentes silenciosos a menudo facilitan esta sinergia asegurando que todas las voces sean escuchadas y las ideas se integren, impulsando el éxito del equipo.

Elaboración sobre la Evidencia #1

El estudio involucró a más de 600 participantes en diversas tareas y encontró que los equipos con mayor inteligencia colectiva constantemente obtuvieron mejores resultados. Esta inteligencia, vinculada a la comunicación efectiva y la colaboración, subraya el papel de los contribuyentes silenciosos en fomentar equipos de alto rendimiento.

Evidencia y Perspectiva Contrastantes

Los críticos argumentan que los entornos controlados del estudio pueden no reflejar completamente las complejidades del mundo real y que sus hallazgos podrían no generalizarse a través de diferentes culturas. Sin embargo, los hallazgos centrales del estudio están respaldados por investigaciones y observaciones adicionales, reforzando la importancia de las contribuciones silenciosas en el éxito del equipo.

Evidencia Adicional: El Efecto Catalizador

Ejemplos históricos, como el papel de Frances Perkins en el New Deal, ilustran el impacto de las contribuciones silenciosas. Perkins, a menudo eclipsada por el presidente Roosevelt, fue crucial en la formulación de políticas como la Ley de Seguro Social y la Ley de Normas de Trabajo Justas, mostrando cómo los esfuerzos tras bambalinas pueden generar un cambio social significativo.

Aplicación en la Vida Real y Significado Ampliado

Entender el valor de las contribuciones silenciosas puede transformar las estrategias organizacionales y las vistas sociales sobre el liderazgo. Enfatizar la importancia de los esfuerzos tras bambalinas puede mejorar la formación de equipos y fomentar una visión más inclusiva del éxito, reconociendo a aquellos que posibilitan logros colectivos e impacto duradero.

Al abrazar el análisis basado en evidencia de las contribuciones silenciosas, honramos a los héroes anónimos que han moldeado nuestro progreso y podemos aprovechar mejor la inteligencia colectiva para el éxito futuro.

CONSTRUYENDO EN LA OSCURIDAD: ESTRATEGIAS PARA LA RED INVISIBLE

Visión General y Significado

En un mundo enfocado en las exhibiciones visibles de influencia, el sutil arte de la creación de redes a través de medios más silenciosos sigue siendo invaluable y a menudo pasado por alto. Dominar estas técnicas permite la creación de una red poderosa, invisible de apoyo y conexión genuina que puede impulsar el crecimiento personal y profesional.

Puntos Principales

- **Fomentar una Empatía Profunda:** Esencial para construir conexiones significativas, la empatía profunda fomenta la confianza y la comprensión al realmente resonar con las experiencias y perspectivas de los demás.
- **Ofrecer Apoyo Silencioso:** Proporcionar ánimo y recursos de manera discreta fortalece las relaciones y crea unidad sin buscar reconocimiento.
- **Abrazar la Escucha Activa:** La escucha profunda y enfocada revela las necesidades y perspectivas de los demás, facilitando un apoyo significativo y la colaboración.
- **Fomentar Espacios Inclusivos:** Crear entornos donde todos los individuos se sientan valorados e incluidos

promueve contribuciones diversas y fortalece las conexiones.

- **Practicar la Autenticidad:** Compartir tu verdadero yo y ser vulnerable construye confianza e invita a otros a participar auténticamente, profundizando las relaciones.
- **Defender las Victorias Colectivas:** Celebrar los éxitos de los demás dentro de tu red fomenta el apoyo mutuo y mejora el logro colectivo.
- **Abrazar la Humildad:** La confianza discreta y el reconocimiento de las fortalezas de los demás crean un ambiente respetuoso y colaborativo.
- **Cultivar Conexiones Significativas:** Invertir en relaciones genuinas y duraderas fomenta una red de apoyo que contribuye al éxito y la realización a largo plazo.

Al centrarse en estas estrategias, construyes una red poderosa que va más allá de los métodos tradicionales, creando conexiones duraderas e impactantes a través de la empatía, el apoyo y la autenticidad.

ESPEJOS Y HUMO: REVELANDO TU VERDADERO YO

LA ILUSIÓN DEL REFLEJO

Pregunta Provocadora: ¿Qué pasaría si tu imagen en el espejo no fuera tu verdadero yo, sino una versión distorsionada moldeada por las presiones sociales?

Introducción: Estamos constantemente influenciados por los estándares sociales de belleza, éxito y valía, que a menudo eclipsan nuestro verdadero yo. El reflejo que vemos es un producto de estas expectativas externas, lo que nos lleva a cuestionar su autenticidad.

El Problema: Las expectativas sociales distorsionan nuestra percepción de nosotros mismos, priorizando atributos superficiales sobre nuestro verdadero ser. Esta presión nos obliga a moldear nuestras identidades para ajustarse a estándares estrechos, comprometiendo nuestra autenticidad.

Concepciones Erróneas Comunes: Al esforzarnos por alcanzar ideales sociales, podríamos perseguir estándares físicos poco realistas, perseguir el éxito material a expensas del bienestar personal, o adoptar personalidades que repriman nuestro verdadero yo.

Perspectiva Única: Abrazar nuestra esencia implica rechazar la conformidad y celebrar nuestras identidades únicas. El reflejo en el espejo es solo un vistazo físico; nuestro verdadero yo se encuentra en nuestras experiencias internas e individualidad.

Ejemplos: Artistas que desafían las normas de belleza, emprendedores con ideas poco convencionales y personas que abrazan sus vulnerabilidades demuestran que la verdadera belleza y el éxito residen en la autenticidad en lugar de la conformidad.

Abordando Objeciones: Aunque algunos argumentan que las normas sociales son necesarias para la aceptación, la autenticidad fomenta conexiones significativas e inspira el cambio positivo. Abrazar tu verdadero yo no solo te libera, sino que también anima a otros a hacer lo mismo.

Pasos Accionables para Recuperar la Autenticidad:

1. **Cultivar la Autoconciencia:** Reflexiona sobre tus valores y pasiones independientemente de las expectativas sociales.
2. **Cuestionar las Normas Sociales:** Examina y desafía los ideales impuestos.

3. **Buscar Modelos a Seguir Auténticos:** Encuentra y aprende de aquellos que encarnan la verdadera autoexpresión.
4. **Abraza la Vulnerabilidad:** Comparte tu verdadero yo, defectos y todo.
5. **Celebrar la Unicidad:** Reconoce y valora lo que te hace único.
6. **Encontrar Comunidades de Apoyo:** Involúcrate con grupos que valoran la autenticidad.

Definiendo la Autenticidad:

- **Autenticidad:** Abrazar tu verdadero yo, expresando tus creencias y emociones sin presiones sociales.
- **Aceptación Propia:** Aceptar tus imperfecciones y celebrar tu ser único, rechazando la validación externa.
- **Vulnerabilidad:** Mostrar tu verdadero yo e imperfecciones, lo cual fomenta conexiones más profundas y el crecimiento personal.

Estudio de Caso: El Viaje de Amira

- **Ambientación:** Una joven artista en una sociedad tradicional, luchando entre la conformidad y la autoexpresión.
- **Desafío:** Decidir entre un camino conformista o abrazar su yo auténtico.
- **Viaje:** A través de la autoaceptación y la vulnerabilidad,

Amira dejó de lado las expectativas sociales, expresando su verdadera identidad a través de su arte.

- **Resultados:** Su arte auténtico ganó reconocimiento e inspiró a otros. Su historia ilustra el poder de la autenticidad y la libertad que trae consigo.

Lecciones y Perspectivas: La autenticidad es un viaje personal, no un concepto único para todos. Es esencial equilibrar la verdad personal con las normas sociales, y la historia de Amira subraya el poder transformador de vivir auténticamente.

Relevancia: El viaje de Amira destaca la importancia de la autoaceptación, la vulnerabilidad y abrazar nuestro verdadero yo. Nos anima a reflexionar y despojarnos de nuestros propios velos de percepción para experimentar una realización verdadera.

Pensamiento Final: La historia de Amira nos invita a considerar qué velos sociales necesitamos quitar y qué yo auténtico está esperando ser descubierto.

AUTENTICIDAD VS. APROBACIÓN

Contraponer las Fuerzas Opuestas

Conflicto Central: La búsqueda de la autorrealización implica equilibrar dos deseos en conflicto: ser fieles a nuestro verdadero yo frente a buscar la validación y aceptación de los demás. Estamos impulsados a honrar nuestras identidades únicas, pero la aprobación social a menudo nos presiona a conformarnos, arriesgando la supresión de nuestro verdadero yo.

Identificando las Entidades: Este conflicto entre autenticidad y aprobación social es una experiencia universal. Desde la infancia, buscamos la validación de padres, compañeros y comunidades, moldeando nuestras elecciones y percepción de nosotros mismos a lo largo de la vida.

Aspectos a Examinar:

- **Autoexpresión vs. Conformidad:** Exploramos las consecuencias de sacrificar la autenticidad por la aprobación y las dificultades de ser fiel a uno mismo en medio de las normas sociales.
- **Implicaciones Psicológicas:** Analizamos los efectos sobre la autoaceptación, la autoestima y la necesidad de pertenencia, resaltando las complejidades emocionales y psicológicas de esta lucha.

Temas Más Amplios:

- **Paradigmas Sociales:** La tensión entre autenticidad y aprobación refleja constructos sociales mayores que influyen en nuestra autoestima y éxito. Subraya la paradoja de desear individualidad mientras ansiamos conexión y aceptación dentro de la sociedad.
- **Existencia Humana:** Este contraste revela el delicado equilibrio entre honrar nuestro verdadero yo y cumplir con las expectativas sociales, desafiándonos a redefinir qué constituye una vida auténtica y plena.

Relevancia Hoy: En la era de las redes sociales, las presiones para la conformidad y la validación se intensifican por las representaciones idealizadas en línea, a menudo a expensas de la autenticidad. Sin embargo, hay un movimiento creciente hacia el abrazo de la individualidad y la diversidad, creando espacios donde se celebra la autoexpresión genuina. Este cambio resalta la importancia de entender las dinámicas entre autenticidad y aprobación social para navegar en un mundo más inclusivo.

DESCUBRIENDO TU VERDADERA IDENTIDAD

Contexto:

En el mundo moderno, a menudo nos encontramos atrapados en una búsqueda interminable de encajar y buscar validación externa. Desde jóvenes, estamos condicionados para desear aceptación y aprobación de nuestros compañeros, familias y la sociedad en general. Esta presión incesante para conformarse puede llevarnos a suprimir nuestros yo auténticos, usando máscaras que se alinean con las expectativas y normas sociales.

El Problema: Perder de Vista Tu Verdadera Identidad

El desafío al que nos enfrentamos es la erosión gradual de nuestras verdaderas identidades, mientras nos moldeamos continuamente para ajustarnos a las expectativas de los demás. Adoptamos subconscientemente personalidades, creencias y comportamientos que no son realmente nuestros, impulsados por un miedo arraigado al rechazo o a la exclusión social. Esta adaptación constante y supresión de nuestro yo auténtico puede tener consecuencias profundas, llevando a una sensación de desconexión, una autoestima disminuida y un sentimiento punzante de inautenticidad.

Resultados Negativos de Permanecer Inauténtico:

1. Desconexión Emocional: Al negar nuestro verdadero yo, creamos una brecha entre nuestras experiencias internas y expresiones externas, llevando a una sensación de vacío y desapego emocional.
2. Autoestima Disminuida: Buscar constantemente la validación externa y suprimir nuestro auténtico yo puede erosionar nuestro valor propio y autoconfianza, dejándonos sintiéndonos inadecuados e insatisfechos.
3. Falta de Crecimiento Personal: Cuando nos conformamos con las expectativas sociales, limitamos nuestro potencial de crecimiento personal y autodescubrimiento, frenando nuestra capacidad de explorar nuestras verdaderas pasiones, fortalezas y aspiraciones.
4. Relaciones Tensas: Presentar un falso yo al mundo puede tensar nuestras relaciones, ya que luchamos por construir conexiones genuinas basadas en la autenticidad y la vulnerabilidad.

La Solución: Un Viaje Metódico para Redescubrir Tu Verdadero Yo

Para superar el desafío de perder de vista nuestras verdaderas identidades, debemos emprender un viaje metódico de autodescubrimiento y autoaceptación. Este proceso involucra despojar las capas de condicionamiento social y abrazar el tapiz único de nuestros pensamientos, sentimientos y experiencias que nos hace ser quienes realmente somos.

Implementación:

1. **Auto-reflexión:** Comienza apartando tiempo dedicado a la introspección y el autoexamen. Pregúntate cuestiones profundas sobre tus valores, creencias, deseos y los aspectos de ti mismo que te brindan verdadera alegría y satisfacción.

2. **Identificar Influencias Externas:** Reconoce las fuerzas externas que han moldeado tus pensamientos y comportamientos, como las normas sociales, las expectativas familiares y la presión de los compañeros. Reconoce las máscaras que has estado usando para encajar y los personajes que has adoptado para buscar validación.

3. **Abraza Tu Singularidad:** Celebra las rarezas, la idiosincrasia y las características que te hacen distintivamente tú. Abraza tus fortalezas, pasiones y vulnerabilidades, reconociendo que son componentes esenciales de tu auténtico yo.

4. **Rodéate de Aceptación:** Cultiva una red de apoyo de individuos que abracen y celebren tu autenticidad. Busca comunidades o grupos que fomenten un ambiente de no juicio y autoexpresión.

5. **Practica la Vulnerabilidad:** Rétate a salir de tu zona de confort y compartir tu yo auténtico con los demás. Esta vulnerabilidad puede ser intimidante al principio, pero

es un paso crucial para construir conexiones genuinas y autoaceptación.

6. **Crecimiento Continuo:** Reconoce que el autodescubrimiento y la autenticidad son viajes continuos. Abraza los altibajos y mantente comprometido a explorar y honrar continuamente tu verdadero yo.

Superando Desafíos:

El camino hacia abrazar tu verdadera identidad no está exento de desafíos. Puedes encontrar resistencia de aquellos que se sientan incómodos con tu autenticidad o luchar con la duda personal y el miedo al rechazo. Sin embargo, cultivando autocompasión, resiliencia y una red de apoyo, puedes navegar estos obstáculos y emerger con un sentido más profundo de autoaceptación y paz interior.

Historias de Éxito y Resultados:

Las personas que han emprendido este viaje de autodescubrimiento y autenticidad a menudo reportan un profundo sentido de liberación, mayor autoconfianza y una conexión más profunda con sus valores y propósito. Se encuentran viviendo vidas más plenas, libres de las restricciones de las expectativas sociales y capaces de forjar conexiones genuinas con otros.

Estudio de Caso: El Viaje de Sarah hacia la Autenticidad

Sarah, una profesional de 35 años, había pasado años conformándose con las expectativas sociales de su industria, suprimiendo sus pasiones creativas y adoptando un personaje que se alineaba con las normas corporativas. Sin embargo, después de años sintiéndose insatisfecha y desconectada, decidió embarcarse en un viaje de autodescubrimiento.

A través de la autorreflexión y rodeándose de una comunidad de apoyo, Sarah comenzó a abrazar su amor por el arte y la expresión creativa. Valientemente dejó su trabajo corporativo y persiguió su pasión por la pintura, a pesar de enfrentar escepticismo inicial de su familia y compañeros.

Hoy en día, Sarah ha encontrado una inmensa satisfacción en su autoexpresión auténtica y ha construido una exitosa carrera como artista. Ella atribuye su viaje de autodescubrimiento no solo a reavivar su pasión, sino también a fomentar un sentido más profundo de autoaceptación y paz interior.

Soluciones Alternativas y Sus Limitaciones:

Aunque el viaje metódico de autodescubrimiento y autenticidad ofrece un enfoque integral para desenmascarar tu verdadera identidad, hay soluciones alternativas que pueden considerarse.

1. **Fuga Temporal:** Algunas personas pueden buscar un respiro temporal de las presiones sociales a través de actividades como viajar o hobbies inmersivos. Aunque pueden proporcionar alivio temporal, no abordan el problema subyacente de la autoaceptación y solo ofrecen una tregua.

2. **Terapia o Consejería:** La orientación profesional de un terapeuta o consejero puede ayudar a explorar la

verdadera identidad de uno y superar las barreras para la autoaceptación. Sin embargo, este enfoque puede estar limitado por la disposición del individuo a participar en el proceso y los recursos disponibles.

3. **Conformidad:** Otra opción es continuar conformándose con las expectativas y normas sociales, suprimiendo el yo auténtico en busca de validación externa. Sin embargo, este enfoque a menudo conduce a un profundo sentimiento de vacío y falta de realización, perpetuando el ciclo de la inautenticidad.

Si bien estas soluciones alternativas pueden ofrecer alivio o apoyo temporal, el camino metódico de autodescubrimiento y autenticidad sigue siendo el enfoque más completo y eficaz para revelar tu verdadera identidad y vivir una vida de realización genuina y autoaceptación.

PASOS PARA UNA VIDA AUTÉNTICA

Meta: Esta guía te ayudará a despojarte del condicionamiento social y a abrazar tu yo auténtico, lo que llevará a la autoaceptación, la paz interior y una vida alineada con tus verdaderos valores y pasiones.

Materiales Necesarios:

- Una mente abierta
- Un diario o cuaderno
- Una red de apoyo
- Paciencia y autocompasión

Resumen: El viaje hacia una vida auténtica implica introspección, identificación de influencias externas, abrazar tu singularidad, construir una comunidad de apoyo, practicar la vulnerabilidad y el crecimiento continuo.

Pasos Detallados:

1. **Autoreflexión e Introspección:** Reserva tiempo para reflexionar sobre tus valores, creencias y lo que te trae alegría. Escribe tus ideas en un diario.
2. **Identificar Influencias Externas:** Examina las normas sociales, las expectativas familiares y las presiones de los compañeros que han formado tus comportamientos y pensamientos. Identifica dónde has comprometido tu autenticidad.
3. **Abrazar Tu Unicidad:** Celebra tus rasgos y pasiones únicas. Reconoce y abraza las cualidades que has ocultado.
4. **Cultivar una Red de Apoyo:** Rodéate de personas que apoyen y celebren tu yo auténtico. Únete a comunidades que valoran la expresión genuina de uno mismo.
5. **Practicar la Vulnerabilidad:** Comparte tu verdadero yo con otros, comenzando con personas de confianza y ampliando gradualmente tu círculo.
6. **Cultivar Autocompasión y Resiliencia:** Acepta que los desafíos y retrocesos son parte del viaje. Practica la autocompasión y ve los obstáculos como oportunidades de crecimiento.
7. **Crecimiento y Exploración Continua:** Mantén la

mente abierta a evolucionar y descubrir nuevos aspectos de ti mismo conforme avances.

Consejos y Mejores Prácticas:

- Ten paciencia; el autodescubrimiento es un proceso de toda la vida.
- Busca apoyo profesional si es necesario.
- Celébrate pequeñas victorias.
- Usa afirmaciones positivas.
- Evita el lenguaje autocrítico.

Posibles Obstáculos y Soluciones:

- **Patrones Antiguos:** Mantente consciente y comprometido con tu camino a pesar de las presiones sociales.
- **Miedo al Juicio:** Apóyate en tu red de apoyo y practica la autocompasión.
- **Autocomplacencia:** Equilibra la autoexpresión con la consideración de las perspectivas de los demás.
- **Estancamiento:** Sigue desafiándote y explorando nuevos aspectos de tu identidad.

Evaluación: Notarás una mayor autenticidad, paz interior y relaciones más profundas. Si enfrentas resistencia, comunica tu perspectiva y establece límites mientras priorizas tu bienestar.

EL LENGUAJE DE LA AUTENTICIDAD

La Búsqueda de la Autenticidad

¿Alguna vez has sentido que estás actuando un papel en lugar de vivir tu verdadero yo? Esta lucha interna por ser auténtico es una experiencia humana común, central para muchos debates filosóficos y movimientos de autoayuda.

Definiendo la Autenticidad: La autenticidad significa alinear tus experiencias internas, pensamientos, sentimientos, valores, con tu comportamiento externo. Implica abrazar tu "verdadero yo," la esencia de quién eres más allá de las influencias sociales.

Viaje hacia la Autenticidad: Lograr la autenticidad implica despojarse de las máscaras y mecanismos defensivos adoptados para la validación o para encajar. Requiere introspección para entender tus verdaderas motivaciones y creencias, y tener integridad personal, lo que significa actuar en línea con tus valores fundamentales a pesar de las presiones externas.

Perspectivas Históricas y Modernas: Filósofos antiguos como Sócrates y los estoicos valoraban el autoconocimiento y vivir fieles a la propia naturaleza. Existencialistas como Kierkegaard y Nietzsche veían la autenticidad como abrazar la libertad y rechazar la conformidad. En tiempos contemporáneos, varios movimientos de autoayuda enfatizan despojarse del condicionamiento social para vivir vidas más plenas.

Impacto de la Autenticidad: La autenticidad mejora las relaciones al fomentar conexiones genuinas y construye confianza y propósito en entornos profesionales. Lleva a una mayor autoaceptación, paz interior y satisfacción al permitirte abrazar tus rasgos y pasiones únicas.

Desafíos y Recompensas: El camino hacia la autenticidad implica confrontar miedos e inseguridades, despojarse de máscaras sociales confortables pero restrictivas y abrazar la vulnerabilidad. A pesar de los desafíos, las recompensas, libertad, autorrealización y vida significativa, son profundas.

Invitación: Abraza la autenticidad no como una tendencia, sino como una búsqueda genuina de autodescubrimiento y expresión. Al ser fieles a nosotros mismos, podemos inspirar a otros y crear un efecto en cadena de satisfacción genuina y conexión en nuestras vidas y comunidades.

FIGURAS HISTÓRICAS DE AUTENTICIDAD

Figuras Históricas que Encarnaron la Autenticidad

Explorar la historia revela muchas figuras que ejemplificaron la autenticidad al abrazar su verdadero yo y desafiar las normas sociales.

Antigua Grecia: Sócrates defendía la autenticidad a través de su búsqueda de la verdad, afirmando célebremente, "La vida no examinada no merece ser vivida". Su método socrático fomentaba una profunda autoindagación y el rechazo de creencias superficiales.

Imperio Romano: Séneca, el filósofo estoico, vivió de manera sencilla a pesar de su riqueza. Sus escritos, como "Sobre la Brevedad de la Vida", instaban a alinear los valores con las acciones para una vida con propósito.

Siglo XIII: Rumi, el poeta místico, expresó la autenticidad a través de su poesía espiritual, trascendiendo fronteras culturales e invitando a los lectores a abrazar todo su espectro emocional.

Renacimiento: La curiosidad y creatividad de Leonardo da Vinci abarcó múltiples disciplinas. Sus cuadernos reflejan su incesante búsqueda de conocimiento y su expresión auténtica de intelecto.

Siglo XIX: Ralph Waldo Emerson promovió la autosuficiencia y la autenticidad en su ensayo "Autosuficiencia", instando a las personas a confiar en sus voces interiores y rechazar la conformidad social.

Era Moderna:

- **Mahatma Gandhi** demostró liderazgo auténtico a través de su resistencia no violenta y desobediencia civil, inspirando movimientos globales por la justicia.
- **Martin Luther King Jr.** encarnó la autenticidad en su lucha por la igualdad racial, con discursos como "I Have a Dream" resonando por su expresión genuina de luchas colectivas.
- **Maya Angelou y Nelson Mandela** hicieron impactos duraderos con su autoexpresión auténtica. Las obras de Angelou destacaron voces marginadas, mientras que los principios inquebrantables de Mandela durante su lucha contra el apartheid ejemplificaron el compromiso con la justicia.

Estas figuras muestran que la autenticidad no es solo personal, sino una fuerza poderosa para el cambio social. Al abrazar nuestro verdadero ser, contribuimos a un mundo más justo y compasivo, inspirando a otros a vivir con integridad y propósito.

PODER COMPROBADO DE SER GENUINO

La autenticidad; la cualidad de ser genuino, fiel a la propia personalidad, valores y espíritu, tiene implicaciones profundas que se extienden mucho más allá de la mera autoexpresión. En su núcleo, vivir auténticamente significa abrazar nuestras identidades únicas y actuar en alineación con nuestras creencias y principios más profundos. Es un camino hacia la autorrealización, la paz interior y el cultivo de relaciones significativas. Sin embargo, el poder de la autenticidad trasciende el ámbito individual, repercutiendo a través de la sociedad y moldeando la experiencia humana colectiva. Al revelar nuestro verdadero ser, desbloqueamos una fuerza transformadora que puede impactar positivamente la salud mental, las conexiones interpersonales e incluso el tejido social más amplio.

La Imperativa de la Salud Mental

La evidencia que vincula la autenticidad con una mejor salud mental es convincente. Un estudio emblemático publicado en el Journal of Counseling Psychology encontró que los individuos que reportaron niveles más altos de vida auténtica experimentaron niveles significativamente más bajos de angustia psicológica, ansiedad y depresión. La investigación, llevada a cabo por investigadores de la Universidad de Missouri, involucró una muestra diversa de 538 participantes y utilizó rigurosas medidas de autenticidad e indicadores de salud mental.

Profundizando más en los hallazgos, el estudio reveló que las personas auténticas estaban mejor capacitadas para regular sus emociones, enfrentar el estrés y cultivar un sentido de autoaceptación. Al abrazar su verdadero yo, eran menos propensas a las consecuencias negativas de suprimir emociones o adherirse a expectativas sociales que chocaban con sus valores fundamentales. Esta alineación entre creencias internas y acciones externas redujo la disonancia cognitiva, un importante contribuyente al malestar psicológico.

Apropiando más soporte a estos hallazgos, un metaanálisis realizado por investigadores de la Universidad de Toronto examinó más de 50 estudios que exploraban la relación entre la autenticidad y varios resultados de salud mental. El análisis reveló una correlación positiva y consistente entre vivir auténticamente y la reducción de síntomas de depresión, ansiedad y trastornos relacionados con el estrés. Además, la autenticidad se vinculó con mayores niveles de autoestima, satisfacción con la vida y bienestar general.

Si bien la evidencia empírica es convincente, los relatos personales de quienes han abrazado la autenticidad ofrecen una visión más íntima de su poder transformador. Rebecca, una profesional de marketing de 32 años, relata su viaje: "Durante años, intenté moldearme a lo que pensaba que la sociedad esperaba de mí. Pero cuanto más suprimía mi verdadero yo, más ansiosa y deprimida me volvía. No fue hasta que decidí abrazar mis peculiaridades, mis pasiones y mi perspectiva única que encontré un sentido de paz interior y autoaceptación."

Fomentando Conexiones Más Profundas

Más allá del ámbito del bienestar individual, la autenticidad es un catalizador para construir relaciones significativas y satisfactorias. Un estudio publicado en el Journal of Personality and Social Psychology exploró el impacto de la autenticidad en las conexiones interpersonales. Los investigadores encontraron que los individuos que mostraban niveles más altos de comportamiento auténtico eran percibidos por otros como más confiables, agradables y relacionables. Esto, a su vez, facilitó lazos emocionales más fuertes y una mayor intimidad dentro de las relaciones.

Los hallazgos del estudio sugieren que la autenticidad fomenta un sentido de vulnerabilidad y apertura, ingredientes clave para establecer conexiones genuinas. Cuando presentamos nuestro verdadero yo, sin fachadas o pretensiones, invitamos a otros a hacer lo mismo, creando un espacio para la comprensión mutua y la empatía. Esto resuena con el trabajo del psicólogo Carl Rogers, quien enfatizó la importancia de la congruencia: la alineación entre las experiencias internas y la expresión externa, para fomentar relaciones saludables.

Además, un estudio longitudinal realizado por investigadores de la Universidad de California, Berkeley, siguió a parejas durante 10 años. El estudio encontró que las parejas que mostraban niveles más altos de autenticidad en sus interacciones informaron una mayor satisfacción en la relación y tenían menos probabilidades de experimentar conflictos o la disolución de sus asociaciones. La autenticidad, al parecer, cultiva una base de confianza, respeto y comprensión que permite que las relaciones prosperen y perduren.

Estos hallazgos se ven reflejados en las experiencias de individuos que han abrazado la autenticidad en sus relaciones interpersonales. Emily, una escritora de 28 años, comparte su perspectiva: "Cuando comencé a ser fiel a mí misma, sucedió algo notable: mis relaciones se profundizaron. Los amigos y seres queridos podían percibir mi naturaleza genuina, y respondieron abriéndose y compartiendo también su verdadero yo. Pudimos conectarnos a un nivel más profundo, sin las barreras de la apariencia o el juicio."

Forjando una Sociedad Más Auténtica

El poder de la autenticidad se extiende más allá del ámbito individual e interpersonal, influyendo en el propio tejido de la sociedad. A lo largo de la historia, individuos auténticos han estado a la vanguardia de los movimientos sociales, desafiando sistemas opresivos e inspirando cambios positivos. Su inquebrantable compromiso con sus principios y su disposición a expresar su verdadero ser han servido como catalizadores para el progreso y la transformación.

Basta con mirar a los valientes activistas y líderes que han moldeado el curso de los movimientos por los derechos civiles, el sufragio femenino y la justicia ambiental. Figuras como

Martin Luther King Jr., Susan B. Anthony y Wangari Maathai no solo abogaron por sus causas; las encarnaron a través de sus palabras y acciones auténticas. Su autenticidad resonó con millones, inspirando a otros a abrazar sus verdades y unirse a la lucha por una sociedad más justa y equitativa.

En el ámbito del descubrimiento científico y la expresión artística, la autenticidad ha sido una fuerza impulsora detrás de innovaciones revolucionarias y avances creativos. Cuando los individuos son libres de explorar sus perspectivas únicas y desafiar la sabiduría convencional, pueden desbloquear nuevas posibilidades y expandir los límites del entendimiento y la creatividad humana. Desde las teorías revolucionarias de Albert Einstein hasta los autorretratos icónicos de Frida Kahlo, la autenticidad ha impulsado el progreso del conocimiento colectivo y la expresión cultural de la humanidad.

Además, la investigación sugiere que las organizaciones y comunidades que fomentan la autenticidad son más propensas a prosperar e impulsar la innovación. Un estudio publicado en la Harvard Business Review encontró que las empresas con culturas que fomentan el comportamiento auténtico y la autoexpresión tienden a tener tasas más altas de compromiso, productividad y retención de empleados. Al crear un entorno donde los individuos se sientan seguros para contribuir con sus perspectivas únicas, estas organizaciones aprovechan una fuente de creatividad y potencial para resolver problemas.

A medida que nos esforzamos por construir un mundo más compasivo y equitativo, el poder de la autenticidad se hace cada vez más evidente. Cuando los individuos y las comunidades abrazan su verdadero ser, allanan el camino para una mayor comprensión, empatía y aceptación de la diversidad. Al celebrar nuestras identidades únicas y experiencias vividas, podemos superar divisiones, desafiar prejuicios y fomentar una sociedad más inclusiva y vibrante.

Abrazando el Viaje

Aunque las pruebas que apoyan el poder transformador de la autenticidad son convincentes, es importante reconocer que el viaje hacia la autoexpresión genuina puede ser desafiante. Las presiones sociales, los prejuicios internalizados y la autocrítica pueden crear barreras que inhiben nuestra capacidad para abrazar plenamente nuestro ser auténtico. Sin embargo, al cultivar la autoconciencia, practicar la autocompasión y rodearnos de comunidades de apoyo, podemos navegar estos obstáculos y embarcarnos en un camino de vida auténtica.

En última instancia, la búsqueda de la autenticidad no es meramente un empeño personal, sino un viaje colectivo hacia un mundo más pleno, conectado y justo. Al desvelar nuestro verdadero ser, desbloqueamos una fuente profunda de fuerza interior, forjamos lazos más profundos con los demás y contribuimos a la evolución de una sociedad que valora la individualidad, la verdad y la expresión genuina. El comprobado poder de ser genuino nos invita a deshacernos de las restricciones de la conformidad y abrazar el potencial transformador de vivir auténticamente.

RASGOS DEL SER AUTÉNTICO

Cuando emprendemos el viaje de vivir auténticamente, es esencial cultivar una comprensión profunda de los rasgos que definen a un individuo auténtico. Estas características sirven como guías, iluminando el camino hacia una vida alineada con nuestro verdadero ser. La autenticidad no es meramente un estado de ser; es un tapiz multifacético tejido a partir de una combinación de cualidades que forman la base de la autoexpresión genuina.

Para comenzar, enumeremos los rasgos clave que constituyen a un individuo auténtico:

- Integridad
- Autoconciencia
- Vulnerabilidad
- Coraje
- Compasión
- Honestidad
- Resiliencia
- Creatividad

1. **Integridad:** La autenticidad se basa en la integridad: alinear las acciones con los valores y creencias personales. Las personas con integridad navegan la vida desde un lugar de profunda verdad personal, resistiendo las presiones externas que entran en conflicto con su brújula interna.
2. **Autoconciencia:** Vivir auténticamente requiere una

comprensión profunda de las propias fortalezas, debilidades, motivaciones y emociones. La autoconciencia implica una introspección continua y el reconocimiento de los propios pensamientos y sentimientos sin juicio, fomentando el crecimiento personal y la toma de decisiones conscientes.

3. **Vulnerabilidad:** Abrazar la vulnerabilidad significa revelar el verdadero yo, incluidas las imperfecciones e inseguridades. Esta apertura fomenta conexiones genuinas, empatía y crecimiento personal, permitiendo una autoexpresión transformadora.

4. **Coraje:** Vivir auténticamente requiere coraje para defender las propias creencias y abrazar la unicidad a pesar de las normas sociales o las críticas. El coraje permite a las personas enfrentar desafíos y ser fieles a sus valores.

5. **Compasión:** La autenticidad se extiende a la compasión hacia los demás, reconociendo su valor y fomentando la inclusión. Las personas auténticas empatizan con diversas perspectivas y contribuyen a un ambiente de apoyo.

6. **Honestidad:** Ser honesto implica enfrentar las propias fallas y comunicarse abiertamente. La honestidad genera confianza y alinea las acciones con el verdadero yo, incluso cuando resulta incómodo.

7. **Resiliencia:** Vivir auténticamente requiere capacidad de adaptación para superar contratiempos y presiones sociales. Las personas resilientes se recuperan de la

adversidad y continúan creciendo y expresando su verdadero ser.

8. **Creatividad:** La creatividad es una característica de la autenticidad, permitiendo a las personas explorar perspectivas únicas y soluciones innovadoras. Apoya la autoexpresión a través de diversas formas de arte e ideas.

Estos rasgos están interconectados, guiando a las personas hacia una autoexpresión genuina y autorrealización. Abrazarlos es un viaje continuo marcado por el crecimiento y el autodescubrimiento. Comprometiéndonos con la integridad, autoconciencia, vulnerabilidad, coraje, compasión, honestidad, resiliencia y creatividad, contribuimos a un mundo más compasivo e inclusivo.

TORMENTAS DE CREATIVIDAD: GESTANDO INNOVACIÓN EN LA TURBULENCIA

EL CAOS COMO LIENZO

Para entender cómo el caos fomenta la creatividad y la innovación, debemos explorar conceptos clave que revelan su potencial transformador:

1. **Entropía:** A menudo vista como desorden, la entropía interrumpe patrones establecidos e introduce aleatoriedad, proporcionando un suelo fértil para nuevas ideas. Al igual que un pintor añadiendo caos a un lienzo, la entropía rompe estructuras convencionales e inspira perspectivas novedosas.

2. **Liminalidad:** Este término describe la fase de transición entre lo viejo y lo nuevo. En este espacio "intermedio", las estructuras familiares se disuelven, creando oportunidades de reinvención e ideas frescas. Es un

período de incertidumbre donde puede ocurrir la transformación y el crecimiento.

3. **Emergencia:** La emergencia se refiere al fenómeno donde los sistemas complejos producen nuevas propiedades y comportamientos no previsibles a partir de sus componentes individuales. En medio del caos, surgen nuevos patrones e ideas, impulsando la innovación y desafiando limitaciones previas.

4. **Antifragilidad:** A diferencia de la resiliencia, que simplemente resiste la disrupción, la antifragilidad prospera en la volatilidad. Los sistemas o individuos antifrágiles utilizan el caos como una oportunidad de crecimiento, adaptándose y fortaleciéndose en respuesta a los desafíos.

5. **Divergencia:** La divergencia implica explorar múltiples caminos y abrazar ideas no convencionales, en contraste con la convergencia, que reduce las opciones. Esta capacidad de pensar de manera divergente promueve la innovación y previene el estancamiento al integrar diversas perspectivas.

Estos conceptos; entropía, liminalidad, emergencia, antifragilidad y divergencia, se interconectan para mostrar cómo el caos puede alimentar la creatividad. Al abrazar la disrupción, podemos desbloquear nuevos potenciales e innovar. En la siguiente exploración, examinaremos cómo ejemplos del mundo real de artistas y pensadores utilizan el caos como catalizador de transformación, revelando cómo aprovechar la agitación para el crecimiento creativo.

LOS CATALIZADORES DE LA CALAMIDAD

Introducción: La adversidad a menudo desencadena transformaciones significativas. Este estudio de caso explora cómo desastres personales y profesionales han llevado a individuos y organizaciones a innovar y adaptarse, demostrando que la creatividad puede florecer en el caos.

Los Actores: Observaremos el arte surrealista revolucionario de Salvador Dalí, la respuesta de la NASA al desastre del Challenger, y la adaptación de la industria relojera suiza a la "Crisis del Cuarzo."

El desafío: Dalí aspiró a romper las fronteras del arte tradicional con su visión surrealista. La NASA necesitaba restaurar la confianza y renovar los protocolos de seguridad después de la tragedia del Challenger. La industria relojera suiza enfrentó amenazas existenciales por la tecnología de cuarzo, que parecía hacer obsoletos a los relojes mecánicos tradicionales.

Estrategias y Métodos: Dalí abrazó el caos del subconsciente con técnicas como el "Método Paranoico-Crítico", creando obras de arte surrealistas e innovadoras. La NASA renovó sus procedimientos de seguridad y adoptó nuevas tecnologías para recuperar la confianza del público. La industria relojera suiza se adaptó integrando tecnología moderna con la artesanía tradicional, creando nuevas innovaciones mecánicas.

Resultados: El trabajo de Dalí transformó el arte, inspirando a futuros artistas y expandiendo los límites creativos. Las mejoras de seguridad de la NASA condujeron a misiones exitosas como el lanzamiento del Telescopio Espacial Hubble. La industria relojera suiza no solo sobrevivió, sino que prosperó, combinando tradición con innovación para redefinir los relojes de lujo.

Lecciones Aprendidas: La adversidad puede impulsar el crecimiento y la innovación. Abrazar la disrupción abre nuevas perspectivas y soluciones, mientras que la resiliencia y la adaptabilidad son cruciales para superar los desafíos. Enfrentar el caos de frente puede llevar a transformaciones significativas y avances creativos.

Relevancia y Conclusiones: El caos y la agitación son terrenos fértiles para la innovación y la expresión artística. Al comprender y aplicar conceptos como entropía, liminalidad, emergencia, antifragilidad y divergencia, podemos convertir la adversidad en oportunidades de crecimiento.

Reflexión Final: En un mundo de cambio constante, enfrentamos una elección: resistir el caos o abrazarlo. Los ejemplos en este estudio de caso muestran que los logros profundos a menudo surgen de las circunstancias más desafiantes. La pregunta clave es cómo aprovecharemos el caos para moldear nuestro futuro creativo e innovador.

REFORMULANDO LA TORMENTA

1. Introducción: La Tormenta del Cambio

El cambio es una fuerza ineludible que impregna cada aspecto de nuestras vidas, dejando una marca indeleble en nuestro viaje personal y profesional. Sin embargo, con demasiada frecuencia, vemos los trastornos que acompañan al cambio como un obstáculo a temer, una tormenta que debemos enfrentar con los dientes apretados y una determinación inquebrantable para retornar a las aguas tranquilas del statu quo. Pero, ¿y si nos atreviéramos a reformular nuestra perspectiva sobre esta tormenta tumultuosa? ¿Y si, en lugar de percibirla como un enemigo implacable, la abrazáramos como un catalizador para el crecimiento creativo y la transformación innovadora?

El mundo a nuestro alrededor está en un estado constante de transformación, con modificaciones sociales, disrupciones tecnológicas y eventos globales conspirando para sacudir los cimientos de nuestra existencia. Ante tales cambios sísmicos, nos encontramos en una encrucijada: podemos aferrarnos a lo familiar, arriesgando el estancamiento y la obsolescencia, o podemos aprovechar el poder de la tormenta, permitiendo que nos impulse hacia reinos inexplorados de posibilidades.

2. El Problema: Resistencia al Cambio

El desafío principal que enfrentamos es nuestra resistencia inherente al cambio, un instinto profundamente arraigado que surge de nuestro deseo primitivo de seguridad y estabilidad. Construimos fortalezas psicológicas, erigimos muros alrededor de nuestras zonas de confort y vemos cualquier fuerza que amenace con romper estas defensas como una amenaza a repeler. Esta resistencia se manifiesta de varias formas: miedo a lo desconocido, aversión al riesgo, apego a rutinas establecidas y una renuencia a dejar atrás lo familiar.

Sin embargo, esta resistencia tiene un costo. Al aferrarnos a la ilusión de control, sofocamos nuestra capacidad de crecimiento, innovación y adaptabilidad. Nos convertimos en prisioneros de nuestras limitaciones, atrapados en un ciclo de estancamiento que nos hace cada vez más vulnerables a las mismas fuerzas del cambio que buscamos resistir.

3. Las Consecuencias: Estancamiento y Obsolescencia

Si persistimos en nuestra negativa a aceptar el cambio, las consecuencias pueden ser severas. Las empresas que no se adapten a las dinámicas de mercado cambiantes o los avances tecnológicos corren el riesgo de volverse obsoletas, superadas por competidores más ágiles que han aprovechado el poder de la innovación. Las personas que se resisten al crecimiento personal y la autoevolución pueden encontrarse atrapadas en rutinas insatisfactorias, su potencial disminuido por las cadenas del estancamiento.

Además, nuestra resistencia al cambio puede tener implicaciones mucho más allá de nuestras esferas de influencia inmediatas. Las sociedades que se aferran a normas obsoletas y resisten el progreso corren el riesgo de perpetuar la injusticia, la desigualdad y la ineficiencia, sofocando el potencial colectivo de sus ciudadanos. Incluso el mundo natural paga un alto precio cuando resistimos las fuerzas del cambio, ya que nuestra negativa a adaptarnos a cambios ambientales y ecosistemas en evolución contribuye a la degradación de nuestro planeta.

4. La Solución: Abrazando la Tormenta

Para superar esta resistencia y aprovechar el poder transformador del cambio, debemos replantear nuestra perspectiva sobre la tormenta que nos rodea. En lugar de verla como una amenaza, debemos aprender a percibirla como una oportunidad: una chance para liberarnos de las cadenas de lo familiar y embarcarnos en un viaje de exploración creativa e innovación.

Al abrazar la tormenta, nos abrimos a las infinitas posibilidades que se encuentran más allá de los límites de nuestras zonas de confort. Cultivamos una mentalidad de adaptabilidad, resiliencia y curiosidad, lo que nos permite navegar por las corrientes turbulentas del cambio con gracia y agilidad.

5. Implementación: Estrategias para Abrazar el Cambio

Replantear nuestra perspectiva sobre el cambio es una práctica que requiere intencionalidad y compromiso. Aquí hay algunas estrategias que pueden facilitar este camino transformador:

1. **Cultivar una mentalidad de crecimiento:** Adoptar la creencia de que el cambio es una oportunidad para el crecimiento personal y profesional, en lugar de una amenaza a evitar. Abrazar los desafíos como oportunidades de aprendizaje y desarrollo.

2. **Abrazar la incertidumbre:** En lugar de buscar certeza y control, aprender a aceptar la incertidumbre inherente que acompaña al cambio. Desarrollar comodidad con la

ambigüedad y confiar en tu capacidad para navegar territorios inexplorados.

3. **Fomentar la curiosidad y la experimentación:** Enfrentar el cambio con un espíritu de curiosidad y disposición a experimentar. Explorar nuevas ideas, probar hipótesis e iterar basándose en comentarios y experiencia.

4. **Desarrollar resiliencia:** Cultivar la capacidad de recuperarse de los contratiempos y la adversidad. Construir un sistema de apoyo, practicar el autocuidado y mantener una mentalidad positiva frente a los desafíos.

5. **Buscar perspectivas diversas:** Rodéarte de personas que aporten experiencias, perspectivas y antecedentes diversificados. Abrazar la riqueza de diferentes puntos de vista y aprender de aquellos que han navegado exitosamente el cambio.

6. **Practicar la atención plena:** Cultivar una práctica de atención plena y presencia, permitiéndote mantenerte centrado en medio de los vientos cambiantes. Esta claridad mental te permitirá responder con intención en lugar de reaccionar impulsivamente.

6. Historias de Éxito: Aprovechando el Poder del Cambio

A lo largo de la historia, innumerables individuos, organizaciones y sociedades han abrazado el poder transformador del cambio, usándolo como catalizador para la creatividad, la innovación y el progreso. Considera los siguientes ejemplos:

- **Apple Inc.:** Cuando se enfrentó con la llegada de la computación personal y la consiguiente disrupción de la industria tecnológica, Apple abrazó el cambio de todo corazón. Bajo el liderazgo visionario de Steve Jobs, la compañía se reinventó una y otra vez, pionera en productos revolucionarios como el iPod, iPhone y iPad, redefiniendo la manera en que interactuamos con la tecnología.

- **El Renacimiento:** La tumultuosa agitación de la Edad Media, marcada por la inestabilidad política, la reforma religiosa y el despertar intelectual, dio nacimiento al Renacimiento: un periodo de florecimiento artístico, científico y cultural sin precedentes. Pensadores, artistas e innovadores abrazaron el caos de su era, usándolo como un catalizador para logros revolucionarios que moldearían el curso de la civilización humana.

- **El Movimiento por los Derechos Civiles:** Frente al racismo sistémico arraigado y la opresión, líderes visionarios como el Dr. Martin Luther King Jr. aprovecharon el poder de la resistencia no violenta y la búsqueda implacable de la justicia. Su disposición a abrazar la tormenta del cambio transformó el panorama social y político, allanando el camino para una mayor igualdad y derechos humanos.

7. Abrazando el Cambio: El Camino hacia un Renacimiento Creativo

Al replantear nuestra perspectiva sobre el cambio y abrazar la tormenta que nos rodea, abrimos la puerta a un mundo de potencial creativo y crecimiento personal. Nos convertimos en arquitectos de nuestro destino, moldeando el contorno de nuestra vida y esfuerzos con la misma audacia y visión que ha impulsado a innumerables individuos, organizaciones y sociedades hacia su renacimiento creativo.

Al final, la elección es nuestra: aferrarnos a la ilusoria seguridad del statu quo o dar un paso audaz hacia el remolino del cambio, permitiendo que nos esculpa en mejores versiones de nosotros mismos. El camino puede ser turbulento, pero las recompensas son inconmensurables: una vida vivida con propósito, pasión y disposición a reinventarnos continuamente en la búsqueda de nuestras más altas aspiraciones.

Entonces, abracemos la tormenta, porque es dentro de su abrazo caótico donde encontraremos la inspiración, el coraje y la resiliencia para forjar nuestro renacimiento creativo.

NAVEGANDO EN EL REMOLINO CREATIVO

Bienvenido al reino de la transformación creativa, donde los turbulentos vientos del cambio se convierten en el combustible que enciende tu imaginación y te impulsa hacia territorios inexplorados de innovación. En esta guía completa, emprenderemos un viaje para aprovechar las energías caóticas que a menudo acompañan a las tormentas personales y profesionales, transformándolas en catalizadores para la expresión artística, la resolución de problemas y el pensamiento visionario.

1. El Objetivo: Liberar tu Potencial Creativo

Siguiendo esta metodología paso a paso, aprenderás a navegar por las aguas tempestuosas del cambio, aprovechando la imprevisibilidad e incertidumbre inherentes como materiales en bruto para tus esfuerzos creativos. Ya seas un artista en busca de inspiración, un emprendedor en busca de soluciones innovadoras o un individuo anhelando crecimiento personal, esta guía te equiparará con las herramientas y la mentalidad necesarias para prosperar en medio del caos, emergiendo como un maestro de la metamorfosis creativa.

2. Requisitos Previos: Una Mente Abierta y Disposición para Abrazar el Cambio

Antes de sumergirnos en los pasos prácticos, es esencial reconocer que el viaje por delante requiere un cambio fundamental de perspectiva. Debes estar dispuesto a dejar atrás lo familiar, abrazar la incertidumbre y cultivar una apertura para explorar territorios inexplorados. Además, una mentalidad de principiante, que sea receptiva, curiosa y libre de preconcepciones, te servirá bien mientras navegas por el torbellino creativo.

3. Visión General: El Camino hacia la Transformación Creativa

El proceso de transformar la agitación en triunfo creativo implica varios pasos interconectados:

- Replantear tu perspectiva sobre el cambio
- Abrazar la incertidumbre y dejar ir el control
- Cultivar una mentalidad de crecimiento y resiliencia
- Aprovechar el poder del pensamiento divergente
- Experimentar, iterar y refinar tus ideas
- Hacer realidad tu visión creativa

Cada paso será explorado en profundidad, brindándote ejercicios prácticos, técnicas e ideas para guiarte en tu viaje transformador.

4. Pasos Detallados:

Paso 1: Replantear tu Perspectiva sobre el Cambio

El primer y posiblemente más crucial paso para navegar por el torbellino creativo es replantear tu perspectiva sobre el cambio en sí. En lugar de verlo como una amenaza o un obstáculo, aprende a percibirlo como una oportunidad para el crecimiento, la innovación y el autodescubrimiento.

Ejercicio: Identifica un cambio reciente o desafío en tu vida que inicialmente se sintió abrumador. Reflexiona sobre cómo esta experiencia finalmente contribuyó a tu crecimiento personal o profesional, y anota las lecciones aprendidas.

Técnica: Practica la atención plena y la consciencia del momento presente. Al permanecer anclado en el presente, puedes observar el cambio con mayor claridad y desapego, permitiéndote responder con intención en lugar de reaccionar impulsivamente.

Paso 2: Abrazar la Incertidumbre y Dejar Ir el Control

En tiempos turbulentos, nuestro instinto es a menudo aferrarse a la ilusión de control y certeza. Sin embargo, la verdadera transformación creativa requiere la disposición de abrazar la incertidumbre y dejar ir la necesidad de previsibilidad.

Ejercicio: Identifica áreas de tu vida donde tiendes a buscar control o certeza. Practica conscientemente liberar estas tendencias participando en actividades que cultiven la espontaneidad y la improvisación, como el baile improvisado, la escritura libre o el dibujo de flujo de conciencia. Técnica: Adopta un enfoque de "mente de principiante", abordando cada situación con curiosidad y apertura, libre de preconcepciones o suposiciones.

Paso 3: Cultivar una Mentalidad de Crecimiento y Resiliencia

Navegar por el torbellino creativo requiere una mentalidad de crecimiento, la creencia de que los desafíos y los contratiempos son oportunidades para el aprendizaje y el desarrollo personal. Además, la resiliencia es esencial, permitiéndote recuperarte de los fracasos y seguir avanzando.

Ejercicio: Identifica un fracaso o contratiempo pasado que inicialmente se sintió devastador. Reflexiona sobre cómo esta experiencia finalmente contribuyó a tu crecimiento y desarrollo, y escribe las lecciones aprendidas.

Técnica: Practica la autocompasión y replantea los fracasos como oportunidades de aprendizaje. Celebra pequeñas victorias y progresos, y rodéate de una red de apoyo que fomente tu crecimiento y transformación.

Paso 4: Aprovechar el Poder del Pensamiento Divergente

En tiempos de agitación y cambio, el pensamiento convencional y los patrones establecidos a menudo resultan inadecuados. Para realmente aprovechar el potencial creativo del torbellino, debes cultivar el pensamiento divergente; la capacidad de generar múltiples soluciones diversas y explorar perspectivas no convencionales.

Ejercicio: Participa en sesiones de lluvia de ideas enfocadas en generar tantas ideas como sea posible, sin juzgarlas ni criticarlas. Fomenta un pensamiento salvaje y "fuera de lo común" y construye sobre las ideas de los demás.

Técnica: Exponte intencionadamente a diversas perspectivas, culturas y experiencias. Busca individuos con diferentes antecedentes y visiones del mundo, y escucha activamente sus historias y puntos de vista.

Paso 5: Experimentación, Iteración y Refinamiento de tus Ideas

Una vez que hayas generado una gran cantidad de ideas creativas, es hora de ponerlas en acción. Este paso implica experimentar con diferentes enfoques, iterar basándote en comentarios y experiencias, y refinar tus conceptos hasta que alcancen su máximo potencial.

Ejercicio: Crea un prototipo o borrador de tu idea, y busca activamente comentarios de los demás. Acepta la crítica constructiva como una oportunidad para mejorar y perfeccionar tu creación.

Técnica: Adopta un enfoque ágil e iterativo en tu proceso creativo. Debes estar dispuesto a pivotar, adaptarte y evolucionar tus ideas a medida que surgen nuevas informaciones o sugerencias.

Paso 6: Hacer Realidad tu Visión Creativa

El paso final en navegar el torbellino creativo es hacer realidad tu visión refinada. Esto puede implicar finalizar una obra artística, lanzar un nuevo producto o servicio, o implementar una solución transformadora dentro de tu organización o comunidad.

Ejercicio: Desarrolla un plan concreto para ejecutar tu visión creativa, dividiéndolo en pasos e hitos manejables. Identifica obstáculos potenciales y desarrolla planes de contingencia para superarlos.

Técnica: Aprovecha el poder de la colaboración y busca socios, colaboradores o mentores que puedan proporcionar experiencia, recursos o apoyo para ayudar a llevar tu visión a la realidad.

5. Consejos y Mejores Prácticas

A medida que emprendes este viaje de transformación creativa, ten en cuenta los siguientes consejos y mejores prácticas:

Cultiva la paciencia y confía en el proceso. Los avances creativos a menudo surgen de manera inesperada, y el camino hacia la transformación puede ser no lineal e impredecible.

Acepta el fracaso como una parte necesaria del proceso creativo. Celebra los fracasos como oportunidades para aprender y crecer, y permítete asumir riesgos calculados. Busca perspectivas y experiencias diversas. Rodearte de una variedad de puntos de vista puede ayudar a expandir tus horizontes creativos y desafiar tus suposiciones. Practica el autocuidado y mantén el equilibrio. Navegar por el torbellino creativo puede ser emocional y mentalmente exigente, así que prioriza las estrategias de autocuidado para mantener tu bienestar y resiliencia.

6. Medir el Éxito y Asegurar el Dominio

Para evaluar tu progreso y asegurarte de que has navegado con éxito el torbellino creativo, considera los siguientes indicadores:

- Has desarrollado una mayor comodidad con la incertidumbre y la ambigüedad, aceptando el cambio como una oportunidad en lugar de una amenaza.
- Has cultivado una mentalidad de crecimiento, viendo los desafíos y contratiempos como oportunidades de aprendizaje y crecimiento personal.
- Has generado ideas innovadoras, soluciones o

expresiones artísticas que desafían el pensamiento convencional y rompen fronteras.

- Has ejecutado con éxito una visión creativa, haciendo realidad tus ideas de manera tangible y significativa.
- Has experimentado crecimiento personal o profesional, desarrollando nuevas habilidades, perspectivas o conocimientos a través del proceso de transformación creativa.

7. Solución de Problemas y Superación de Obstáculos

Incluso con la mejor preparación y mentalidad, puedes encontrar obstáculos y bloqueos en tu camino creativo. Aquí hay algunos desafíos comunes y estrategias para superarlos:

Bloqueo creativo o falta de inspiración: Tómate un descanso, participa en actividades que estimulen tus sentidos o te hagan feliz, o busca nuevas experiencias para reavivar tu chispa creativa. Miedo al fracaso o a la crítica: Reformula tu perspectiva sobre el fracaso, viéndolo como una valiosa experiencia de aprendizaje. Busca una comunidad de apoyo que pueda proporcionarte comentarios constructivos y aliento.

Resistencia al cambio o dificultad para dejar ir: Practica la atención plena y la autorreflexión para identificar las causas principales de tu resistencia. Busca mentores o entrenadores que puedan ayudarte a desarrollar estrategias para aceptar el cambio y dejar ir.

Falta de recursos o apoyo: Explora recursos alternativos, como plataformas de financiamiento colectivo, organizaciones comunitarias o asociaciones estratégicas. Sé creativo e ingenioso al encontrar soluciones para superar las limitaciones de recursos.

Recuerda, el camino hacia la transformación creativa rara vez es una línea recta. Acepta los giros y vueltas, los desafíos y obstáculos, como oportunidades de crecimiento y aprendizaje. Al permanecer resiliente, adaptable y comprometido con tu visión creativa, emergerás del torbellino como un verdadero maestro de la metamorfosis creativa.

Así que deja que la tormenta ruja, porque dentro de su caótico abrazo se encuentra la clave para desbloquear tu pleno potencial creativo y embarcarte en un viaje de transformación continua y autodescubrimiento.

ISLAS DE INNOVACIÓN: ENCONTRAR REFUGIO EN LA CREATIVIDAD

Islas de Innovación: Santuarios para la Creatividad

En medio del caos de la vida y las constantes demandas de nuestro mundo acelerado, las "Islas de Innovación" ofrecen un santuario para la creatividad. Estos espacios, ya sean físicos o mentales, nos permiten escapar de las distracciones y desbloquear nuestro potencial creativo.

Concepto y Definición: Las Islas de Innovación son áreas dedicadas o estados mentales diseñados para fomentar el pensamiento creativo y la resolución de problemas.

Proporcionan un refugio del ruido cotidiano, permitiendo una ideación profunda, enfocada y la exploración de nuevas ideas.

Contexto Histórico y Moderno: Históricamente, artistas y pensadores han buscado la soledad para estimular la creatividad. Hoy en día, la necesidad de esos espacios es aún mayor debido a la sobrecarga constante de información y distracciones. Las Islas de Innovación ayudan a recuperar el enfoque y promueven el pensamiento profundo.

Formas y Beneficios: Estas islas pueden ser rincones tranquilos de tu hogar, lugares serenos en la naturaleza o estados mentales logrados a través de la atención plena. Sirven como santuarios tanto físicos como mentales, mejorando el potencial creativo y la resiliencia. Al fomentar la colaboración interdisciplinaria, también apoyan el crecimiento personal y el autodescubrimiento.

Accesibilidad e Impacto: Cualquiera puede crear una Isla de Innovación, ya sea a través de un espacio físico o una práctica mental. Estos santuarios ayudan a cultivar el pensamiento transformador y el crecimiento personal, permitiéndote aprovechar los desafíos como oportunidades para la innovación.

Invitación: Abrazar el concepto de Islas de Innovación para nutrir tu creatividad y contribuir a la evolución colectiva de la humanidad. En estos espacios, encuentra la claridad y la inspiración necesarias para trascender las limitaciones y lograr perspicacias revolucionarias.

ECOS DE LOS INNOVADORES DEL PASADO

El viaje a través de los anales de la creatividad e innovación humana es un camino sinuoso, grabado con las huellas indelebles de visionarios que se atrevieron a abrazar la adversidad como catalizador de la transformación. En esta línea de tiempo histórica, trazamos los ecos de aquellos que surgieron más fuertes y creativos desde las profundidades del caos, dejando un legado perdurable que continúa inspirando a las generaciones venideras.

1. **El Suelo Fértil de la Adversidad:** Desde el amanecer de la civilización humana, la necesidad ha sido la madre de la invención. A medida que las tribus nómadas enfrentaban los desafíos de la supervivencia, se adaptaban e innovaban, creando herramientas a partir de piedra y construyendo refugios con las riquezas de la naturaleza. Estos primeros innovadores sentaron las bases de la resiliencia de la humanidad frente a la adversidad, allanando el camino para una larga y rica historia de triunfos creativos nacidos de la dificultad.

2. **Ecos Antiguos de Resiliencia:** - Circa 800 a.C.: El antiguo poeta griego Homero compuso las épicas eternas, la Ilíada y la Odisea, durante un tiempo de agitación política y social en la región mediterránea. Estas obras maestras no solo preservaron la memoria colectiva de la cultura griega sino que también sirvieron como un testimonio del poder perdurable de la narración y del espíritu humano. - Circa 500 a.C.: En

medio del tumulto del periodo de los Estados Combatientes en China, los filósofos Confucio y Lao Tzu desarrollaron sus enseñanzas influyentes, ofreciendo guía y sabiduría que trascendieron el caos de su era. Sus ideas continúan moldeando la filosofía oriental y proporcionan un marco para navegar los desafíos de la vida con gracia y sabiduría.

3. **Flores Artísticas en las Horas Más Oscuras:** - 1348-1351: La Peste Negra asoló Europa, cobrando millones de vidas y dejando un rastro de devastación a su paso. Sin embargo, de las cenizas de esta calamidad, surgió el Renacimiento, un periodo de florecimiento artístico e intelectual sin precedentes. Artistas como Miguel Ángel, Leonardo da Vinci y Rafael crearon obras maestras que siguen inspirando asombro y maravilla, un testimonio de la capacidad del espíritu humano para elevarse por encima de los desafíos más abrumadores. - 1939-1945: La Segunda Guerra Mundial desató horrores inimaginables en el mundo, pero incluso en las profundidades más oscuras de este conflicto, el arte y la creatividad persistieron. Escritores como Ana Frank y Elie Wiesel relataron sus experiencias, transformando un sufrimiento indescriptible en obras maestras literarias que continúan resonando con las audiencias de hoy.

4. **Trascendiendo Fronteras, Uniendo Culturas:** - Siglos XVI-XVII: La Era de la Exploración vio los viajes europeos a las Américas, África y Asia, exponiendo a los exploradores a diversas culturas y formas de vida. Este

intercambio intercultural provocó una fusión de ideas, técnicas y expresiones artísticas, enriqueciendo el tapiz global de creatividad e innovación. - Siglo XX: Los movimientos por los derechos civiles y la lucha por la justicia social en todo el mundo dieron lugar a expresiones artísticas poderosas que trascendieron fronteras y unieron a las personas en la búsqueda de la igualdad y de la dignidad humana.

5. **Catalizadores Contemporáneos de la Creatividad:** - Finales del siglo XX-siglo XXI: La revolución digital y el advenimiento de Internet marcaron el comienzo de una nueva era de conectividad y compartir información. En medio de la agitación causada por estos avances tecnológicos, mentes innovadoras aprovecharon la oportunidad para crear nuevas plataformas, aplicaciones y modelos de negocio, alterando industrias y redefiniendo los límites de la posibilidad. - Principios del siglo XXI: La pandemia mundial de COVID-19 trajo desafíos sin precedentes, pero también desató una ola de creatividad y adaptabilidad. Desde eventos virtuales y colaboraciones remotas hasta soluciones médicas innovadoras y nuevos modos de comunicación, individuos y organizaciones demostraron su resiliencia e ingenio frente a la adversidad.

6. **Momentos Cruciales, Cambios de Paradigma:** - 1543: La publicación de "Sobre las revoluciones de las esferas celestes" de Nicolás Copérnico desafió el modelo geocéntrico del universo, comenzando una revolución científica que alteró para siempre nuestra comprensión

del cosmos y desató una ola de investigación y descubrimiento. - 1859: "Sobre el origen de las especies" de Charles Darwin revolucionó el estudio de la biología y provocó debates acalorados y desafíos a las creencias establecidas sobre los orígenes de la vida. Este momento crucial abrió el camino para una comprensión más profunda de la evolución y del mundo natural, dando forma al discurso científico para generaciones venideras.

A lo largo de este tapiz histórico, somos testigos de la resiliencia y la creatividad del espíritu humano, prosperando en medio de las circunstancias más desafiantes. Desde antiguos filósofos hasta innovadores modernos, los ecos de aquellos que surgieron más fuertes y creativos de períodos de agitación reverberan a través del tiempo, inspirándonos a abrazar la adversidad como un catalizador para el crecimiento, la transformación y el logro innovador.

A medida que navegamos por las tormentas de nuestras propias vidas, que podamos encontrar consuelo e inspiración en el legado perdurable de estos pioneros, cuyos pasos nos invitan a forjar nuestros caminos, crear, innovar y dejar una marca indeleble en el mundo. Porque es en el crisol de la adversidad donde se forjan las ideas más brillantes y toman raíz las transformaciones más notables, asegurando que los ecos de la innovación sigan resonando a través de los tiempos, guiando a la humanidad hacia un futuro de posibilidades ilimitadas.

LA PRUEBA EN EL CAOS

Visión General e Importancia del Análisis Basado en la Evidencia

Las historias de triunfos sobre la adversidad nos inspiran, pero la investigación científica revela que las dificultades pueden incrementar significativamente la creatividad. Este capítulo explora cómo la adversidad impulsa avances creativos mediante evidencia empírica.

La Proposición: Las investigaciones apoyan que los desafíos y las interrupciones pueden catalizar la creatividad al empujar a individuos y sociedades a innovar más allá de los límites convencionales.

Evidencia de Estudios Psicológicos: Un estudio de UCLA demostró que la adversidad moderada mejora la resolución creativa de problemas. Los participantes expuestos a estrés obtuvieron mejores resultados en tareas creativas en comparación con aquellos en condiciones de bajo estrés. Este hallazgo está respaldado por investigaciones adicionales que muestran que el estrés y la adversidad pueden mejorar la alerta y la flexibilidad cognitiva, esenciales para la creatividad.

Contraargumentos y Aclaraciones: Si bien la adversidad moderada promueve la creatividad, el estrés excesivo puede obstaculizar la función cognitiva y llevar al agotamiento. La investigación se centra en la adversidad moderada, que estimula la adaptación cognitiva sin abrumar al individuo. La resiliencia personal y los sistemas de apoyo también influyen en cómo la adversidad impacta la creatividad.

Evidencia Histórica: Ejemplos históricos, como los artistas del Renacimiento posterior a la Peste Negra y el arte de Frida Kahlo, muestran cómo la adversidad ha impulsado históricamente la creatividad y la innovación.

Evidencia Diversa y Aplicaciones: La evidencia abarca estudios psicológicos, investigaciones neurocientíficas, ejemplos históricos y casos de la vida real. Comprender el papel de la adversidad en la creatividad ayuda en aplicaciones prácticas como desafíos corporativos, estrategias educativas y crecimiento personal.

Conclusión: La adversidad, cuando se gestiona con fortaleza, puede desencadenar creatividad e innovación. Abrazar los desafíos como oportunidades de crecimiento nos permite superar obstáculos e impulsar el progreso. Este enfoque puede transformar cómo abordamos los desafíos globales, fomentar el avance social y desbloquear el potencial personal.

HISTORIAS DESDE EL OJO DE LA TORMENTA

Historias de Triunfos Forjados en la Adversidad

A lo largo de la historia, individuos y sociedades se han levantado de la adversidad para lograr hazañas notables. Estas historias ilustran cómo las dificultades pueden impulsar la creatividad y la innovación.

Historias:

1. **El Renacimiento:** La Peste Negra devastó Europa pero condujo al Renacimiento, un período de inmenso crecimiento cultural e intelectual. Las secuelas de la plaga inspiraron una ferviente búsqueda de conocimiento y arte, llevando a obras maestras de figuras como Miguel Ángel y Leonardo da Vinci.

2. **El Arte de Frida Kahlo:** Frida Kahlo transformó su dolor físico y emocional en un arte introspectivo y poderoso. Sus autorretratos abordaron temas de identidad y sufrimiento, transformando sus adversidades en expresiones de fuerza y belleza.

3. **El Triunfo de los Hermanos Wright:** Wilbur y Orville Wright enfrentaron escepticismo y numerosos contratiempos en su búsqueda del vuelo motorizado. Su perseverancia e innovación llevaron al lanzamiento exitoso del primer avión en 1903, demostrando cómo la adversidad puede impulsar logros innovadores.

4. **El Renacimiento de Apple:** A finales de los años 90, Apple estaba luchando hasta que Steve Jobs regresó, revitalizando la empresa con productos innovadores como el iMac y el iPhone. Este resurgimiento destaca cómo el liderazgo visionario y la resiliencia pueden llevar al éxito extraordinario.

5. **El Nacimiento del Jazz:** El jazz surgió de las experiencias de africanos esclavizados en EE. UU., evolucionando hacia una expresión cultural poderosa.

Figuras como Louis Armstrong y Duke Ellington usaron el jazz para canalizar la resiliencia y la creatividad, transformando la adversidad en una forma artística innovadora.

Estas narrativas subrayan el poder transformador de la adversidad, mostrando cómo los desafíos pueden catalizar avances creativos e intelectuales significativos.

TRANSFORMANDO LA TURBULENCIA EN TRIUNFO

1. Introducción a Conceptos Clave:

Para navegar la transformadora travesía de la turbulencia al triunfo, primero debemos desentrañar el profundo significado de ciertos conceptos clave. Dentro del crisol de la adversidad yace el potencial para una ignición creativa sin igual, pero aprovechar este poder requiere una comprensión profunda de los mecanismos que rigen nuestros paisajes interiores. Al iluminar la naturaleza de estos conceptos, desbloquearemos las herramientas para transformar la energía bruta del tumulto en un catalizador potente para el crecimiento y la innovación.

2. Definiciones Breves:

- **Adversidad:** No es meramente un obstáculo, sino una fragua en la que se prueba y fortalece el temple del espíritu humano.
- **Resiliencia:** La implacable determinación de resurgir de

las cenizas, adaptándose y evolucionando con cada desafío enfrentado.

- **Transformación:** La metamorfosis profunda que ocurre cuando abrazamos el crisol de la adversidad, despojándonos de las cadenas del pasado para emerger como algo completamente nuevo.
- **Creatividad:** La chispa de ingenio que se enciende dentro de las limitaciones, dando vida a soluciones y expresiones novedosas más allá de los límites de la convención.
- **Propósito:** La brújula constante que nos guía a través de las tormentas de la adversidad, impregnando nuestras luchas con un significado más profundo y llevándonos hacia la trascendencia.

3. Definiciones en Profundidad:

Adversidad: A menudo percibida como un formidable enemigo, la adversidad es, en verdad, un crisol en el que se moldea la fortaleza de nuestro carácter y la profundidad de nuestra determinación. Es el horno que prueba el temple del espíritu humano, separando a aquellos que sucumben ante su abrasador calor de aquellos que emergen templados y fortalecidos. La adversidad no es una barrera, sino un rito de paso, un campo de pruebas que exige nuestro crecimiento y transformación. Es el catalizador que nos impulsa más allá de los confines de la comodidad y la complacencia, obligándonos a enfrentar nuestros miedos, desafiar nuestras suposiciones y aprovechar reservas de resiliencia que nunca supimos que existían.

Resiliencia: En el núcleo de la resistencia reside un espíritu indomable, una negativa a rendirse ante el peso de las circunstancias. Es la inquebrantable determinación de resurgir de las cenizas, como el fénix, con cada desafío enfrentado. La resiliencia es la capacidad de adaptarse, de evolucionar, de doblarse sin romperse ante la adversidad. Es la piedra angular sobre la que se construye el triunfo, la base que nos permite capear las tormentas de la vida y emerger más fuertes, más sabios y más resueltos que nunca. Ésta no es un recurso finito sino un músculo que se fortalece con cada prueba, capacitándonos para transformar retrocesos en peldaños y obstáculos en oportunidades.

Transformación: Similar a la metamorfosis de una oruga en una mariposa, la transformación es el cambio profundo y radical que ocurre cuando abrazamos el crisol de la adversidad. Es el desprendimiento de creencias obsoletas, narrativas limitantes y las cadenas del pasado, que nos permite emerger como algo completamente nuevo: una versión más auténtica, empoderada y evolucionada de nosotros mismos. La transformación es el fénix resurgiendo de las cenizas, el renacimiento que sigue a la muerte de nuestros antiguos seres. Es la alquimia que transmuta el material bruto de la adversidad en el oro del autodescubrimiento, crecimiento y trascendencia.

Creatividad: Dentro de los confines de la limitación yace la chispa del ingenio, la fuente de creatividad que se enciende cuando nos enfrentamos a las restricciones de la adversidad. La creatividad es la capacidad de trascender la convención, de pensar fuera de la caja y de forjar soluciones y expresiones novedosas que desafían los límites de lo conocido. Es la savia de la innovación, la fuerza que nos impulsa más allá del reino de lo ordinario y hacia los territorios inexplorados de la posibilidad. La creatividad es la llave que abre las puertas a la transformación, permitiéndonos replantear nuestros desafíos, reinventar nuestro potencial y remodelar nuestra realidad en el crisol de la adversidad.

Propósito: En medio de la turbulencia y el caos, el propósito es la brújula constante que nos guía hacia la trascendencia. Es el significado más profundo, el 'por qué' que impregna nuestras luchas con significado y nos impulsa hacia adelante, incluso frente a probabilidades aparentemente insuperables. El propósito es la llama que enciende nuestra pasión, alimentando nuestra resiliencia y llevándonos a perseverar frente a la adversidad. Es la estrella polar que ilumina nuestro camino, proporcionando dirección y claridad cuando las tormentas de la vida amenazan con abrumarnos. Con el propósito como nuestra ancla, podemos transmutar la energía bruta del tumulto en una fuerza potente para el crecimiento, la innovación y la realización de nuestro máximo potencial.

4. Conclusión y Conexión con la Narrativa Más Amplia:

Estos conceptos fundamentales; adversidad, resiliencia, transformación, creatividad y propósito, son la base sobre la cual se construye el viaje de la turbulencia al triunfo. Al comprender su naturaleza y aprovechar su poder, desbloqueamos las herramientas para alquimizar la energía cruda de nuestras luchas en un potente catalizador para el crecimiento, el autodescubrimiento y la realización de nuestro máximo potencial. En los próximos capítulos, profundizaremos en la aplicación práctica de estos conceptos, explorando estrategias y técnicas que nos permitirán navegar las aguas turbulentas de la adversidad con gracia, ingenio y un compromiso inquebrantable con la evolución personal y creativa.

LA ALQUIMIA DE LA ADVERSIDAD

¿Pueden las tormentas de la adversidad transformarse en terreno fértil para el crecimiento y la innovación, o están destinadas a destruir nuestros sueños y aspiraciones?

Esta pregunta provocativa toca el corazón de una de las paradojas más profundas de la vida: el vínculo inextricable entre dificultades y creatividad. Durante nuestras horas más oscuras, cuando los vientos de la adversidad aúllan con furia implacable, puede parecer imposible imaginar algo más que desolación y derrota. Sin embargo, la historia ha demostrado una y otra vez que es del crisol de la lucha de donde han surgido algunos de los mayores triunfos de la humanidad.

El problema, sin embargo, radica en nuestra resistencia habitual a la adversidad, instintivamente retrocedemos ante los desafíos, percibiéndolos como amenazas a nuestro bienestar, en lugar de oportunidades de transformación. Esta reacción automática está enraizada en nuestro impulso primordial por la seguridad y el confort, un vestigio de nuestro pasado evolutivo que puede mantenernos cautivos en el presente. Como resultado, a menudo nos encontramos sumidos en la negatividad, paralizados por el miedo e incapaces de aprovechar la fuente de creatividad que yace más allá de nuestras limitaciones autoimpuestas.

Abundan los malentendidos cuando se trata de enfrentar la adversidad. Algunos creen que la mera fuerza de voluntad y determinación son suficientes para superar cualquier obstáculo, mientras que otros se resignan a ser víctimas, convencidos de que sus circunstancias son inmutables. Ambas perspectivas no reconocen la verdad fundamental de que la adversidad no es un enemigo a vencer, sino un catalizador para el crecimiento y la evolución.

El enfoque único que propongo es uno de transformación alquímica. Al igual que los antiguos alquimistas que buscaban transmutar metales básicos en oro, nosotros también podemos aprovechar el poder de la adversidad para forjar algo extraordinario: una versión más fuerte, creativa y con propósito de nosotros mismos. Este proceso alquímico comienza con un cambio de mentalidad, una elección consciente de abrazar los desafíos que se nos presentan no como barreras insuperables, sino como crisoles de transformación.

Considere la notable historia de J.K. Rowling, cuyo viaje de madre soltera en apuros viviendo de la asistencia social a convertirse en una de las autoras más reconocidas de nuestro tiempo es un testimonio del poder transformador de la adversidad. En lo más profundo de su desesperación, Rowling encontró consuelo en la escritura, y fue de las cenizas de sus luchas que nació el mundo de Harry Potter. Su adversidad se convirtió en el catalizador de una de las franquicias literarias más queridas y exitosas de la historia, inspirando a millones e incendiando la imaginación de generaciones venideras.

O tome el ejemplo de Oprah Winfrey, cuya infancia estuvo marcada por la pobreza, el abuso y la discriminación. En lugar de permitir que estas experiencias desgarradoras quebraran su espíritu, Oprah canalizó su dolor en una feroz determinación por superar, utilizando su plataforma para empoderar a otros y dar voz a los que no tienen voz. Su historia es un poderoso recordatorio de que la adversidad puede ser una fragua en la que se prueba y se templa la fortaleza de nuestro carácter, preparándonos para la grandeza.

Los escépticos pueden argumentar que tales historias de éxito son la excepción, no la regla, y que la mayoría de las personas carecen de la resiliencia o la creatividad inherente necesarias para transmutar la adversidad en triunfo. Sin embargo, esta perspectiva no reconoce que estas cualidades no son innatas, sino cultivadas. Al igual que un músculo, la resiliencia y la creatividad pueden fortalecerse a través del mismo acto de enfrentar y superar desafíos.

Para guiarte en este viaje alquímico, aquí hay pasos prácticos que puedes tomar para abrazar las tormentas de la adversidad y aprovechar su poder transformador:

1. **Reencuadra tu perspectiva:** En lugar de ver la adversidad como una amenaza, elige conscientemente verla como una oportunidad para el crecimiento y el

autodescubrimiento. Cambia tu mentalidad de escasez a abundancia, y reconoce que dentro de cada desafío yace la semilla del potencial.

2. **Cultiva la resiliencia:** Desarrolla una práctica que fortalezca tu capacidad para recuperarte de los contratiempos, ya sea a través de la conciencia, el ejercicio físico, o buscando apoyo en una comunidad. La resiliencia es un músculo que se fortalece con cada desafío que superas.

3. **Desata tu creatividad:** Usa la adversidad como un catalizador para la innovación. Explora soluciones no convencionales, experimenta con nuevos enfoques y permítete pensar fuera de la caja. Las restricciones a menudo fomentan la creatividad, y la necesidad es la madre de la invención.

4. **Busca un propósito más profundo:** En las profundidades de la adversidad, reconéctate con tu 'por qué', el propósito subyacente que impregna tus luchas de significado. Esto proporcionará el combustible para perseverar y la inspiración para transformar tus desafíos en una fuerza para el cambio positivo.

5. **Abraza la vulnerabilidad:** Comparte tu historia con otros y permítete ser auténtico y vulnerable. Al hacerlo, no solo inspiras a otros a encontrar fuerza en sus luchas, sino que también creas un efecto dominó de empatía y conexión que puede amplificar el impacto de tu viaje.

El camino de la transformación alquímica no es fácil, pero es un viaje que contiene la promesa de un profundo crecimiento personal y profesional. Al abrazar las tormentas de la adversidad con coraje y una disposición a evolucionar, podemos generar innovación en el corazón de la agitación, forjando un legado de resiliencia, creatividad y propósito que inspirará a las generaciones venideras.

RAÍCES Y ALAS: EQUILIBRANDO TRADICIÓN CON TRANSFORMACIÓN

ECOS ANCESTRALES: ESCUCHANDO EL PASADO EN EL PRESENTE

¿Puede la sabiduría de las generaciones pasadas realmente iluminar nuestro camino hacia adelante, o es el pasado un ancla que nos retiene de las posibilidades ilimitadas del futuro?

Esta evocadora pregunta toca el corazón de un dilema eterno, el delicado equilibrio entre honrar nuestras raíces y abrazar el progreso. En un mundo que parece estar acelerando a un ritmo cada vez mayor, es muy fácil descartar las voces de nuestros ancestros como reliquias de una era olvidada, ecos arcaicos que no tienen lugar en nuestro paisaje moderno. Sin embargo, hacerlo es negarnos a nosotros mismos una profunda fuente de orientación y perspicacia, un rico tapiz de experiencia que puede ayudarnos a navegar las complejidades del presente.

El problema no radica en el valor inherente de nuestra sabiduría ancestral, sino en nuestra limitada comprensión de cómo aprovecharla. A menudo tratamos el pasado como una fuerza estática, inmutable, una colección de tomos polvorientos y recuerdos que se desvanecen que tienen poca relevancia para nuestros desafíos contemporáneos. Esta visión miope no reconoce que el pasado no es un punto fijo en el tiempo, sino una entidad viviente y respirante que continúa moldeando e informando el presente.

Abundan los conceptos erróneos cuando se trata de involucrarse con nuestro patrimonio ancestral. Algunos lo descartan por completo, aferrándose a la noción de que el progreso solo se puede lograr al cortar lazos con el pasado. Otros lo tratan como una doctrina rígida, adhiriéndose a las tradiciones ciegamente sin considerar su relevancia contemporánea o adaptabilidad. Ambos enfoques son defectuosos, ya que no reconocen el poder transformador que reside en la síntesis de lo antiguo y lo nuevo.

El enfoque que propongo es uno de integración respetuosa, una fusión armoniosa de la sabiduría de los tiempos con el vanguardismo de la innovación. Así como el poderoso roble se levanta al extender sus raíces profundamente en la tierra, nosotros también debemos anclarnos en el fértil suelo de nuestro patrimonio, incluso mientras nos dirigimos hacia la luz del progreso.

Considera el legado perdurable de los pueblos indígenas de las Américas, cuya reverencia por el mundo natural y su profunda comprensión de sus ritmos y ciclos han demostrado ser invaluables en nuestra búsqueda de una vida sostenible. Su conocimiento ancestral, forjado a lo largo de milenios de observación cercana y conexión íntima con la tierra, ofrece un plano sobre cómo podemos coexistir en armonía con nuestro entorno, en lugar de explotarlo hasta el borde del colapso.

O mira a las antiguas enseñanzas de sabiduría del Este, que han influido profundamente en campos tan diversos como la psicología, la medicina y la espiritualidad. Las intuiciones atemporales de los Vedas, el Tao Te Ching y el Dhammapada ofrecen un rico tapiz de orientación sobre cómo cultivar la paz interior, el equilibrio y la compasión, cualidades que son tan relevantes hoy como lo fueron hace miles de años, quizás incluso más en nuestro mundo cada vez demasiado frenético y desconectado.

Los escépticos pueden argumentar que estas filosofías y prácticas ancestrales son demasiado esotéricas o poco prácticas para nuestros tiempos modernos. Sin embargo, esta postura despectiva no reconoce la resiliencia y adaptabilidad que han permitido que estas tradiciones perduren durante siglos. Como un bambú resistente que se dobla con el viento, la sabiduría de nuestros antepasados ha demostrado su capacidad para resistir las tormentas del cambio, todo mientras conserva su esencia y relevancia.

Para verdaderamente encarnar el espíritu de integración respetuosa, considere los siguientes pasos:

1. **Cultive la curiosidad:** Acérquese a la sabiduría de sus antepasados con una mente abierta e inquisitiva. Busque entender el contexto, las sutilezas y los significados

profundos detrás de sus tradiciones y prácticas, en lugar de juzgarlas a través del lente de sus propios prejuicios.

2. **Abrace la adaptabilidad:** Reconozca que las tradiciones más perdurables son aquellas que han evolucionado y se han adaptado a las circunstancias cambiantes. Esté dispuesto a reinterpretar e imaginar de nuevo la sabiduría ancestral de una manera que resuene con los desafíos contemporáneos, mientras aún honre su esencia.

3. **Sintetice lo antiguo y lo nuevo:** En lugar de ver la sabiduría ancestral y la innovación moderna como fuerzas opuestas, busque armonizarlas e integrarlas. Explore cómo las ideas del pasado pueden informar y enriquecer soluciones de vanguardia, y viceversa.

4. **Conviértase en un puente:** Encarnar el papel de embajador cultural, compartiendo activamente y preservando la sabiduría de sus antepasados mientras también la hace accesible y relevante para las generaciones futuras. Sea el conducto a través del cual fluye este conocimiento precioso, asegurando su continuidad y evolución.

5. **Cultive la reverencia:** Acerque su herencia ancestral con un sentido de asombro y respeto. Reconozca que es parte de un vasto tapiz de experiencia humana y que los hilos de las vidas de sus antepasados están tejidos en la tela de su existencia. Pise suavemente, y honre sus historias con humildad y gratitud.

Al final, los ecos de nuestros antepasados no son meros susurros del pasado, sino un llamado resonante a abrazar la plenitud de nuestra humanidad. Al anclarnos en la sabiduría de quienes vinieron antes, ganamos la perspectiva y resiliencia para navegar las corrientes del cambio con gracia y propósito. Al hacerlo, nos convertimos en la encarnación viviente de un linaje ininterrumpido, un puente que abarca la expansión del tiempo, conectando los conocimientos del pasado con el potencial ilimitado del futuro.

LA ARMONÍA DEL CAMBIO: COMPONIENDO UNA SINFONÍA FUTURA

A primera vista, la tradición y la innovación parecen ser opuestos, situándose en un marcado contraste mutuo. La primera representa los valores, costumbres y sabiduría honrados por el tiempo, transmitidos a través de generaciones, mientras que la segunda significa un paso audaz hacia adelante en territorio desconocido, perturbando el status quo. Sin embargo, cuando miramos más de cerca, encontramos que estas dos fuerzas no son mutuamente excluyentes; de hecho, pueden armonizar y crear algo verdaderamente extraordinario: una sinfonía futura que celebra tanto nuestras raíces como nuestro crecimiento.

Así como una sinfonía se compone de diversos instrumentos, cada uno con su timbre y rol únicos, nuestra sociedad es un rico tapiz tejido a partir de los hilos de variadas culturas, creencias y perspectivas. Los tambores de la tradición proveen el latido constante que nos ancla, recordándonos nuestros orígenes y los principios fundamentales que nos han guiado hasta ahora. Mientras tanto, las maderas y cuerdas innovadoras introducen melodías frescas y contrapuntos, desafiándonos a expandir nuestros horizontes y explorar nuevos dominios de posibilidad.

En esta gran composición, nos encontramos examinando los paralelismos y contrastes entre las tradiciones honradas por el tiempo que han moldeado nuestra identidad colectiva y las ideas innovadoras que nos invitan hacia un futuro en constante evolución. Por un lado, las tradiciones ofrecen un sentido de estabilidad, continuidad y significado profundo, sirviendo como el cimiento sobre el cual se construyen nuestras sociedades. Proporcionan un marco para entender el mundo, un lenguaje compartido de valores y costumbres que nos unen. Por otro lado, la innovación representa el potencial ilimitado de la ingeniosidad humana, el impulso inquieto por empujar los límites y la incesante búsqueda del progreso.

Sin embargo, estas fuerzas aparentemente divergentes no necesitan estar en conflicto; más bien, pueden coexistir y complementarse en una danza armoniosa. Como un conductor hábil, debemos aprender a orquestar la interacción entre tradición e innovación, reconociendo el valor inherente en ambas y aprovechando sus respectivas fortalezas para crear algo mayor que la suma de sus partes. Así como una sinfonía construye sobre un tema fundamental, entretejiendo nuevos motivos y variaciones, debemos abrazar lo mejor de nuestras tradiciones mientras nos mantenemos abiertos al poder transformador de nuevas ideas y perspectivas.

Considere la evolución de la música en sí misma. Aunque

arraigada en tradiciones ancestrales, cada género y era ha visto su parte de innovaciones revolucionarias que han remodelado para siempre el paisaje sonoro. Desde el advenimiento de la polifonía en el Renacimiento hasta la revolución electrónica del siglo XX, los límites de la música han sido constantemente desafiados, cuestionando nuestras percepciones y ampliando las fronteras de la expresión artística. Sin embargo, incluso cuando surgen nuevas formas, no borran ni niegan las tradiciones que vinieron antes; en su lugar, construyen sobre ese rico legado, añadiendo nuevas capas de complejidad y profundidad al siempre cambiante tapiz de la creatividad humana.

En este espíritu, debemos aprender a encontrar un equilibrio delicado entre honrar nuestra herencia y abrazar el cambio. Así como un compositor hábil sabe cuándo adherirse a las reglas establecidas de la armonía y cuándo desafiarlas audazmente, nosotros también debemos cultivar la sabiduría para discernir qué tradiciones realmente valen la pena preservar y cuáles están listas para ser reinventadas. No debemos aferrarnos tercamente al pasado por mera nostalgia o miedo a lo desconocido, sino que debemos estar dispuestos a soltar aquello que ya no nos sirve, haciendo espacio para que lo nuevo y lo innovador se arraigue y florezca.

Al mismo tiempo, debemos ejercer cuidado y sabiduría al abrazar la innovación, para no descartar las lecciones y conocimientos invaluables que se han ganado con esfuerzo a través de generaciones de experiencia vivida. Así como un compositor debe encontrar un equilibrio cuidadoso entre adherirse a las reglas establecidas de la armonía e introducir elementos disonantes, nosotros también debemos navegar la delicada interacción entre tradición e innovación, reconociendo que el progreso verdadero a menudo reside en el punto dulce donde convergen lo viejo y lo nuevo.

En esta gran sinfonía del potencial humano, somos tanto los directores como los músicos, cada uno desempeñando nuestro papel en la conformación de las armonías que reverberarán a través de las eras. Depende de nosotros escuchar con corazones abiertos y mentes abiertas, discernir las notas resonantes que nos unen y abrazar los acordes disonantes que nos desafían a crecer. Solo entonces podremos tejer un tapiz de sonido que esté a la vez enraizado en el rico suelo de nuestras tradiciones y elevado por las melodías ascendentes de la innovación, creando una sinfonía futura que sea verdaderamente atemporal y trascendental.

A medida que navegamos esta composición en constante evolución, recordemos que el cambio no es un rechazo del pasado, sino más bien una celebración de él: un reconocimiento de que las semillas de nuestro futuro se siembran en el suelo fértil de nuestra herencia. Así como una gran sinfonía se construye sobre un tema fundamental, introduciendo nuevos motivos y variaciones que insuflan nueva vida a la obra, nosotros también debemos abrazar lo mejor de nuestras tradiciones mientras permanecemos abiertos al poder transformador de nuevas ideas y perspectivas.

Es en esta gran orquestación del potencial humano, que encontraremos el valor para lograr el equilibrio perfecto, honrando los ritmos de nuestra historia compartida mientras improvisamos audazmente nuevos movimientos que nos impulsen hacia un futuro de armonía, belleza y posibilidades infinitas. Porque es en la interacción sinfónica de tradición e innovación que descubriremos la verdadera melodía del progreso, componiendo un futuro que esté a la vez arraigado en nuestras raíces y que se eleve hacia nuevas alturas de comprensión e iluminación.

TRADICIONES TRANSFORMADAS: ESTUDIOS DE CASO DE EVOLUCIÓN

A continuación, presentamos dos estudios de caso convincentes que demuestran cómo individuos, comunidades y organizaciones han logrado equilibrar con éxito su reverencia por las raíces históricas con la necesidad de evolución y cambio, ofreciendo modelos para lograr un progreso transformador mientras se mantienen fieles a sus valores y tradiciones fundamentales.

Estudio de Caso 1:

1. En el corazón del México rural, enclavado en las escarpadas tierras altas de Oaxaca, se encuentra el pueblo de San Juan Guelavía. Durante generaciones, esta comunidad ha sido reconocida por sus ricas tradiciones textiles, con el arte de tejer alfombras y tapices de complejos patrones transmitidos de generación en generación, formando una parte integral de su identidad cultural.

2. Central en este estudio de caso están las mujeres de la

familia Ruiz, cuya ascendencia en San Juan Guelavía se remonta a siglos atrás. María Ruiz, una maestra tejedora de más de setenta años, aprendió las técnicas ancestrales de su abuela, quien a su vez las aprendió de sus antepasados, preservando un legado que antecede la conquista española.

3. Sin embargo, al amanecer del siglo XXI, la familia Ruiz, junto con muchos otros en el pueblo, enfrentaron un desafío desalentador: el declive del tejido tradicional como fuente viable de ingresos. Con la llegada de textiles más baratos y producidos en masa en fábricas, la demanda de sus obra maestra hechas a mano había disminuido, amenazando no solo su sustento, sino también la propia supervivencia de su patrimonio cultural.

4. Ante esta crisis existencial, las mujeres Ruiz reconocieron la necesidad de cambio mientras permanecían profundamente arraigadas en sus tradiciones. Se embarcaron en una audaz estrategia que combinaba sus habilidades de tejido ancestrales con sensibilidades de diseño contemporáneo y técnicas de marketing. La nieta de María, Lilia, quien había estudiado negocios y diseño en la Ciudad de México, tomó la iniciativa en la reimaginación de sus productos. Trabajó estrechamente con su abuela y las otras tejedoras, aprendiendo los intrincados patrones y técnicas que se habían transmitido de generación en generación. Sin embargo, Lilia también introdujo elementos de diseño moderno, creando piezas vibrantes

y contemporáneas que apelaban a un mercado más amplio e internacional. Aprovechando el poder de internet y las redes sociales, Lilia lanzó una tienda en línea, mostrando sus exquisitos textiles a una audiencia global. Colaboró con influencers y bloggers, compartiendo las ricas historias detrás de cada pieza, y forjando conexiones entre las antiguas tradiciones y el deseo del consumidor moderno por autenticidad y artesanía.

5. Los resultados no fueron menos que transformativos. En pocos años, el negocio de la familia Ruiz floreció, con pedidos que llegaban de todo el mundo. Sus creaciones adornaron los hogares de celebridades e ilustraron las páginas de prestigiosas revistas de diseño, situando a San Juan Guelavía firmemente en el mapa como un centro de textiles artesanales de clase mundial. Pero más allá del éxito financiero, su esfuerzo había conseguido algo mucho más profundo: la preservación y revitalización de una tradición centenaria que había estado al borde de la extinción. El aumento en la demanda aseguró que las antiguas técnicas de tejido se transmitieran a las futuras generaciones, y la afluencia de ingresos proporcionó un sustento sostenible para la comunidad, asegurando su patrimonio cultural en los años venideros.

6. El viaje de la familia Ruiz ofrece lecciones invaluables en el delicado equilibrio entre tradición e innovación. Al honrar la sabiduría y las técnicas de sus antepasados mientras abrazaban las sensibilidades y tecnologías de

diseño modernas, lograron una fusión armoniosa que resonó con una audiencia global. Su éxito sirve como testimonio del poder de la adaptabilidad y la capacidad humana para la resolución creativa de problemas, demostrando que el progreso no necesita venir a expensas de nuestras raíces culturales.

7. Al reflexionar sobre el tema más amplio de equilibrar tradición e innovación, la historia de los tejedores de San Juan Guelavía nos recuerda que nuestro patrimonio no es un artefacto estático congelado en el tiempo, sino un legado vivo y vibrante que puede evolucionar y prosperar cuando es nutrido con reverencia e ingenio. Nos anima a buscar los hilos resonantes que conectan nuestro pasado con nuestro presente, tejiéndolos en un tapiz vibrante que celebra tanto nuestros orígenes como nuestro potencial de crecimiento infinito.

8. Al final, el viaje de la familia Ruiz nos deja con una profunda pregunta: ¿Qué aspectos de nuestras propias tradiciones y patrimonio cultural podrían ser revitalizados y transformados a través de la aplicación reflexiva de la innovación, asegurando su continua relevancia y vitalidad para las generaciones venideras?

Estudio de Caso 2:

1. En la bulliciosa ciudad de Singapur, una nación famosa por su rápida modernización y destreza tecnológica, se erige un improbable faro de tradición: el Jardín Botánico de Singapur. Establecido en 1859, durante el apogeo del

dominio colonial británico, estos terrenos verdes fueron concebidos inicialmente como un jardín de placer para la élite colonial, así como un repositorio para el estudio y cultivo de plantas exóticas de todo el mundo.

2. En el corazón de este estudio de caso se encuentra el Dr. Nigel Taylor, Director del Jardín por casi dos décadas. Un botánico y conservacionista de renombre, Taylor comprendió la profunda importancia de preservar este museo viviente, no solo por su significado histórico sino también por su papel en salvaguardar la rica biodiversidad de la región y promover la conciencia ambiental.

3. Sin embargo, a medida que avanzaba el siglo XXI, el Jardín Botánico de Singapur enfrentó un desafío formidable: mantenerse relevante y atractivo en una sociedad cada vez más urbanizada y orientada a la tecnología. Con el auge de las experiencias virtuales y las distracciones digitales, existía el riesgo de que esta venerable institución fuera percibida como anticuada y desconectada del mundo moderno.

4. Bajo el liderazgo visionario de Taylor, el Jardín emprendió una audaz transformación que combinó a la perfección tradición e innovación. Mientras preservaban meticulosamente la arquitectura histórica y los paisajes, introdujeron tecnologías interpretativas de vanguardia y experiencias inmersivas para cautivar y educar a los visitantes. Pantallas multimedia interactivas dieron vida a las colecciones del Jardín, proporcionando profundos conocimientos sobre la importancia cultural

de la flora, sus propiedades medicinales y su importancia ecológica. Aplicaciones de realidad aumentada permiten a los visitantes "deshojar" virtualmente las capas de la anatomía de una planta, revelando los intrincados sistemas que sostienen la vida. Además, el Jardín abrazó el potencial de las plataformas digitales, lanzando una sólida presencia en línea y conectando con una audiencia global a través de las redes sociales.

5. Los resultados fueron extraordinarios. La asistencia al Jardín Botánico de Singapur se disparó, con visitantes de todos los ámbitos llegando para experimentar esta única fusión de historia y tecnología moderna. El Jardín se convirtió en un centro de educación ambiental, inspirando a innumerables individuos a desarrollar una apreciación más profunda por el mundo natural y la urgencia de los esfuerzos de conservación. Quizás lo más significativo, el enfoque innovador del Jardín ganó reconocimiento internacional, culminando con su inscripción como Sitio del Patrimonio Mundial de la UNESCO en 2015, siendo un testimonio de su papel en la preservación tanto del patrimonio cultural como natural para futuras generaciones.

6. El recorrido del Jardín Botánico de Singapur ofrece una lección poderosa sobre el potencial transformador de abrazar la innovación mientras se mantiene firmemente comprometido con preservar la tradición. Al aprovechar las últimas tecnologías y conectar con audiencias modernas de maneras novedosas, el Jardín aseguró su

relevancia e impacto continuos, sin comprometer su integridad histórica ni sacrificar su misión central.

7. A medida que exploramos el tema más amplio del equilibrio entre tradición e innovación, el Jardín sirve como un brillante ejemplo de cómo estas dos fuerzas pueden coexistir e incluso amplificar las fortalezas de cada una. Al honrar la sabiduría y belleza del pasado mientras simultáneamente se aprovecha el poder de las herramientas y plataformas de vanguardia, el Jardín ha creado una síntesis armoniosa que resuena a través de generaciones y culturas.

8. Al final, el Jardín Botánico de Singapur nos deja con una profunda pregunta: ¿Qué otras instituciones o tesoros culturales podrían beneficiarse de un enfoque similar, donde tradición e innovación se entrelacen sin fisuras, asegurando su relevancia e impacto perdurables en un mundo en constante cambio?

Estos dos estudios de caso, abarcando contextos y culturas diversos, ofrecen una visión de las múltiples maneras en que individuos, comunidades y organizaciones han navegado exitosamente el delicado equilibrio entre honrar sus raíces y abrazar la innovación. A través de sus historias, se nos recuerda que el progreso no necesita venir a expensas de nuestro patrimonio; más bien, es en la interacción armoniosa de tradición y transformación que podemos forjar un camino hacia un futuro que está a la vez arraigado en nuestro legado compartido y elevado por el potencial ilimitado de la ingeniosidad humana.

FLEXIBILIDAD ARRAIGADA: CULTIVANDO UNA ESTABILIDAD DINÁMICA

Nuestro mundo moderno es una corriente implacable de cambio, que nos arrastra hacia adelante con una velocidad cada vez mayor. Nuevas tecnologías, cambios de paradigma y convulsiones culturales desafían constantemente nuestras suposiciones y nos empujan a adaptarnos. En este remolino de transformación, ¿cómo permanecemos anclados mientras abrazamos los vientos del progreso? La respuesta reside en cultivar una mentalidad de "Flexibilidad Enraizada": un equilibrio armonioso entre firmeza y agilidad, tradición e innovación.

En su esencia, la Flexibilidad Enraizada es el arte de navegar el cambio sin sacrificar la esencia propia. Es el reconocimiento de que el progreso y la tradición no son mutuamente excluyentes, sino más bien, dos fuerzas complementarias que pueden coexistir en un equilibrio dinámico. Como un poderoso roble, sus raíces se adentran profundamente en el suelo fértil de nuestra herencia, mientras sus ramas se extienden hacia el sol, abrazando las infinitas posibilidades de crecimiento y renovación.

Para comprender completamente este concepto, comencemos con una definición concisa: Flexibilidad Enraizada es la capacidad de permanecer arraigado en los valores fundamentales, tradiciones e identidad propia, mientras simultáneamente se es adaptable, abierto al cambio y dispuesto a evolucionar en respuesta a las circunstancias cambiantes.

Este delicado equilibrio involucra varios elementos clave: Reverencia por la herencia: Un profundo respeto y aprecio por la sabiduría y el legado heredado de nuestros antepasados, culturas y experiencias vividas. Esta base proporciona un sentido de pertenencia, propósito y una fuente de inspiración de la cual sacar fuerza y guía. Apertura a la evolución: Una disposición a abrazar el cambio, cuestionar suposiciones y buscar nuevas perspectivas y enfoques innovadores. Esta mentalidad fomenta el crecimiento, el progreso y la capacidad de prosperar en un mundo en constante cambio. Discernimiento: La capacidad de distinguir entre los aspectos de la tradición que son esenciales y dignos de ser preservados, y aquellos que pueden necesitar ser reinventados o dejados atrás. Este discernimiento permite una adaptación reflexiva sin sacrificar los principios fundamentales. Síntesis: La habilidad de mezclar armoniosamente lo antiguo con lo nuevo, tejiendo los hilos de la herencia e innovación en un tapiz que es a la vez familiar y fresco, intemporal y vanguardista.

El concepto de "Flexibilidad Enraizada" no es una invención moderna; sus orígenes se pueden rastrear a siglos atrás, entrelazados en el tejido de culturas y civilizaciones que han perdurado las mareas de la transformación. Consideremos la antigua filosofía japonesa de "Wakon Yosai", que se traduce como "espíritu japonés, aprendizaje occidental". Este principio, abrazado durante la Restauración Meiji a finales del siglo XIX, fomentaba la adopción de los avances tecnológicos y científicos occidentales, mientras simultáneamente reforzaba la preservación del rico patrimonio cultural y tradiciones de Japón.

En un contexto más amplio, la Flexibilidad Enraizada es una mentalidad que impregna prácticamente todos los aspectos de nuestras vidas: desde la manera en que navegamos nuestras relaciones y carreras, hasta la forma en que las sociedades y organizaciones evolucionan y se adaptan a las circunstancias cambiantes. Es un concepto universal que trasciende fronteras y culturas, ya que en su esencia, habla de la experiencia humana fundamental de equilibrar nuestra reverencia por el pasado con nuestras aspiraciones para el futuro.

En el ámbito del crecimiento personal, la Flexibilidad Enraizada se manifiesta como la capacidad de honrar nuestras raíces: nuestra crianza, valores y experiencias de vida, mientras permanecemos abiertos a la autorreflexión, evolución personal y el desprendimiento de creencias o patrones limitantes que ya no nos sirven. Es el coraje de cuestionar suposiciones mantenidas durante mucho tiempo y abrazar nuevas perspectivas, todo mientras nos mantenemos fieles a nosotros mismos.

En el ámbito profesional, las organizaciones que encarnan Flexibilidad Enraizada son aquellas que celebran sus ricas historias y legados, mientras fomentan simultáneamente una cultura de innovación, adaptabilidad y disposición a romper el statu quo. Estas empresas entienden que la tradición y el progreso no son adversarios, sino fuerzas complementarias que, cuando se equilibran, pueden producir resultados extraordinarios.

Consideremos, por ejemplo, la venerable casa de moda de lujo Hermès. Fundada en 1837, esta marca icónica ha permanecido firmemente comprometida con su herencia de artesanía exquisita, empleando muchas de las técnicas y materiales tradicionales que han sido transmitidos a través de generaciones de maestros artesanos. Sin embargo, al mismo tiempo, Hermès ha abrazado consistentemente la innovación, incorporando elementos de diseño de vanguardia y materiales sostenibles, así como aprovechando las tecnologías digitales y las redes sociales para llegar a una audiencia global.

A nivel social, la Flexibilidad Enraizada se puede observar en las formas en que las comunidades navegan el a menudo desafiante terreno de la evolución cultural. Las sociedades prósperas son aquellas que honran sus historias, tradiciones y ricos tapices de diversidad, al mismo tiempo que permanecen abiertas a nuevas ideas, perspectivas y enfoques que pueden impulsarlas hacia adelante. Es una danza delicada, que requiere sabiduría, empatía y una disposición para participar en un diálogo respetuoso que une el pasado y el futuro.

En última instancia, la Flexibilidad Enraizada es una mentalidad que nos equipa para navegar las complejidades de nuestro mundo en rápido cambio con gracia, resiliencia y un profundo sentido de propósito. Es un recordatorio de que el progreso y la tradición no tienen por qué estar en conflicto, sino que pueden entrelazarse en un rico tapiz que celebra tanto nuestros orígenes como nuestro potencial ilimitado para el crecimiento y la transformación.

Mientras emprendemos este viaje de cultivar la Flexibilidad

Enraizada, abracemos las palabras de la renombrada antropóloga Margaret Mead, quien una vez dijo: "Nunca dudes de que un pequeño grupo de ciudadanos reflexivos y comprometidos puede cambiar el mundo; de hecho, es lo único que alguna vez lo ha hecho." Seamos esos ciudadanos, esos portadores de antorchas de estabilidad dinámica, honrando la sabiduría de nuestros ancestros mientras forjamos audazmente nuevos caminos, siempre evolucionando, pero para siempre anclados en el suelo fértil de nuestra herencia compartida.

MAPEANDO EL VIAJE: DE LAS RAÍCES A LAS ALAS

1. Establecer el objetivo: Siguiendo esta guía paso a paso, obtendrás una comprensión más profunda de tu equilibrio único entre tradición y transformación, y desarrollarás una hoja de ruta personalizada para navegar conscientemente el espacio desde: de dónde vienes y a dónde deseas ir.

2. Materiales necesarios: Un diario o cuaderno para registrar tus pensamientos, reflexiones e ideas.

Una mentalidad abierta e introspectiva, dispuesta a participar en el autodescubrimiento Un espacio que permita la contemplación tranquila.

3. Descripción general: Mapear tu viaje de raíces a alas implica una serie de ejercicios provocativos diseñados para ayudarte a explorar tu herencia, evaluar tu relación actual con el cambio, identificar tus valores y aspiraciones fundamentales, y crear una síntesis armoniosa que honre tanto tus raíces como tus alas. Este proceso transformador te guiará en trazar un rumbo que integre perfectamente la tradición y la evolución, asegurando una vida de propósito, autenticidad y crecimiento.

4. Pasos detallados:

Paso 1: Explora tus Raíces- Realiza un viaje a través de tu historia familiar, tradiciones culturales y experiencias personales que han dado forma a tu identidad. Reflexiona sobre las historias, valores y sabiduría transmitidos a lo largo de generaciones. ¿Qué aspectos de tu herencia resuenan más profundamente contigo? ¿Qué tradiciones, costumbres o creencias han sido instrumentales en la formación de tu cosmovisión? Captura estas ideas en tu diario, creando un rico tapiz de tus raíces.

Paso 2: Evalúa tu Relación con el Cambio. Examina tu mentalidad actual y enfoque hacia el cambio y la transformación. ¿Sueles abrazar el cambio de todo corazón, o lo resistes? ¿Cómo sueles navegar los períodos de transición o agitación en tu vida? Identifica áreas en las que podrías estar aferrándote a creencias, patrones o suposiciones limitantes que ya no te sirven. Reflexiona sobre tu apertura a nuevas perspectivas, experiencias y enfoques. Evalúa tu disposición para salir de tu zona de confort y abrazar oportunidades de crecimiento.

Paso 3: Define tus Valores y Aspiraciones Fundamentales. Destila la esencia de tu herencia e identifica los valores, principios y creencias fundamentales que más aprecias. Explora tus aspiraciones, sueños y visiones para el futuro. ¿Qué tipo de vida te imaginas para ti mismo? ¿Qué impacto deseas tener en el mundo que te rodea? Considera cómo tus raíces y aspiraciones pueden informar y enriquecer mutuamente, creando una base armoniosa para el crecimiento.

Paso 4: Cultiva la Flexibilidad Enraizada. Con una comprensión clara de tus raíces y aspiraciones, comienza a explorar el concepto de Flexibilidad Enraizada. Identifica áreas en las que puedas necesitar deshacerte de creencias o patrones limitantes que ya no favorecen tu crecimiento.

Determina qué tradiciones, costumbres o prácticas deseas preservar y honrar a medida que avanzas. Visualiza cómo puedes fusionar sin esfuerzo la sabiduría de tu herencia con tus aspiraciones para el futuro. Desarrolla un enfoque personal para navegar el cambio que te permita permanecer anclado en tus valores fundamentales mientras abrazas la transformación.

Paso 5: Crea Tu Hoja de Ruta. Con un profundo entendimiento de tus raíces, aspiraciones y el concepto de Flexibilidad Arraigada, es momento de trazar tu camino. Delinea objetivos específicos, hitos y pasos de acción que te guiarán en tu viaje de integrar tradición y transformación. Identifica posibles obstáculos o desafíos que puedas encontrar, y desarrolla estrategias para superarlos. Establece un sistema de apoyo de mentores, modelos a seguir o comunidades que puedan brindarte orientación e inspiración en el camino. Revisa y perfecciona tu hoja de ruta regularmente, permitiendo que evolucione mientras creces y te transformas.

5. Consejos y posibles trampas:

Consejos: Aborda este viaje con un corazón abierto y una mente de principiante, listo para abrazar el autodescubrimiento y nuevas perspectivas. Busca enfoques y experiencias diversas que desafíen tus suposiciones y amplíen tu visión del mundo.

Abraza el concepto de "síntesis", el arte de mezclar armoniosamente elementos aparentemente contradictorios para crear algo nuevo e innovador. Celebra pequeñas victorias e hitos en el camino, reconociendo tu progreso y crecimiento.

Posibles trampas: Caer en la trampa de la rigidez, aferrándose demasiado a tradiciones o creencias que ya no te sirven. Abandonar tus raíces por completo en la búsqueda del cambio, llevando a una sensación de desconexión o pérdida de identidad.

Sentirse abrumado por el ritmo del cambio, causando resistencia a la transformación por miedo o incomodidad. No reevaluar y ajustar regularmente tu curso a medida que las circunstancias y prioridades evolucionan.

1. **Comprobando el éxito:** Al embarcarte en este viaje, sabrás que estás en el camino correcto cuando experimentes una sensación de armonía interior, propósito y autenticidad. Te sentirás arraigado en tus valores y herencia fundamentales, y al mismo tiempo energizado por las posibilidades de crecimiento y transformación. Tu vida se convertirá en un hermoso tapiz, tejido con los hilos de la tradición y la innovación, creando una obra maestra vibrante y en constante evolución que refleja tu perspectiva única y aspiraciones.

2. **Problemas potenciales y soluciones:** Problema: Sentirse dividido entre honrar tus raíces y abrazar el cambio, conduciendo a un conflicto interno o parálisis. Solución: Recuerda que la Flexibilidad Arraigada se trata de encontrar un equilibrio armonioso, no sacrificar uno por el otro. Involúcrate en un diálogo abierto y honesto contigo mismo, y con aquellos que puedan brindarte orientación, para identificar los elementos esenciales de tu herencia que deben ser preservados y las áreas donde la evolución es necesaria y deseable. Problema: Encontrar resistencia u oposición de otros que pueden no entender o apoyar tu viaje de Flexibilidad Arraigada. Solución: Lidera con el ejemplo, encarnando los principios de la Flexibilidad Arraigada con compasión y paciencia. Comparte tus conocimientos y experiencias respetuosamente, y mantente abierto a un diálogo constructivo. Con el tiempo, tu autenticidad y congruencia pueden inspirar a otros a abrazar una mentalidad similar. Problema: Perder de vista tus raíces o aspiraciones, conduciendo a una sensación de desconexión o falta de dirección. Solución: Revisa regularmente tu diario, hoja de ruta y los ejercicios dentro de esta guía para reconectar con tus valores fundamentales, aspiraciones y la visión que has diseñado para tu vida. Busca mentores, comunidades o experiencias que puedan reavivar tu sentido de propósito y encender tu pasión por el crecimiento y la transformación.

UNIENDO GENERACIONES: EL ARTE DEL LEGADO

1. Introducción:

En el tapiz de la existencia humana, los hilos de la tradición y la innovación están intrincadamente tejidos, creando una obra maestra vibrante y en constante evolución. En el corazón de este diseño complejo se encuentra el arte del diálogo intergeneracional, un intercambio sagrado que asegura que la sabiduría del pasado se preserve, mientras allana el camino para que el futuro se desarrolle con creatividad y propósito.

Desde tiempos inmemoriales, las culturas de todo el mundo han valorado enormemente los lazos que conectan generaciones, reconociendo que la preservación de las tradiciones no es meramente una cuestión de nostalgia, sino una base vital sobre la cual la innovación puede prosperar. Así como un robusto roble se nutre de sus profundas raíces, permitiéndole estirar sus ramas hacia el cielo, también nosotros debemos honrar nuestra herencia mientras abrazamos los vientos de cambio que nos impulsan hacia nuevos horizontes.

En este capítulo, nos embarcaremos en un viaje que explora el profundo significado del diálogo intergeneracional, iluminando el poder transformador del mentorazgo y el papel que juega en fomentar una síntesis armoniosa entre las raíces del pasado y las alas del futuro.

2. La Sabiduría de los Ancianos:

Escondido dentro de los archivos vivientes de nuestros mayores se encuentra un tesoro de conocimiento, historias y perspectivas que han resistido las arenas del tiempo. Estos depósitos de sabiduría, forjados a través de los crisoles de la experiencia y la lucha, ofrecen valiosas percepciones que pueden guiarnos mientras navegamos por las complejidades del mundo moderno.

Desde antiguas tradiciones y prácticas culturales hasta lecciones de vida arduamente ganadas, las narrativas tejidas por nuestros mayores están imbuidas de una profundidad que trasciende las meras palabras. Al participar activamente en un diálogo intergeneracional, nos abrimos al rico tapiz de sus experiencias vividas, permitiéndonos apreciar más profundamente las bases sobre las cuales se construye nuestra realidad presente.

Sin embargo, este intercambio no es meramente una transferencia unidireccional de conocimiento; es una danza sagrada en la que los ancianos también se enriquecen con las perspectivas y aspiraciones de las generaciones más jóvenes. En esta relación simbiótica, la sabiduría del pasado se revitaliza con la vitalidad y la visión del futuro, creando un ciclo continuo de crecimiento y renovación.

3. La Chispa de la Innovación:

Aunque honrar nuestras raíces es esencial, el verdadero crecimiento y progreso no pueden lograrse sin la chispa de la innovación. Es la síntesis única de tradición y transformación lo que enciende las llamas de la creatividad, impulsándonos hacia nuevas fronteras de pensamiento y acción.

En los fértiles terrenos del diálogo intergeneracional, las semillas de la innovación arraigan y florecen. A medida que las generaciones más jóvenes interactúan con la sabiduría de sus mayores, adquieren una comprensión profunda de las bases sobre las cuales se apoyan, permitiéndoles construir sobre ese sólido cimiento con perspectivas frescas y nuevas ideas audaces.

Esta interacción dinámica entre generaciones fomenta un entorno donde se desafían los límites de la convención, donde se cuestiona el statu quo, y donde surgen soluciones novedosas para abordar los desafíos apremiantes de nuestro tiempo. Es una danza de continuidad y cambio, donde los ritmos del pasado armonizan con las melodías del futuro, creando una sinfonía de progreso que resuena a través de las edades.

4. Mentoría: Un Puente Entre Generaciones:

En el corazón del diálogo intergeneracional se encuentra la poderosa práctica de la mentoría, un vínculo sagrado que trasciende las limitaciones de la edad y la experiencia, conectando a las personas a través del arco de generaciones. En esta relación transformadora, la sabiduría y el conocimiento fluyen libremente, nutriendo el crecimiento y desarrollo tanto del mentor como del aprendiz.

Para el mayor, el papel de un mentor es una responsabilidad profunda, una oportunidad para impartir las lecciones arduamente ganadas de toda una vida, mientras simultáneamente obtiene perspectivas e ideas frescas de la generación más joven. A través de este intercambio, se asegura el legado del mentor, su sabiduría se entrelaza en el tejido del futuro, moldeando las trayectorias de aquellos que llevarán la antorcha adelante.

Para el aprendiz, la orientación y el apoyo de un mentor

experimentado proporcionan una brújula invaluable, ayudándoles a navegar el traicionero terreno de los desafíos de la vida con confianza y propósito. Al presenciar de primera mano la encarnación de la sabiduría arduamente adquirida, el aprendiz adquiere una apreciación más profunda por las raíces que los anclan, mientras simultáneamente se inspira a extender sus alas y volar.

Este vínculo sagrado forjado a través de la mentoría es un testimonio vivo del poder del diálogo intergeneracional, un puente que abarca la brecha entre el pasado y el futuro, asegurando que la sabiduría de nuestros antepasados no solo se preserve sino que se integre activamente en el tapiz de nuestra evolución colectiva.

5. Diálogo Intergeneracional en Acción:

Desde los ancianos de las comunidades indígenas que transmiten conocimientos y tradiciones sagrados hasta los programas de mentoría que emparejan profesionales experimentados con jóvenes aspirantes, el arte del diálogo intergeneracional se manifiesta en innumerables formas en todo el mundo.

Considere el rico tapiz de los esfuerzos de preservación cultural, donde los ancianos y líderes comunitarios trabajan incansablemente para asegurar que las historias, costumbres e idiomas que definen su patrimonio se transmitan a las generaciones más jóvenes. A través de experiencias inmersivas, historias orales y aprendizaje práctico, los jóvenes se empoderan para abrazar sus raíces mientras simultáneamente desarrollan las habilidades y perspectivas necesarias para navegar el mundo moderno.

En el ámbito de los negocios y la innovación, los programas de mentoría se han convertido en un pilar del éxito, fomentando un intercambio dinámico de conocimiento y experiencia entre profesionales experimentados y líderes emergentes. Al compartir su sabiduría e ideas arduamente ganadas, los mentores equipan a la próxima generación con las herramientas y mentalidades necesarias para navegar el siempre cambiante panorama del mundo corporativo, mientras simultáneamente aprenden de las perspectivas frescas e ideas innovadoras de sus aprendices.

Desde centros comunitarios e instituciones educativas hasta iniciativas de base y organizaciones globales, el poder del diálogo intergeneracional se está aprovechando para crear un cambio positivo, tender puentes y fomentar una comprensión más profunda entre generaciones. Al participar activamente en este intercambio sagrado, no solo honramos la sabiduría de nuestros antepasados, sino que también allanamos el camino para un futuro en el que la tradición y la innovación coexistan en una sinfonía armoniosa.

6. El Legado Que Dejamos Atrás:

Mientras nos encontramos en la encrucijada del pasado y el futuro, es esencial reconocer el profundo impacto que nuestras acciones y elecciones tienen en las generaciones que seguirán. El legado que dejamos atrás no es meramente una nota al pie en la historia, sino un testimonio viviente de los valores, tradiciones y aspiraciones que han moldeado nuestro viaje.

Al abrazar el arte del diálogo intergeneracional, nos convertimos en guardianes de un fideicomiso sagrado, asegurando que la sabiduría y el conocimiento acumulados a lo largo de las edades no se pierdan en las arenas del tiempo sino que se tejan en el tejido mismo de nuestro futuro colectivo. Es una responsabilidad que nos llama a honrar nuestras raíces mientras cultivamos simultáneamente el suelo fértil en el que las semillas de la innovación pueden arraigar y florecer.

En esta danza entre la tradición y la transformación, dejamos una marca indeleble en el tapiz de la existencia humana, creando una obra maestra vibrante y en constante evolución que refleja la rica diversidad de nuestras experiencias, la profundidad de nuestra sabiduría y el potencial ilimitado de nuestros sueños.

Al mirar al horizonte, abracemos el arte del diálogo intergeneracional como una luz guía, iluminando el camino que nos lleva desde las raíces de nuestro pasado hasta las alas de nuestro futuro, asegurando que el legado que dejamos atrás sea uno de armonía, crecimiento y propósito duradero.

TERRITORIOS INEXPLORADOS: ABRAZAR LO DESCONOCIDO CON CONFIANZA

1. La Pregunta Provocadora:

¿Estás listo para adentrarte en los territorios inexplorados de tu vida, abrazando lo desconocido con valor inquebrantable y confianza?

2. El Contexto:

En el gran tapiz de la existencia, el cambio es una constante omnipresente, tejiendo incansablemente nuevos patrones en el tapiz de nuestras vidas. Desde los cambios profundos que remodelan nuestros paisajes hasta los movimientos sísmicos que sacuden a sociedades enteras, lo desconocido nos llama con promesas e incertidumbres. Es un ámbito donde los caminos familiares se desvanecen en la niebla, y la única manera de avanzar es abrazar lo inexplorado con un espíritu intrépido y un corazón abierto.

Esta pregunta toca el núcleo de nuestra experiencia humana, ya que es dentro de estos territorios inexplorados donde descubrimos las verdaderas profundidades de nuestra resiliencia, valor y potencial de crecimiento. Es un llamado a la aventura, una invitación a superar los confines de lo conocido y embarcarse en un viaje de autodescubrimiento y transformación.

3. El Problema:

Sin embargo, para muchos, la perspectiva de aventurarse en lo desconocido es un desafío abrumador y formidable. El seductor abrazo de lo familiar nos mantiene cautivos, adormeciéndonos en una falsa sensación de seguridad y complacencia. Nos aferramos a los caminos bien transitados, temerosos de los riesgos e incertidumbres que acechan más allá de los límites de nuestras zonas de confort.

Este miedo a lo desconocido se manifiesta de diversas formas: ansiedad, duda, parálisis y una voz persistente en nuestro interior que susurra: "Quédate donde es seguro. No lo arriesgues todo. Las consecuencias son demasiado graves". Es una fuerza poderosa que puede sofocar nuestros sueños, encadenar nuestras ambiciones y negarnos la oportunidad de alcanzar nuestro potencial completo.

Además, el terreno desconocido a menudo genera ideas erróneas y suposiciones equivocadas. Imaginamos obstáculos insuperables, fracasos catastróficos y peores escenarios que amplifican nuestra aprensión y refuerzan nuestra reticencia a dar ese primer paso audaz.

4. Conceptos Erróneos Comunes y Enfoques Típicos:

Frente a lo desconocido, muchos adoptan una postura defensiva, buscando refugio en lo familiar e intentando ejercer control sobre lo incontrolable. Se aferran a planes rígidos y estrategias meticulosamente calculadas, engañándose a sí mismos pensando que pueden domesticar lo impredecible a través del puro esfuerzo de voluntad.

Otros sucumben a la parálisis, congelados por la indecisión y abrumados por las innumerables posibilidades que presenta lo desconocido. Quedan atrapados en un ciclo de parálisis, sopesando interminablemente opciones y cuestionándose a sí mismos, sin reunir nunca el valor para saltar.

Sin embargo, otros adoptan una mentalidad fatalista, convenciéndose de que lo desconocido es un enemigo insuperable, una fuerza demasiado poderosa y caprichosa para ser enfrentada. Se rinden antes de intentar siquiera trazar su rumbo, resignándose a una vida de estancamiento y potencial no cumplido.

5. Un Enfoque Único: Abrazar lo Desconocido con Confianza:

Sin embargo, hay un camino que trasciende estas perspectivas limitantes, un camino que reconoce lo desconocido no como una amenaza, sino como un terreno fértil para el crecimiento, la transformación y la autorrealización. Es un enfoque arraigado en la comprensión de que los territorios inexplorados de nuestras vidas no son obstáculos a temer, sino oportunidades para ser acogidas con los brazos abiertos y un espíritu valiente.

Este enfoque comienza con un cambio fundamental en la mentalidad: una decisión consciente de reimaginar lo desconocido como un lienzo sobre el cual podemos pintar la obra maestra de nuestras vidas. Es un compromiso de cultivar una mentalidad resiliente, adaptable y orientada al crecimiento, una que abrace el cambio como un catalizador para la evolución personal y el autodescubrimiento.

En el núcleo de este enfoque reside una profunda confianza en nuestra capacidad innata para la resiliencia, el ingenio y la resolución creativa de problemas. Es un reconocimiento de que dentro de cada uno de nosotros reside una fuente de fuerza interior, un reservorio de sabiduría e intuición que puede guiarnos incluso a través de los territorios más inexplorados.

EL TAPIZ DEL TIEMPO: TEJIENDO TRADICIÓN E INNOVACIÓN

1. El Significado de Comprender las Trayectorias Históricas:

Para comprender plenamente el profundo tapiz de la civilización humana, uno debe explorar los hilos intrincadamente tejidos de tradición e innovación que han moldeado nuestro viaje colectivo a través del tiempo. Al trazar la evolución de tradiciones culturales y sociales clave, obtenemos conocimientos invaluables sobre la resiliencia y adaptabilidad del espíritu humano, así como la verdad innegable de que la transformación no solo es natural sino esencial para la supervivencia y el crecimiento.

Esta línea de tiempo histórica sirve como testimonio de la naturaleza siempre cambiante de nuestro mundo, inspirándonos a ver nuestras transiciones y las transformaciones que se desarrollan a nuestro alrededor como parte de una narrativa más grandiosa, una que se remonta al amanecer de la civilización humana y se extiende hacia un futuro pleno de posibilidades.

2. Las Raíces Más Antiguas:

Desde el principio, las sociedades humanas han sido definidas por sus tradiciones: aquellas creencias, prácticas y costumbres compartidas que unen a las comunidades y proporcionan un sentido de identidad y propósito. Los orígenes de muchas tradiciones perdurables se remontan a las antiguas civilizaciones de Mesopotamia, Egipto, India, China y las Américas, donde los primeros humanos buscaban dar sentido al mundo que les rodeaba y establecer orden en medio del caos de la existencia.

En estas sociedades nacientes, las tradiciones surgieron como un medio para preservar el conocimiento, honrar el mundo natural y fomentar la cohesión social. Rituales, ceremonias e historias orales se tejieron en el manto de la vida cotidiana, sirviendo como guías para navegar las complejidades de la experiencia humana y forjar una identidad colectiva que trascendía las vidas individuales.

3. Eventos Clave y Adaptaciones:

- A medida que las civilizaciones surgían y caían, y nuevos imperios emergían, el tapiz de la tradición humana se reformaba y reinventaba continuamente. Aquí están algunos de los momentos y adaptaciones cruciales que han marcado nuestro viaje colectivo:
- La aparición de la religión organizada y la codificación de creencias espirituales, influyó profundamente en prácticas culturales, valores y visiones del mundo. Desde las religiones abrahámicas hasta las filosofías orientales, estos sistemas de creencias conservaron y transformaron las tradiciones existentes, formando normas sociales y códigos morales.
- La Era de la Exploración y el encuentro entre culturas vastamente diferentes, que requirió la integración y el sincretismo de tradiciones dispares, resultando en el nacimiento de nuevas amalgamas culturales y el intercambio de conocimiento, artes y prácticas.

- La Revolución Científica y la Ilustración, desafiaron creencias arraigadas y formas tradicionales de entender el mundo, allanando el camino para la investigación racional, el empirismo y la búsqueda del progreso mediante la innovación.
- La Revolución Industrial y el ritmo acelerado del avance tecnológico, trastocaron los modos tradicionales de producción, las prácticas laborales y las estructuras sociales, dando paso a una nueva era de urbanización y modernidad.
- La ascendencia de la globalización y la interconectividad del mundo, ha facilitado la polinización cruzada de culturas y la rápida difusión de ideas, prácticas e innovaciones, borrando las fronteras entre lo tradicional y lo contemporáneo.

4. Adaptaciones e Interpretaciones Culturales:

A lo largo de este intrincado tapiz de la historia, las tradiciones han sido interpretadas, adaptadas y practicadas de innumerables maneras en diversas culturas y regiones. Mientras que algunas sociedades han mantenido firmemente las prácticas antiguas, otras han abrazado la innovación y el cambio, mezclando hábilmente lo antiguo con lo nuevo.

En el Este, las tradiciones arraigadas en filosofías espirituales y reverencia por la naturaleza han persistido durante milenios, incluso mientras han experimentado transformaciones y reinterpretaciones para seguir siendo relevantes en un mundo que cambia rápidamente. La sabiduría intemporal del taoísmo, el budismo y el hinduismo ha sido recontextualizada y adaptada para abordar los desafíos contemporáneos, manteniendo su esencia y valores centrales.

En Occidente, las tradiciones de la antigua Grecia y Roma han dejado una marca indeleble en las artes, la arquitectura, la gobernanza y la filosofía, incluso cuando han sido moldeadas y reimaginadas por culturas y movimientos sucesivos. El Renacimiento, la Ilustración y el advenimiento de la modernidad han recurrido a estas bases clásicas y han construido sobre ellas, forjando nuevas interpretaciones e innovaciones que han impulsado el progreso humano.

5. Evoluciones Contemporáneas e Innovaciones:

Mientras nos encontramos al borde del siglo XXI, el ritmo del cambio y la marcha implacable de la innovación solo se han acelerado. Las prácticas tradicionales y los sistemas de creencias están siendo desafiados y reimaginados a un ritmo sin precedentes, a medida que la tecnología, la globalización y las normas sociales cambiantes reinventan el mismo tejido de nuestras sociedades.

En esta era de rápida transformación, somos testigos de la aparición de nuevas tradiciones y la reinvención de prácticas antiguas. La atención plena y la meditación, una vez dominio de los buscadores espirituales, han sido adoptadas por el público en general como herramientas para el crecimiento personal y el bienestar. Modalidades de curación tradicional, como el Ayurveda y la Medicina Tradicional China, están encontrando nueva relevancia e integración con las prácticas médicas modernas.

Al mismo tiempo, las tecnologías digitales han dado origen a fenómenos culturales y tradiciones completamente nuevos, desde comunidades virtuales y rituales en línea hasta la democratización del conocimiento y el intercambio de expresiones culturales a través de fronteras y límites.

6. Momentos Pivotales y Desafíos:

A lo largo de este intrincado tapiz, ha habido momentos cruciales y desafíos que han alterado dramáticamente la trayectoria de las tradiciones humanas. Las guerras, revoluciones y convulsiones sociales a menudo han servido como catalizadores para el cambio, perturbando normas establecidas e inaugurando nuevas formas de pensar y ser.

El choque entre tradición y modernidad, la tensión entre preservar el patrimonio cultural y abrazar la innovación, y la negociación de diversos sistemas de creencias y visiones del mundo han presentado desafíos formidables a la continuidad y evolución de las tradiciones.

Sin embargo, es en estos momentos de agitación y transformación cuando la verdadera resiliencia y adaptabilidad de las sociedades humanas han sido probadas y demostradas. Una y otra vez, las tradiciones han sido reimaginadas, preservadas o transformadas, asegurando su relevancia y resonancia en un mundo siempre cambiante.

Mientras tejemos nuestro camino a través del tapiz del tiempo, abracemos el dinamismo inherente de nuestras tradiciones, reconociendo que su capacidad para evolucionar y adaptarse es lo que les imbuye de poder y significado duraderos. Porque es en la integración perfecta de lo viejo y lo nuevo, lo tradicional y lo innovador, donde encontramos la sabiduría para navegar las complejidades del presente y el coraje para forjar un camino hacia un futuro que honra la riqueza de nuestro patrimonio compartido al tiempo que permanece abierto a las posibilidades ilimitadas que se encuentran por delante.

EVIDENCIANDO LA EVOLUCIÓN: EL IMPACTO DEL CAMBIO EQUILIBRADO

1. La Importancia del Análisis Basado en Evidencia en la Evaluación de la Tradición y la Transformación:

Al explorar la intrincada interacción entre tradición y transformación en diferentes sociedades y disciplinas, un enfoque basado en evidencia es esencial. Al fundamentar nuestro análisis en datos empíricos, hallazgos de investigación y fuentes creíbles, podemos ir más allá de la mera especulación y relatos anecdóticos, ganando una comprensión más profunda y matizada de cómo estas fuerzas aparentemente opuestas pueden coexistir e incluso reforzarse entre sí.

A través del lente de la evidencia, podemos discernir patrones, identificar los impulsores clave del cambio y reconocer el impacto profundo que puede tener el mantenimiento de nuestras raíces mientras abrazamos la innovación sobre individuos, comunidades y civilizaciones enteras. Este enfoque riguroso no solo otorga credibilidad a nuestras afirmaciones, sino que también sirve como base para la toma de decisiones informadas y el desarrollo de estrategias que aprovechen el poder transformador del cambio equilibrado.

2. La Proposición Principal: Mantener las Raíces Impulsa el Crecimiento Transformador:

La proposición central que pretendemos analizar es que mantener nuestras tradiciones y raíces culturales, al mismo tiempo que abrazamos la innovación y la transformación, puede producir resultados profundamente positivos en varios campos y sociedades. Esta integración armoniosa de lo viejo y lo nuevo, lo tradicional y lo moderno, no solo es posible sino beneficiosa, fomentando la resiliencia, la adaptabilidad y el crecimiento sostenido.

Al preservar la esencia de nuestro patrimonio y la sabiduría de nuestros antepasados, nos anclamos en un rico tapiz de experiencias, valores e ideas compartidas que han resistido la prueba del tiempo. Esta fundamentación proporciona un sentido de identidad, propósito y pertenencia, nutriendo el terreno fértil sobre el cual la transformación puede echar raíces y florecer.

Al mismo tiempo, al abrazar activamente el cambio y la innovación, aprovechamos el potencial ilimitado de la ingeniosidad y creatividad humanas, lo que nos permite adaptarnos a circunstancias en evolución, resolver desafíos complejos y desbloquear nuevas oportunidades de progreso y avance.

3. Evidencia de los Esfuerzos de Preservación y Revitalización Cultural:

Un argumento convincente que apoya los beneficios de equilibrar la tradición y la transformación se puede encontrar en el ámbito de los esfuerzos de preservación y revitalización cultural. Numerosos estudios de casos han demostrado el impacto positivo de tales iniciativas en diversos aspectos del bienestar social.

Por ejemplo, investigaciones llevadas a cabo por la UNESCO sobre la preservación de culturas indígenas en América Latina han demostrado que las comunidades que mantienen activamente sus prácticas tradicionales, lenguajes y sistemas de creencias experimentan mayores niveles de cohesión social, bienestar mental y manejo ambiental. Al preservar sus raíces culturales, estas comunidades han estado mejor equipadas para afrontar los desafíos de la globalización y la modernidad mientras retienen sus identidades únicas y fomentan un sentido de orgullo y pertenencia.

De manera similar, un estudio publicado en el Journal of Sustainable Tourism examinó la revitalización de artesanías y artes tradicionales en comunidades rurales de Asia. Los hallazgos revelaron que al adoptar la innovación y adaptar prácticas tradicionales a mercados contemporáneos y preferencias de consumo, estas comunidades no solo han preservado su herencia cultural, sino que también han generado oportunidades económicas sostenibles, empoderando a los artesanos locales y fomentando el emprendimiento.

4. Elaborando Sobre la Evidencia: Metodologías y Credibilidad:

La investigación llevada a cabo por la UNESCO sobre culturas indígenas en América Latina involucró extenso trabajo de campo, estudios etnográficos y colaboración con comunidades locales. Los investigadores emplearon métodos cualitativos, tales como entrevistas, grupos focales y observación participante, para obtener una comprensión profunda de las prácticas culturales, sistemas de creencias y los desafíos que enfrentan estas comunidades ante la globalización.

Datos cuantitativos también fueron recogidos a través de encuestas y análisis demográficos, permitiendo a los investigadores medir indicadores de cohesión social, salud mental y sustentabilidad ambiental. El tamaño de la muestra incluyó docenas de comunidades en múltiples países, asegurando una representación diversa y mejorando la generalización de los hallazgos.

El estudio sobre artesanías y artes tradicionales en Asia, publicado en el Journal of Sustainable Tourism, empleó un enfoque de métodos mixtos. Los investigadores realizaron encuestas y entrevistas con artesanos, dueños de negocios y líderes comunitarios para recopilar datos sobre indicadores económicos, como niveles de ingreso, tasas de empleo y acceso al mercado. Además, observaciones etnográficas y estudios de caso se utilizaron para explorar los impactos culturales y sociales de los esfuerzos de revitalización, incluyendo la preservación del conocimiento tradicional y el fomento de conexiones intergeneracionales.

Ambos estudios se basaron en fuentes reputadas y revisadas por pares, asegurando la credibilidad y validez de la evidencia presentada. Además, las metodologías de investigación emplearon técnicas rigurosas de recolección y análisis de datos, adhiriéndose a guías éticas y protocolos de investigación establecidos.

5. Abordando Contraargumentos Potenciales y Desafíos:

Si bien la evidencia presentada apoya los beneficios de mantener las tradiciones al tiempo que se abraza la transformación, es importante reconocer contraargumentos y desafíos potenciales que puedan surgir.

Una crítica que podría plantearse es el riesgo de la mercantilización cultural o la dilución de tradiciones auténticas al adaptarlas a mercados contemporáneos o preferencias de consumo. Los críticos pueden argumentar que el proceso de modernizar o comercializar prácticas tradicionales podría despojarlas de su significado y relevancia intrínsecos, socavando en última instancia el patrimonio cultural que buscan preservar.

Sin embargo, es crucial reconocer que las culturas no son entidades estáticas congeladas en el tiempo; son inherentemente dinámicas y siempre han evolucionado y se han adaptado a circunstancias cambiantes. La clave radica en encontrar un equilibrio entre preservar la esencia y los valores centrales de una tradición mientras se permite la innovación y reinterpretación para asegurar su relevancia y viabilidad continua.

6. Abordando Contraargumentos a Través de Más Evidencia e Ideas:

Para abordar la preocupación de la mercantilización cultural, podemos recurrir a más evidencias de estudios sobre turismo sostenible y gestión del patrimonio cultural. La investigación realizada por la Organización Mundial del Turismo (OMT) ha resaltado ejemplos exitosos de comunidades que han adoptado enfoques innovadores para preservar y promover sus tradiciones mientras mantienen la autenticidad e integridad cultural.

Uno de esos ejemplos es la comunidad maorí en Nueva Zelanda, que ha desarrollado experiencias de turismo cultural que permiten a los visitantes sumergirse en prácticas tradicionales, como la talla de madera, el tejido y la narración de cuentos, mientras generan ingresos para la comunidad y fomentan la comprensión intercultural. Al involucrar activamente a los ancianos y guardianes del conocimiento de la comunidad en el diseño e implementación de estas experiencias, los maoríes han asegurado que las narrativas culturales y los valores sean representados y transmitidos con precisión a las generaciones futuras.

Además, iniciativas como la Convención de la UNESCO para la Salvaguardia del Patrimonio Cultural Inmaterial proporcionan directrices y marcos para preservar y revitalizar prácticas tradicionales de manera respetuosa e inclusiva. Estas directrices enfatizan la importancia de la participación comunitaria, la transferencia de conocimiento intergeneracional y la protección de los derechos de propiedad intelectual, asegurando que las expresiones culturales no sean explotadas o malinterpretadas.

7. Más Evidencia de Avances Científicos y Tecnológicos:

Más allá del ámbito de la preservación cultural, se pueden encontrar evidencias de los beneficios de equilibrar tradición y transformación en varios campos científicos y tecnológicos. Por ejemplo, en el campo de la medicina, la integración de prácticas de curación tradicionales y enfoques médicos modernos ha arrojado resultados prometedores.

Un estudio publicado en el Journal of Ethnopharmacology investigó el uso de remedios herbales tradicionales de la Medicina Ayurvédica y China Tradicional en el tratamiento de enfermedades crónicas. Los investigadores encontraron que al combinar estas prácticas consagradas con la investigación farmacéutica contemporánea y ensayos clínicos, se desarrollaron tratamientos nuevos y efectivos, aprovechando el rico conocimiento de los sistemas de curación tradicionales mientras se adhieren a los estándares y protocolos científicos modernos.

De manera similar, en el campo de la arquitectura y la planificación urbana, ha habido un creciente movimiento hacia la integración de principios de diseño tradicionales y prácticas de construcción sostenible con materiales y tecnologías modernas. Un proyecto de investigación realizado por la Universidad de Cambridge examinó la aplicación de técnicas arquitectónicas persas tradicionales, como atrapanubes y patios, en el diseño de edificios energéticamente eficientes. Los hallazgos demostraron que al mezclar estos métodos centenarios con materiales de construcción contemporáneos y sistemas de energía renovable, es posible crear estructuras que sean tanto ambientalmente sostenibles como culturalmente resonantes, preservando la sabiduría estética y funcional del pasado mientras se abrazan las innovaciones modernas.

8. Aplicaciones del Mundo Real y Significado Más Amplio:

Los hallazgos basados en evidencia que resaltan los resultados positivos de combinar tradición y transformación tienen implicaciones y aplicaciones de gran alcance en varios sectores y disciplinas. Al adoptar un enfoque equilibrado que honre nuestras raíces mientras fomenta la innovación, podemos desbloquear una gran cantidad de oportunidades para el desarrollo sostenible, la preservación cultural y el bienestar social.

En el ámbito del desarrollo económico, los responsables de políticas y las partes interesadas pueden aprovechar los conocimientos obtenidos de estos estudios para desarrollar estrategias que aprovechen el poder del conocimiento y las prácticas tradicionales mientras integran tecnologías modernas y oportunidades de mercado. Esto podría implicar el apoyo a empresas de pequeña escala que mezclen la artesanía tradicional con el diseño contemporáneo o fomentar iniciativas de ecoturismo que celebren el patrimonio cultural mientras promueven la gestión ambiental.

Además, las instituciones educativas y organizaciones culturales pueden desempeñar un papel crucial en la preservación y transmisión de la sabiduría tradicional a las generaciones futuras, al mismo tiempo que les proporciona las habilidades y mentalidades necesarias para navegar en un mundo en constante cambio. Al incorporar elementos de los sistemas de conocimiento tradicional en los planes de estudio y fomentar el diálogo intercultural, podemos nutrir una generación profundamente arraigada en su herencia mientras permanece abierta a la innovación y la transformación.

En última instancia, al encontrar un equilibrio entre tradición y transformación, podemos crear un mundo más inclusivo, sostenible y resiliente, uno que honre la riqueza de nuestro diverso tapiz cultural a la vez que se mantenga adaptable y receptivo a los desafíos y oportunidades que tenemos por delante. Es a través de esta integración armoniosa de lo antiguo y lo nuevo que podemos forjar un camino hacia un futuro que esté profundamente arraigado en nuestro patrimonio compartido y sin límites en su potencial de crecimiento y descubrimiento.

EL LEGADO DEL INNOVADOR: EXTRAYENDO FUERZA DEL PASADO

1. Resumen:

En nuestro mundo en constante evolución, donde el cambio es la única constante, la capacidad de extraer fuerza de nuestro legado mientras abrazamos la innovación es un profundo testimonio de la resiliencia y adaptabilidad humana. Al igual que las raíces de un poderoso roble lo anclan firmemente a la tierra, permitiéndole resistir las tormentas del tiempo, nuestras raíces culturales y ancestrales proporcionan una base sobre la cual podemos construir, crecer y prosperar.

Esta exploración profundizará en el poder transformador que reside en armonizar nuestra reverencia por la tradición con nuestro impulso por el progreso, iluminando cómo esta sinergia puede encender una fuente de sabiduría, creatividad y soluciones innovadoras. A través de una lista cuidadosamente seleccionada, desentrañaremos el intrincado tapiz de nuestro patrimonio colectivo, revelando los hilos que pueden entrelazarse en el tejido de la innovación, llevándonos hacia un futuro que sea tanto resonante como revolucionario.

2. Lista de Perspectivas Clave:

- Preservación de Narrativas Culturales: Aprovechando el Poder de las Historias
- Intercambio de Conocimientos Intergeneracionales: Cerrando la Brecha Entre Pasado y Futuro
- Sabiduría Tradicional en la Solución de Problemas Contemporáneos
- Adoptando Valores Ancestrales en una Era de Cambio Rápido Fusión y Sinergia: Combinación de Tradición e Innovación

3. Elaboración:

a. Preservación de Narrativas Culturales: Aprovechando el Poder de las Historias:

En el corazón de cada cultura yace un rico tapiz de historias, tejidas a través de generaciones, que encapsulan los triunfos, luchas y lecciones ganadas con esfuerzo de nuestros antepasados. Estas narrativas no son meros cuentos, sino encarnaciones vivas de nuestro patrimonio compartido, llevando en su interior la esencia de quiénes somos y la sabiduría que ha guiado nuestro viaje colectivo.

Al preservar y compartir activamente estas historias, no solo honramos los legados de quienes nos precedieron, sino que también desbloqueamos una fuente profunda de inspiración y comprensión. Dentro de estas narrativas, encontramos verdades eternas sobre la resiliencia, la perseverancia y el espíritu humano indomable, guías invaluables que pueden iluminar nuestro camino mientras navegamos por las complejidades del mundo moderno.

Además, estas historias sirven como catalizadores poderosos para la innovación, despertando la imaginación y alentándonos a ver los desafíos a través de una nueva perspectiva. Nos recuerdan que nuestros antepasados, también, enfrentaron obstáculos aparentemente insuperables y, sin embargo, encontraron soluciones creativas al recurrir a sus singulares perspectivas culturales y conocimientos heredados.

b. Intercambio de Conocimientos Intergeneracionales: Cerrando la Brecha Entre Pasado y Futuro:

En nuestra búsqueda por armonizar la tradición y la transformación, debemos fomentar el diálogo intergeneracional y el intercambio de conocimientos. Al igual que un poderoso río lleva la sabiduría de innumerables arroyos, nuestros mayores albergan una fuente de conocimiento ancestral que puede nutrir y enriquecer nuestros esfuerzos innovadores.

Al comprometernos en una escucha activa y colaboración respetuosa con aquellos que han caminado antes que nosotros, podemos aprovechar una riqueza de prácticas, ideas y perspectivas consagradas por el tiempo que han resistido la prueba del tiempo. Esta polinización cruzada de ideas y experiencias no solo asegura la preservación de tradiciones invaluables, sino que también enciende nuevas ideas y enfoques que pueden impulsarnos hacia soluciones sin precedentes.

Por el contrario, nuestros mayores pueden beneficiarse de la energía ilimitada, curiosidad y destreza tecnológica de las generaciones más jóvenes, abriendo sus mentes a nuevas posibilidades y reafirmando la relevancia de su sabiduría en un mundo que cambia rápidamente. A través de este intercambio intergeneracional, creamos un ciclo virtuoso de aprendizaje, donde lo viejo y lo nuevo se entrelazan sin problemas, llevándonos hacia un futuro que está tanto arraigado en nuestras raíces como impulsado por la innovación.

c. Sabiduría Tradicional en la Solución de Problemas Contemporáneos:

Los desafíos que enfrentamos hoy en día son a menudo complejos y multifacéticos, requiriendo soluciones innovadoras que trasciendan el pensamiento convencional. Es aquí donde la sabiduría de nuestros antepasados puede resultar invaluable, ofreciendo ideas y perspectivas que han sido forjadas a través de siglos de experiencia colectiva y adaptación.

Desde prácticas agrícolas sostenibles arraigadas en sistemas de conocimiento indígena hasta modalidades de curación consagradas por el tiempo que complementan la medicina moderna, la sabiduría tradicional de nuestro patrimonio puede proporcionar una fuente de inspiración para abordar problemas contemporáneos. Al abrazar estas prácticas ancestrales e integrarlas con investigaciones y tecnologías de vanguardia, podemos desbloquear soluciones novedosas que no solo son efectivas sino que también resuenan profundamente con nuestras identidades culturales.

Además, la sabiduría tradicional a menudo encarna una cosmovisión holística e interconectada, recordándonos la compleja red de relaciones que nos unen a nuestro entorno, nuestras comunidades y nuestra experiencia humana compartida. Esta perspectiva puede resultar invaluable para desarrollar soluciones que prioricen la sostenibilidad, la cohesión social y un respeto más profundo por el mundo natural, ingredientes esenciales para navegar las complejidades de nuestro planeta en rápido cambio.

d. Abrazar Valores Ancestrales en una Era de Cambio Rápido:

En medio del vértigo del avance tecnológico y la transformación social, es fácil perder de vista los valores duraderos que han guiado a la humanidad durante generaciones. Sin embargo, son estos mismos valores, arraigados en nuestro patrimonio ancestral, los que pueden servir como brújula moral, asegurando que nuestra búsqueda de progreso permanezca anclada en principios éticos y un profundo respeto por la dignidad humana.

Valores como la comunidad, la compasión y la reverencia por la vida han sido elaborados en el tejido de innumerables culturas, trascendiendo el tiempo y la geografía. Al abrazar estos principios eternos, podemos infundir nuestros esfuerzos innovadores con un sentido de propósito y significado, asegurando que nuestras creaciones no solo expandan los límites de lo posible, sino que también contribuyan al bien mayor de la humanidad.

Además, estos valores ancestrales pueden servir como un baluarte contra los posibles excesos y trampas del progreso desenfrenado, recordándonos encontrar un equilibrio entre el avance tecnológico y nuestras responsabilidades fundamentales como guardianes de este planeta y cuidadores unos de otros.

e. Fusión y Sinergia: Combinando Tradición e Innovación:

En el corazón de esta exploración yace el reconocimiento de que el verdadero poder de nuestro patrimonio no reside en su preservación como un artefacto estático, sino en su capacidad para mezclarse armoniosamente con las fuerzas de la innovación y la transformación. Es en esta fusión, esta sinergia de lo antiguo y lo nuevo, que desbloqueamos el potencial pleno de nuestra ingeniosidad humana colectiva.

Así como un artesano habilidoso entrelaza hilos diversos para crear un tapiz de belleza incomparable, nosotros también podemos entrelazar la sabiduría de nuestros antepasados con las tecnologías de vanguardia y las ideas del presente, dando lugar a soluciones que están profundamente arraigadas y son profundamente transformadoras.

Desde la integración de principios arquitectónicos tradicionales con un diseño moderno sostenible hasta la fusión de modalidades de curación antiguas con la investigación biomédica avanzada, las posibilidades son vastas e inspiradoras. Al abrazar este enfoque sinérgico, no solo honramos nuestro patrimonio, sino que también lo impulsamos hacia adelante, asegurándonos que siga siendo una fuerza viva y dinámica que continúa moldeando y enriqueciendo nuestra experiencia humana colectiva.

Al final, es esta fusión sin fisuras de tradición y transformación la que desbloqueará el verdadero legado del innovador: un legado que trasciende el tiempo y el espacio, inspirando a las generaciones venideras a forjar sus caminos, seguros de que sus raíces son profundas y sus horizontes son ilimitados.

BAILANDO BAJO LA LLUVIA: ALEGRÍA ENTRE LA TRISTEZA

LA ALQUIMIA DEL DOLOR

1. La Pregunta Provocadora: ¿Puede el gran dolor del duelo ser un catalizador para descubrir profundidades inéditas de alegría y propósito?

2. La Importancia de la Pregunta: En el tapiz de la vida, los hilos de alegría y tristeza se entrelazan en una danza intrincada. El duelo, esa dolencia visceral que acompaña a la pérdida, es una parte ineludible de la experiencia humana. Sin embargo, dentro de las profundidades de esta angustia, yace una alquimia extraordinaria: la posibilidad de transmutar nuestros momentos más oscuros en despertares profundos, revelando reservas de resiliencia, gratitud y propósito que nunca supimos que existían.

Esta pregunta toca el corazón de nuestra capacidad no solo para soportar la adversidad sino para emerger de ella transformados, con una nueva apreciación por la preciosidad de la vida y una conexión más profunda con nuestro yo más íntimo. Al explorar esta noción, abrimos la puerta a una comprensión más expansiva de la condición humana, una que reconoce la interconexión de todas nuestras experiencias, tanto alegres como tristes.

3. El problema: El duelo es un viaje complejo y profundamente personal, uno que puede destrozar nuestro sentido del yo, nuestro sistema de creencias y nuestra comprensión del mundo que nos rodea. El dolor de la pérdida puede muy abrumador, dejándonos a la deriva en un mar de emociones avasalladoras que amenazan con ahogarnos en la desesperación.

En las profundidades de nuestra pena, puede ser fácil dejarse consumir por el peso de nuestra pérdida, aferrarse a los recuerdos de lo que una vez fue y cerrarse a la posibilidad de encontrar significado o alegría en el momento presente. Podemos lidiar con preguntas existenciales que desafían nuestras creencias fundamentales, o encontrarnos luchando para reconciliar las duras realidades de la pérdida con nuestras esperanzas y sueños más apreciados.

Además, la sociedad a menudo refuerza la noción de que el duelo es una carga que debe soportarse, un estado temporal de duelo que debe ser "superado" antes de que podamos regresar a nuestras vidas "normales". Esta perspectiva estrecha no reconoce el potencial transformador que yace en las profundidades de nuestra pena, y la profunda sabiduría que se puede obtener de nuestras experiencias más desafiantes.

4. Conceptos erróneos comunes y enfoques ineficaces: Uno de los conceptos erróneos más extendidos en torno al duelo es que es un proceso lineal con un punto final definido. A menudo se nos lleva a creer que el duelo sigue una trayectoria predecible y que una vez que hemos "trabajado" nuestras emociones, podemos compartimentar ordenadamente nuestra pérdida y seguir adelante con nuestras vidas.

Sin embargo, la realidad es que el duelo es un viaje multifacético y siempre cambiante, que fluye y refluye como las mareas, con olas de tristeza que pueden resurgir inesperadamente, incluso años después de la pérdida inicial. Intentar "pasar por" el duelo o adherirse a cronogramas rígidos puede, en última instancia, prolongar nuestro sufrimiento y evitar que abracemos plenamente el potencial transformador de nuestra experiencia.

Otro error común es la tendencia a ver el duelo como una experiencia puramente negativa, una que debe ser "superada" o "conquistada". Esta perspectiva no reconoce la dualidad inherente al duelo: que entre las profundidades de nuestra pena, existe la posibilidad de un gran crecimiento, autodescubrimiento y una renovada apreciación por la belleza y fragilidad de la vida.

5. Un enfoque único: Abrazando la alquimia del duelo: En el corazón de esta exploración yace un cambio radical de perspectiva: una invitación a abrazar el duelo no como una carga que debe soportarse, sino como un potente catalizador para la transformación personal y la cultivación de la alegría y el propósito.

Este enfoque reconoce que el duelo es un viaje sagrado, uno que nos invita a desenmascarar las capas de nuestra existencia y a enfrentar las preguntas fundamentales que están en el núcleo de nuestro ser. Es un viaje que demanda coraje, vulnerabilidad y una disposición a rendirse al flujo y reflujo de las emociones que surgen en nuestro interior.

Al inclinarnos hacia nuestro duelo y permitirnos experimentar plenamente las profundidades de nuestra pena, nos abrimos a la posibilidad de un gran crecimiento y autodescubrimiento. En el crisol de nuestro dolor, tenemos la oportunidad de despojarnos de las capas de ego y condicionamiento que han oscurecido nuestro verdadero ser y emerger con un renovado sentido de claridad, propósito y apreciación por la belleza de la vida.

Este enfoque también reconoce que la alegría y la tristeza no son fuerzas opuestas, sino más bien dos caras de la misma moneda: entrelazadas e interdependientes. Así como la belleza de una rosa se acentúa por la presencia de sus espinas, nuestra capacidad de alegría se amplifica al estar dispuestos a abrazar plenamente las profundidades de nuestro duelo.

Al abrazar esta perspectiva, nos abrimos a la posibilidad de encontrar momentos de belleza trascendente y profunda gratitud en medio de la oscuridad de nuestra pena. Empezamos a cultivar una mayor conciencia de la naturaleza efímera de la vida y una apreciación más profunda por los momentos preciosos que compartimos con nuestros seres queridos, la belleza de la naturaleza y las simples alegrías que a menudo pasan desapercibidas en el apresuramiento de la existencia diaria.

6. Ejemplos de la vida real e historias de éxito: El poder transformador del duelo se ha presenciado innumerables veces a lo largo de la historia humana, mientras individuos y comunidades han emergido de las profundidades de la pérdida con un renovado sentido de propósito y una conexión más profunda con la esencia de lo que significa estar vivo.

Considere la historia de Candy Lightner, cuya hija Cari fue trágicamente asesinada por un conductor ebrio en 1980. En las profundidades de su duelo, Lightner canalizó su angustia en un poderoso movimiento que finalmente condujo al establecimiento de Madres Contra Conductores Ebrios (MADD), una organización que ha jugado un papel fundamental en aumentar la concienciación sobre los peligros de la conducción en estado de ebriedad y en impulsar una legislación más estricta.

O tomemos el ejemplo de Viktor Frankl, un sobreviviente del Holocausto cuyas desgarradoras experiencias en los campos de concentración nazis lo llevaron a desarrollar el enfoque filosófico de la logoterapia, que enfatiza el impulso humano innato de encontrar sentido y propósito incluso en las circunstancias más difíciles. El trabajo de Frankl ha inspirado a innumerables personas a trascender su sufrimiento y cultivar un sentido más profundo de propósito y realización en sus vidas.

En un nivel más personal, muchas personas que han experimentado pérdidas profundas informan de un sentido acrecentado de aprecio por la preciosidad de la vida, una profundización de sus relaciones con sus seres queridos y un renovado compromiso de vivir con intención y autenticidad. Hablan de encontrar consuelo y alegría en los placeres simples de la existencia cotidiana, y de un mayor sentido de empatía y compasión por las luchas de los demás.

7. Abordar Objeciones Potenciales y Construir Credibilidad: Es natural que algunos se acerquen a la noción de encontrar alegría y propósito dentro del duelo con escepticismo o vacilación. Después de todo, el dolor de la pérdida puede ser tan abrumador, tan absorbente, que la idea de transmutar esa angustia en algo positivo puede parecer inverosímil o incluso ofensiva.

Sin embargo, es esencial reconocer que este enfoque no busca disminuir o invalidar la profundidad del propio dolor. Más bien, reconoce que el duelo es un viaje profundamente personal y complejo, uno que no puede reducirse a un conjunto de pasos prescritos o plazos.

Además, esta perspectiva no sugiere que uno deba "superar" el duelo o de alguna manera "dejar atrás" su pérdida. En cambio, nos invita a abrazar el duelo como un compañero constante en nuestro viaje, a honrar su presencia y permitirle dar forma e informar nuestra comprensión del mundo y nuestro lugar en él.

También es importante reconocer que el camino para encontrar alegría y propósito en medio del duelo no es lineal. Habrá momentos de profundo dolor que pueden parecer insuperables y tiempos en los que el peso de nuestra pérdida amenaza con abrumarnos. Este enfoque no niega ni invalida esas experiencias, sino que reconoce que son una parte integral del viaje.

En última instancia, la alquimia del duelo no es una solución de talla única, sino más bien un cambio de paradigma: una invitación a abordar nuestra tristeza con un corazón abierto y disposición para abrazar la dualidad inherente a la experiencia humana. Es un recordatorio de que incluso en nuestros momentos más oscuros, existe el potencial para un crecimiento profundo, cultivo y transformación de un aprecio más profundo por la belleza y fragilidad de la vida.

8. Pasos Accionables y Avanzando: Emprender el viaje de transmutar el duelo en alegría y propósito requiere coraje, vulnerabilidad y disposición para rendirse al vaivén de emociones que surgen dentro de nosotros. Aquí hay algunos pasos accionables que pueden guiarte en este camino transformador:

- **Permítete experimentar plenamente tu duelo:** Resiste la tentación de suprimir o "superar" tus emociones. Crea espacio en tu vida para honrar y dar voz a tu dolor, ya sea a través de la escritura en un diario, la expresión artística o buscando apoyo de seres queridos o profesionales.
- **Cultiva la autocompasión:** El duelo es un viaje profundamente personal y no hay una manera "correcta" de navegar sus profundidades. Trátate con amabilidad y compasión, reconociendo que tus sentimientos son válidos y que la sanación lleva tiempo.

- **Busca momentos de belleza y gratitud:** En medio de la oscuridad de tu dolor, busca activamente momentos de belleza, alegría y gratitud en tu vida diaria. Observa el calor del sol en tu rostro, la risa de un niño o el simple placer de una buena conversación con un amigo.
- **Explora oportunidades de crecimiento personal:** Considera buscar actividades o experiencias que te desafíen a salir de tu zona de confort y cultiven el crecimiento personal. Esto podría incluir tomar un nuevo pasatiempo, participar en trabajo voluntario o explorar enseñanzas espirituales o filosóficas.
- **Conéctate con una comunidad de apoyo:** Rodéate de individuos que puedan ofrecer empatía, comprensión y un espacio seguro para explorar las profundidades de tu duelo. Considera unirte a un grupo de apoyo o conectarte con otros que han transitado caminos similares de pérdida y transformación.
- **Abraza el momento presente:** Aunque el duelo pueda tentarnos a aferrarnos al pasado o temer al futuro, haz un esfuerzo consciente por permanecer aferrado en el momento presente. Desarrolla prácticas de atención plena que te ayuden a mantenerte anclado en el aquí y el ahora, y apreciar la belleza y fragilidad de cada momento que pasa.

Recuerda, la alquimia del duelo es un viaje de por vida, uno que requiere paciencia, autocompasión y una disposición para abrazar el espectro completo de la experiencia humana. Al inclinarnos hacia nuestro dolor y permitir que moldee e informe nuestra comprensión del mundo, nos abrimos a la posibilidad de descubrir profundidades sin precedentes de alegría, propósito y una gran apreciación por las bellezas de la vida.

REDEFINIENDO LA ALEGRÍA

1. Comprendiendo la Naturaleza Matizada de la Alegría: Para embarcarse en un viaje de redefinición de la alegría, es crucial que primero exploremos la profundidad y amplitud del propio concepto. Demasiado a menudo, la alegría se confunde con momentos fugaces de felicidad o placer, cuando en verdad, representa un estado de ser mucho más profundo y duradero. Al expandir nuestra comprensión de la alegría, nos abrimos a la posibilidad de abrazar su presencia incluso en los rincones más inesperados de nuestras vidas.

Al sumergirnos en esta exploración, tres términos clave guiarán nuestro discurso: "alegría," "felicidad" y "gratitud." Aunque aparentemente simples, estas palabras contienen capas ricas de significado que merecen ser analizadas.

2. Desentrañando los Términos:

La felicidad es a menudo el primer término que viene a la mente cuando consideramos la idea de alegría. Una vela parpadeante en la oscuridad, la felicidad representa esos momentos fugaces de placer o contento que nos hacen sonreír, una comida deliciosa compartida con amigos, el calor del sol en nuestra piel, o la satisfacción de lograr un objetivo.

La gratitud, por otro lado, es un estado de ser que se extiende más allá del placer momentáneo. Es el reconocimiento y la apreciación de las bendiciones que nos rodean, tanto grandiosas como aparentemente insignificantes. La gratitud nos invita a pausar, a saborear la riqueza de nuestras experiencias y a cultivar un sentido de asombro y reverencia por la belleza que existe dentro y alrededor de nosotros.

Y luego está la alegría, un término que desafía la definición simple, pero resuena en las profundidades de nuestras almas. La alegría no es meramente una emoción pasajera, sino más bien un estado profundo de ser que trasciende las circunstancias y toca la esencia misma de quienes somos.

3. Definiendo la Alegría en Toda su Complejidad:

La alegría se describe a menudo como un profundo y constante sentido de satisfacción, un estado de paz interior y armonía que existe independiente de las circunstancias externas. Es una cualidad que emana desde el interior, irradiando hacia afuera e infundiendo nuestras experiencias con un sentido de asombro, gratitud y aprecio por la preciosidad de la vida.

A diferencia de la felicidad, que puede ser efímera y ligada a eventos o experiencias específicas, la alegría es un estado de ser más duradero. Es una fuente de resiliencia y esperanza que puede sostenernos incluso en los momentos más oscuros, permitiéndonos encontrar momentos de belleza y significado en medio de los desafíos que enfrentamos.

La alegría también está profundamente entrelazada con nuestra capacidad para la gratitud y nuestra habilidad para encontrar asombro en los momentos aparentemente ordinarios de la vida. Es un reconocimiento de que incluso en medio del dolor o la dificultad, existe un trasfondo subyacente de gracia y belleza, un recordatorio de que somos parte de algo más grande que nosotros mismos, algo profundamente sagrado e interconectado.

En su esencia, la alegría es un estado de presencia y conciencia, una disposición a abrazar completamente la riqueza del momento presente sin aferrarse al pasado o agarrarse al futuro. Es una cualidad que nos invita a soltar nuestras expectativas y apegos, y simplemente deleitarnos en el milagro cambiante de la existencia.

4. Cultivando la Alegría en Lugares Inesperados:

Quizás uno de los aspectos más profundos de la alegría es su capacidad para surgir en los lugares más improbables. Al igual que una flor silvestre puede florecer en un campo estéril, la alegría puede arraigar y florecer incluso en las circunstancias más desafiantes, si estamos dispuestos a abrir nuestro corazón y mente a su presencia.

Considera la historia de Viktor Frankl, un sobreviviente del Holocausto cuyas experiencias desgarradoras en los campos de concentración nazis lo llevaron a desarrollar el enfoque filosófico de la logoterapia. En un sufrimiento y privación inimaginables, Frankl descubrió que aquellos que pudieron encontrar significado y propósito en sus luchas eran mucho más resilientes y capaces de soportar las duras realidades de sus circunstancias.

O toma el ejemplo de Candy Lightner, cuyo profundo dolor por la pérdida de su hija Cari la llevó a canalizar su angustia hacia el establecimiento de Madres Contra la Conducción Ebria (MADD), una organización que ha salvado innumerables vidas y ha llevado consuelo a innumerables familias. En las profundidades de su dolor, Lightner encontró el coraje y la determinación para transformar su dolor en una fuerza poderosa para el cambio positivo.

Estas historias nos recuerdan que la alegría no depende de la ausencia de sufrimiento o dificultades. Más bien, es una cualidad que puede surgir desde el mismo crisol de nuestras experiencias más desafiantes, si estamos dispuestos a adoptar un cambio de perspectiva y cultivar un sentido de gratitud por la preciosidad de la vida.

Al explorar las profundidades de la alegría, queda claro que no es un destino a alcanzar, sino más bien una forma de ser, un lente a través del cual podemos ver el mundo con un renovado sentido de asombro y apreciación. Al redefinir nuestra comprensión de la alegría, nos abrimos a la posibilidad de abrazar su presencia en lugares inesperados: en el simple acto de tomar una respiración profunda, en la calidez del abrazo de un ser querido, o en la resiliencia del espíritu humano ante la adversidad.

5. Conclusión y Mirando Hacia Adelante:

En nuestro viaje para redefinir la alegría, hemos explorado los matices que la distinguen de los momentos fugaces de felicidad, y nos hemos adentrado en las profundas interconexiones entre la alegría, la gratitud y nuestra capacidad para encontrar significado y propósito incluso en las circunstancias más desafiantes.

A medida que avanzamos, esta comprensión ampliada de la alegría servirá como una luz guía, iluminando nuestro camino e invitándonos a cultivar una apreciación más profunda de la riqueza y complejidad de la experiencia humana. Porque así como la alegría puede surgir de las profundidades del dolor, también nuestros momentos más oscuros pueden servir como catalizadores para un gran crecimiento, transformación, y un renovado entusiasmo por vivir.

En la próxima sección, exploraremos el poder transformador del duelo y cómo abrazar nuestro dolor puede llevarnos a descubrir profundidades sin precedentes de alegría, propósito y resiliencia. Al inclinarnos hacia la alquimia del dolor, nos abrimos a la posibilidad de transformar nuestras mayores pérdidas en oportunidades para el crecimiento personal y una conexión más profunda con la esencia de lo que significa estar plenamente vivos.

HISTORIAS DE RESILIENCIA

Estudio de Caso: El Viaje de María a Través del Duelo

1. **El Contexto:** En un suburbio tranquilo de una ciudad bulliciosa, María vivía una vida aparentemente idílica con su esposo, John, y sus dos hijos, Emma y Ben. Su familia era un retrato de amor y risas, con cada día lleno

del caos alegre que acompaña a la crianza de los pequeños. Pero en un abrir y cerrar de ojos, su mundo fue destrozado por un trágico accidente que cobró la vida de su amada Emma, dejando a María y su familia para navegar por las profundidades de un dolor inimaginable.

2. **Los Personajes:** María era una mujer vibrante de mediana edad, una madre devota y una artista apasionada cuyas pinturas capturaban la belleza del mundo que la rodeaba. John, su esposo desde hacía diez años, era un hombre de buen corazón con un espíritu gentil, cuyo amor y apoyo inquebrantable eran el cimiento de su familia. Emma, su niña de ocho años de ojos brillantes, era una niña radiante con una sonrisa contagiosa que iluminaba cada habitación a la que entraba. Y Ben, el hermano menor de seis años, era un manojo de energía bullicioso cuya risa resonaba en su hogar como una alegre melodía.

3. **El Desafío:** La pérdida de Emma fue un golpe devastador que sacudió los cimientos del mundo de María. En las secuelas de la tragedia, se encontró consumida por un dolor tan profundo que amenazaba con ahogarla en un mar de desesperación. Los colores vibrantes de su arte se desvanecieron en tonos de gris, y los sonidos de risas que alguna vez llenaron su hogar fueron reemplazados por un silencio doliente. El dolor de María era un manto pesado que sentía sobre sus hombros, haciendo que incluso las tareas más simples se sintieran como hazañas monumentales.

4. **El Viaje:** En las profundidades de su dolor, María se encontró cuestionando todo lo que creía saber sobre la vida, el amor y la naturaleza misma de la existencia. Luchó con sentimientos de ira, culpa y profunda soledad, esforzándose por encontrar sentido en un mundo que de repente se había vuelto tan cruel e implacable. Fue en estos momentos más oscuros que María tropezó con un camino que eventualmente la guiaría hacia la sanación. A través de la suave guía de un consejero de duelo y el apoyo inquebrantable de su esposo, John, comenzó a explorar la idea de abrazar su dolor como una parte natural y necesaria del proceso de sanación. Paso a paso, María aprendió a permitirse sentir el peso completo de sus emociones, sin juicio ni resistencia. Se permitió llorar, gritar, enfurecerse contra la injusticia de todo. Y en esos momentos de vulnerable crudeza, descubrió una fuerza y resiliencia nuevas que habían estado latentes dentro de ella. A medida que pasaba el tiempo, María comenzó a encontrar consuelo en los pequeños momentos de belleza que aún existían a su alrededor: el calor del sol en su rostro, el sonido de la risa de Ben mientras jugaba en el patio, el suave abrazo de John. Aprendió a saborear esos momentos, a mantenerlos cerca y permitir que nutrieran las partes de su alma que habían sido privadas por el dolor.

5. **El Resultado:** A través de su viaje de duelo, María emergió no como una mujer rota, sino como un testamento de la resiliencia del espíritu humano. Encontró el valor para honrar la memoria de Emma

abrazando la vida con un nuevo sentido de propósito y gratitud. Sus pinturas, antes apagadas y sombrías, comenzaron a explotar con colores vibrantes y trazos audaces, cada lienzo una celebración de la belleza y fragilidad de la existencia. El arte de María se convirtió en un poderoso medio a través del cual podía compartir su historia e inspirar a otros que se encontraban recorriendo caminos similares de duelo y sanación.

6. **Lecciones Aprendidas:** El viaje de María le enseñó que el duelo no es un proceso lineal, sino más bien un camino sinuoso que fluye y refluye como las mareas del mar. Hubo momentos en los que se sintió abrumada por olas de tristeza, solo para ser levantada por las corrientes de esperanza y resiliencia que yacían dentro de ella. Aprendió que abrazar el duelo no es un signo de debilidad, sino más bien un acto poderoso de valentía y autocompasión. Al permitirse sentir toda la profundidad de sus emociones, María pudo procesar su pérdida de una manera profunda y curativa, en lugar de suprimir o negar su dolor. Además, el viaje de María le enseñó que la alegría y el dolor no son estados de ser mutuamente excluyentes, sino más bien dos caras de la misma moneda, inextricablemente entrelazadas en el tapiz de la experiencia humana. Fue a través de su disposición a abrazar plenamente la intensidad de su tristeza que pudo descubrir la verdadera profundidad de su alegría y aprecio por el precioso regalo de la vida.

7. **Relevancia y Lecciones:** La historia de María sirve como un poderoso recordatorio de la resiliencia del

espíritu humano y nuestra capacidad innata para encontrar significado y propósito incluso en los tiempos más oscuros. Su viaje resalta el poder transformador del duelo, y cómo abrazar nuestro dolor puede finalmente llevarnos a descubrir profundidades sin precedentes de alegría, propósito y fortaleza. Para aquellos que navegan por sus tormentas de duelo y pérdida, el viaje de María ofrece un faro de esperanza y un mapa para la sanación. Nos recuerda que aunque el camino puede ser largo y sinuoso, es a través de nuestra disposición a abrazar todo el espectro de emociones humanas que finalmente podemos emerger más fuertes, más sabios y más profundamente conectados con la esencia de lo que significa estar vivo.

8. **Reflexión Final:** Al reflexionar sobre el viaje de María, nos queda una pregunta profunda: ¿Cómo podrían ser nuestras propias vidas si abordáramos nuestro duelo y tristeza con la misma valentía y apertura que encarnó María? ¿Cómo podrían cambiar nuestras perspectivas, expandirse nuestros corazones, y encontrar nuestras almas renovación al abrazar nuestras pérdidas más profundas?

Es una pregunta que nos invita a ahondar en las profundidades de nuestras propias experiencias y a confrontar nuestros miedos y vulnerabilidades con compasión y curiosidad. Porque al hacerlo, podemos descubrir que los caminos que alguna vez parecieron más oscuros y traicioneros son las puertas a una vida vivida con mayor autenticidad, gratitud y un sentido perdurable de alegría que trasciende las circunstancias.

RISA EN LÁGRIMAS: LA DICOTOMÍA DE LA EMOCIÓN

En el vasto tapiz de la experiencia humana, la alegría y el dolor se entrelazan como hilos de oro y plata, tejiendo un patrón intrincado que desafía las limitaciones de la simple dualidad. Es en la danza paradójica entre estas emociones aparentemente opuestas donde encontramos la verdadera riqueza y profundidad de lo que significa estar vivo.

Imagina el rostro de un niño, radiante de risa, ojos brillando con gozo inmaculado mientras persigue burbujas en la brisa veraniega. Su alegría es palpable y contagiosa, un recordatorio del puro y no contaminado deleite que la vida ofrece. Sin embargo, en ese mismo momento, una madre observa desde un costado, su corazón se hincha de amor incluso mientras una punzada de dolor agridulce tira de su alma, porque sabe que esos momentos preciosos son fugaces y que un día, su hijo superará la inocencia que alimenta tal alegría desenfrenada.

Es en esta yuxtaposición de alegría y dolor donde vislumbramos las verdades profundas que subyacen a nuestras experiencias emocionales. Porque la alegría, en su forma más pura, está inextricablemente ligada al reconocimiento de su transitoriedad, su fragilidad. Es el conocimiento de que estos momentos de dicha son finitos lo que les confiere su potencia, su capacidad de atravesar nuestros corazones y dejar impresiones indelebles en nuestras almas.

Y sin embargo, incluso en las profundidades del dolor, existe la semilla de la alegría: un destello de esperanza, un susurro de resiliencia que nos recuerda que el espíritu humano es capaz de trascender incluso las noches más oscuras. Es esta paradoja la que nos permite encontrar consuelo durante el duelo, descubrir momentos de belleza inesperada en medio de los escombros de nuestros sueños destrozados.

Consideremos la conmovedora historia de una joven viuda, su corazón destrozado por la pérdida prematura de su amado compañero. En el momento posterior a su duelo, se encuentra a la deriva en un mar de tristeza, los colores vibrantes de su mundo desvaneciéndose a tonos de gris. Sin embargo, es en los momentos más pequeños, el suave roce de una brisa contra su mejilla, el aroma del té recién hecho, el sonido de la risa de su hijo resonando por los pasillos, que encuentra consuelo, un respiro del dolor implacable de su pérdida.

Es en estos momentos cuando la alegría y el dolor bailan juntos, sus pasos entrelazados en una coreografía delicada que desafía las rígidas fronteras que tan a menudo buscamos imponerles. Porque es a través de las profundidades de su dolor que esta viuda puede realmente apreciar la belleza fugaz de la vida, saborear cada momento con una intensidad y gratitud renovadas.

Este intrincado juego entre la alegría y el dolor se extiende más allá de los reinos de la experiencia personal, impregnando el mismo tejido de la cultura y la expresión humanas. En las melodías conmovedoras de la música de blues, escuchamos el dolor crudo del sufrimiento resonando a través de las notas, pero es precisamente este lamento conmovedor lo que enciende en nosotros una profunda apreciación por la resiliencia del espíritu humano, por el coraje que se necesita para abrazar las luchas de la vida con autenticidad y gracia.

De manera similar, en las obras maestras de la literatura y el arte, somos testigos de la interconexión de la alegría y el dolor, cada trazo del pincel, cada giro de frase, un testimonio de la complejidad de la condición humana. Es en la yuxtaposición de luz y sombra, de tonos vibrantes y matices apagados, que nos encontramos atraídos a las profundidades de la visión del artista, compelidos a enfrentar la dualidad que yace en el corazón de nuestra existencia.

Sin embargo, no es meramente en el ámbito del arte y la expresión donde encontramos esta dicotomía, sino en el mismo tejido de nuestra vida diaria. En el abrazo agridulce de la despedida de un ser querido, en las lágrimas triunfantes de una victoria arduamente ganada, en la nostálgica emoción que acompaña el cambio de estaciones, se nos recuerda que la alegría y el dolor no son estados binarios, sino hilos intrincadamente entretejidos que dan forma al tapiz de nuestras experiencias vividas.

Es en estos momentos cuando se nos llama a abrazar la plenitud de nuestro ser emocional, a resistir la tentación de compartimentar o negar la coexistencia de estas emociones aparentemente contradictorias. Porque es en la aceptación total de esta dualidad que encontramos la verdadera esencia de lo que significa ser humano: amar, llorar, celebrar, experimentar el espectro completo de las alegrías y sufrimientos de la vida con un corazón abierto y un espíritu inquebrantable.

En última instancia, el baile entre la alegría y el dolor no es uno de oposición, sino de simbiosis, un juego delicado que enriquece y profundiza nuestra comprensión de la experiencia humana. Es a través del reconocimiento y la aceptación de esta dicotomía que encontramos el coraje para vivir la vida al máximo, saborear los momentos de pura dicha mientras honramos las profundidades de nuestro dolor.

Porque es en la alquimia de estas fuerzas opuestas donde descubrimos el verdadero significado de la alegría: no un estallido fugaz de felicidad, sino un sentido profundo y duradero de apreciación por la belleza, la fragilidad y la excelencia de la existencia misma. Es una alegría que trasciende las circunstancias, una alegría que puede coexistir con el dolor, una alegría que se forja en los fuegos de las luchas y triunfos de la vida por igual.

Así que abracemos el baile, recibamos el flujo y reflujo de la alegría y el dolor en nuestros corazones y almas, porque es en este abrazo donde encontramos la verdadera riqueza de lo que significa estar vivos. Permitamos que las lágrimas de dolor se mezclen con la risa de la alegría, creando una sinfonía armoniosa que celebra las profundidades y complejidades de la experiencia humana.

ABRAZANDO LA TORMENTA

Mi querido amigo, siento la pesadez en tu corazón, el peso del dolor que se aferra a tu alma como una niebla persistente. Sé que en lo profundo de ti, hay un instinto, un impulso primordial, de huir, de escapar de la tormenta de duelo que arde dentro de ti. Es un camino que parece tan seductor en su promesa de respiro temporal, un escape del dolor crudo e implacable que te consume.

Pero, ¿y si te dijera que el verdadero camino hacia la paz, hacia la alegría trascendente, no está en huir de la tormenta, sino en volverse y enfrentarla? ¿Y si te propusiera un cambio de paradigma, una forma revolucionaria de relacionarte con el dolor que parece envolverte?

Imagínate por un momento, un mundo donde el duelo no se ve como una carga a llevar, sino como un mar tempestuoso que debe ser navegado con habilidad y gracia. Imagínate a ti mismo no como una víctima del asalto del dolor, sino como un valiente explorador, aventurándote en las profundidades de tu paisaje emocional con un corazón abierto y un espíritu firme.

En este nuevo paradigma, el dolor no es un enemigo a vencer, sino un maestro, un guía que revela las profundidades ocultas de tu resiliencia, tu capacidad de crecimiento y tu fuerza innata. Porque es en el corazón de la tormenta, en medio de los vientos aulladores y las olas rompientes, donde descubrirás la verdadera esencia de lo que significa ser humano: amar, lamentar, aguantar y, en última instancia, trascender.

El viaje hacia el abrazo de la tormenta comienza con un simple pero profundo cambio de perspectiva. En lugar de ver el dolor como una carga que debe ser soportada, verlo como un catalizador para la transformación personal, una invitación a despojarte de las capas de armadura que han encerrado tu corazón y a emerger de nuevo, crudo y vulnerable, pero infinitamente más vivo.

El primer paso es reconocer la tormenta en toda su ferocidad. No te alejes de la intensidad de tus emociones, sino más bien, invítalas y abrázalas con los brazos abiertos. Permite que las olas del duelo te inunden, saturando cada fibra de tu ser. Porque solo al sumergirnos completamente en las profundidades de nuestro dolor podemos comenzar a entender su verdadera naturaleza, a desentrañar el intrincado tapiz de emociones que yacen bajo la superficie.

Al rendirte a la tormenta, puedes encontrarte envuelto en un torbellino de emociones: ira, desesperación, culpa y un profundo sentido de pérdida. No resistas estas corrientes, porque son la esencia misma de lo que significa lamentar. En su lugar, permítete ser llevado por ellas, explorar las profundidades de tu dolor con curiosidad y compasión.

En el corazón de la tormenta, descubrirás una verdad profunda: que el dolor no es una entidad monolítica, sino un tapiz multifacético tejido de hilos de memoria, amor y pérdida. Cada ola que te inunda lleva consigo un susurro del pasado, un recordatorio de los momentos preciosos que se han escapado entre tus dedos como granos de arena.

Sin embargo, incluso mientras navegas estas aguas turbulentas, descubrirás que el dolor alberga dentro de sí mismo las semillas de la alegría, la gratitud y una profunda apreciación por la riqueza de la vida. Porque durante tu duelo, recordarás la profundidad del amor que has conocido, la belleza que ha adornado tu existencia, y las huellas indelebles dejadas en tu alma por aquellos que han tocado tu vida.

A medida que te adentras más en la tormenta, te darás cuenta que el dolor no es un destino, sino un proceso transformador: un crisol en el que la esencia misma de tu ser se forja de nuevo. En el ojo del temporal, descubrirás manantiales de resiliencia que nunca supiste que existían, una fuerza innata que desafía los estragos del dolor y la pérdida.

Y es en este lugar de profunda transformación donde encontrarás la clave para abrazar la tormenta: la realización de que el dolor no es una carga a llevar, sino un viaje sagrado a emprender, un rito de pasaje que te lleva hacia una comprensión más profunda de ti mismo, del mundo que te rodea, y de los profundos misterios que yacen en el corazón de la experiencia humana.

A medida que salgas de la tormenta, maltrecho pero triunfante, descubrirás que el mundo a tu alrededor ha adquirido un nuevo tono, una vitalidad y una profundidad que antes estaban oscurecidas por el velo de tu resistencia. Los colores parecerán más vivos, los sonidos más melódicos, y el aire mismo que respiras llevará consigo un sentido intensificado de aprecio por la preciosidad de la vida.

Pues a raíz de la tormenta, habrás experimentado una metamorfosis, un renacimiento de alguna manera, emergiendo no como la misma persona que se adentró en la borrasca, sino como un ser imbuido de una nueva sabiduría, un profundo entendimiento de la naturaleza cíclica de la vida y una profunda reverencia por el intrincado tapiz de alegría y tristeza que define la experiencia humana.

En este espacio sagrado, descubrirás que los límites entre la alegría y el dolor se han disuelto, reemplazados por una danza armoniosa, una síntesis de emociones que desafía las categorizaciones rígidas que tan a menudo imponemos sobre ellas. Comprenderás que la verdadera alegría no se encuentra en la ausencia de dolor, sino en la capacidad de abrazar ambos con igual gracia y autenticidad.

Y así, mi querido amigo, te invito a embarcarte en este viaje transformador, a enfrentar la tormenta de frente, con coraje y un corazón abierto. Porque solo al abrazar la plenitud de nuestro ser emocional podemos realmente conocer las profundidades de nuestra resiliencia, la vasta extensión de nuestra capacidad de crecimiento, y la alegría trascendente que nos espera al otro lado de la tormenta.

Deja que la tormenta sea tu maestra, tu guía y tu catalizador para la transformación personal. Abraza la tristeza que corre por tus venas, porque al hacerlo descubrirás las profundidades ocultas de tu fortaleza, la belleza profunda que yace en el abrazo de los ritmos cíclicos de la vida, y el poder transformador del amor que trasciende hasta las noches más oscuras.

CULTIVAR LA ALEGRÍA

Paso 1: Establecer el Objetivo: El objetivo de esta guía es capacitarte para que cultives activamente momentos de alegría en tu vida, incluso en medio de los desafíos inevitables, las tristezas y las tormentas que trae la vida. Al adoptar un enfoque consciente y estrategias prácticas, puedes aprender a crear espacio para la alegría, la gratitud y la paz interior, permitiéndote navegar por los altibajos de la vida con mayor resiliencia y gracia.

Paso 2: Materiales/Prerrequisitos: Una mente abierta y disposición para explorar nuevas perspectivas y prácticas. Un diario o cuaderno para la reflexión y documentación. Un espacio tranquilo para ejercicios de meditación y atención plena (Opcional). Acceso a la naturaleza, como un parque o jardín

Paso 3: Resumen: Cultivar la alegría en medio de los desafíos de la vida es un viaje que involucra la atención plena, la gratitud, la autocompasión y la disposición para abrazar tanto los aspectos luminosos como oscuros de nuestra experiencia humana. A través de esta guía, aprenderás a:

1. Desarrollar una práctica de atención plena y conciencia del momento presente.
2. Cultivar la gratitud por las pequeñas y grandes bendiciones en tu vida.
3. Nutrir la autocompasión y la autoaceptación.

4. Abrazar momentos de alegría cuando surjan, saboreando su esencia.

5. Encontrar significado y crecimiento incluso en las experiencias más desafiantes de la vida.

Paso 4: Pasos Detallados:

1. Cultivar la Atención Plena es la práctica de llevar toda tu atención, sin juicio, al momento presente. Al anclarte en el aquí y ahora, creas espacio para que la alegría y la apreciación surjan naturalmente.

a. Comienza una práctica diaria de meditación: Dedica de 10 a 15 minutos cada día para sentarte en silencio y centrarte en tu respiración. Cuando tu mente divague, lleva suavemente tu atención de vuelta a la sensación de respirar.

b. Realiza actividades conscientes: Lleva la atención plena a las tareas diarias, como lavar los platos, caminar o comer. Observa los colores, sonidos, olores y texturas con una conciencia renovada.

c. Practica escaneos corporales: Enfoca sistemáticamente tu atención en diferentes partes de tu cuerpo, notando cualquier sensación o área de tensión o relajación.

2. Nutrir la Gratitud es un poderoso antídoto contra la negatividad y un catalizador para la alegría. Al reconocer activamente lo bueno en tu vida, creas espacio para que florezca más positividad.

a. Lleva un diario de gratitud: Cada día, escribe de tres a cinco cosas por las que estás agradecido, sin importar cuán pequeñas o aparentemente insignificantes sean.

b. Expresa gratitud a los demás: Escribe una carta sincera o expresa verbalmente tu aprecio a alguien que haya impactado positivamente tu vida.

c. Saborea los placeres simples de la vida: Haz una pausa para apreciar verdaderamente la belleza de la naturaleza, una comida deliciosa o un cálido abrazo de un ser querido.

3. Autocompasión: La autocompasión consiste en tratarte a ti mismo con amabilidad, comprensión y cuidado, especialmente en momentos difíciles. Al cultivar la autoaceptación, creas espacio para que la alegría coexista con los desafíos de la vida.

a. Háblate con amabilidad: Cuando estés luchando, imagina lo que le dirías a un querido amigo en la misma situación, y ofrécete las mismas palabras de compasión.

b. Abraza tus imperfecciones: Reconoce que ser humano significa ser imperfecto, y permítete cometer errores sin un juicio severo.

c. Participa en actividades de autocuidado: Nutre tu mente, cuerpo y alma a través de actividades que te brinden confort y alegría, como leer, tomar un baño caliente o pasar tiempo en la naturaleza.

4. Abrazar Momentos de Alegría La alegría a menudo surge en momentos fugaces, y aprender a saborear estas experiencias es una práctica poderosa para cultivar más alegría en tu vida.

a. Observa y aprecia los momentos de alegría: Cuando experimentes un momento de alegría, haz una pausa e sumérgete completamente en la sensación, saboreándola con todos tus sentidos.

b. Crea rituales de alegría: Establece pequeños rituales diarios que te traigan alegría, como escuchar música inspiradora, bailar o disfrutar de una taza de tu bebida favorita.

c. Comparte la alegría con los demás: Difunde positividad compartiendo experiencias alegres, risas y palabras amables con quienes te rodean.

5. Encontrar Sentido en los Desafíos Incluso en las circunstancias más difíciles de la vida, hay una oportunidad para encontrar significado, crecimiento y, en última instancia, alegría. Al replantear los desafíos como oportunidades para la evolución personal, puedes cultivar un sentido de resiliencia y fortaleza interior.

a. Reflexiona sobre desafíos pasados: Observa experiencias difíciles previas e identifica las lecciones, fortalezas o crecimiento personal que surgieron de ellas.

b. Busca historias inspiradoras: Lee o escucha historias de personas que han superado la adversidad y permite que su resiliencia inspire tu camino.

c. Replantea los desafíos como oportunidades: Cuando te enfrentes a una situación difícil, pregúntate, "¿Qué puedo aprender de esta experiencia? ¿Cómo puede ayudarme a crecer?"

Paso 5: Consejos y Advertencias

Consejos:

Sé paciente y constante: Cultivar la alegría es una práctica que requiere tiempo y dedicación. Confía en el proceso y sé amable contigo mismo.

Busca apoyo: Comparte tu camino con seres queridos o considera unirte a un grupo de apoyo o trabajar con un terapeuta o coach.

Abraza la impermanencia: Reconoce que tanto la alegría como la tristeza son experiencias transitorias, y aprende a navegar las subidas y bajadas con gracia.

Advertencias:

Evita la positividad tóxica: Es importante reconocer y procesar las emociones difíciles en lugar de suprimirlas o negarlas.

No compares tu camino: Cada camino es único, así que evita comparar tu progreso con las experiencias de otros.

Ten cuidado con las expectativas poco realistas: Cultivar la alegría es una práctica de por vida, no un destino singular.

Abraza el viaje con compasión y autoaceptación.

Paso 6: Verificando el Éxito: A medida que incorporas estas prácticas en tu vida, puedes notar un mayor sentido de paz interior, resiliencia y apreciación por los momentos de alegría de la vida. Presta atención a cambios sutiles en tu perspectiva, bienestar emocional y calidad de vida en general. Recuerda, cultivar la alegría es un proceso continuo, y el viaje en sí es tan valioso como el destino.

Paso 7: Problemas Potenciales y Soluciones: Si te encuentras luchando con patrones de pensamiento negativos o emociones abrumadoras, busca apoyo profesional de un terapeuta o consejero. Si enfrentas desafíos para establecer una práctica constante, considera unirte a un grupo de meditación o encontrar un compañero de responsabilidad para apoyar tu camino. Si experimentas resistencia o dudas, recuérdate que cultivar la alegría es un esfuerzo valioso y que el progreso a menudo viene en pequeños pasos incrementales.

ENTENDIENDO EL DOLOR

¿Alguna vez has sentido ese vacío desgarrador, esa brecha dolorosa dentro de ti mismo, amenazando con tragarte por completo? Por supuesto que sí, todos lo hemos sentido. Esa es la naturaleza cruel y caprichosa del dolor, siempre acechando, esperando para emboscarnos con su agarre despiadado.

Dolor: una palabra que rueda de la lengua como una piedra, fría y pesada. Sin embargo, este término simple encapsula un universo entero de experiencia humana, un agujero negro de emociones que inevitablemente todos enfrentamos. Definir el dolor es trazar las profundidades del alma misma. Es una tristeza profunda, un dolor visceral que trasciende la mera melancolía, el dolor talla en la fibra misma de nuestro ser, dejando una marca indeleble.

En su esencia, el dolor surge de la pérdida, ya sea la muerte de un ser querido, el fin de una relación preciada, el colapso de sueños, o la desaparición de la inocencia juvenil. Cada pérdida desgasta la armadura que hemos construido tan cuidadosamente alrededor de nuestros corazones, dejándonos crudos y expuestos a los elementos del sufrimiento. Como el movimiento de las placas tectónicas, el dolor puede golpear sin aviso, haciendo que nuestros paisajes emocionales se colapsen bajo el peso de su fuerza.

Sin embargo, los orígenes del dolor son tan antiguos como la propia condición humana. Desde el momento en que nuestros ancestros miraron por primera vez la inmensidad del cosmos, comprendiendo su insignificancia mortal, el dolor ha perseguido la psique colectiva de nuestra especie. Se entrelaza con cada cultura, cada religión, y cada expresión artística desde el amanecer de la civilización. Esta sombra siempre presente, este acompañante ineludible, está mezclado en el tejido mismo de lo que significa ser humano.

En este vasto tapiz de existencia, el dolor es tanto una desolación solitaria como una fuerza trágicamente unificadora. Es el abismo que nos separa de la alegría, pero también el puente que nos conecta a todos en nuestra fragilidad. Porque cuando la agonía abrasadora envuelve tu alma, susurrando que estás solo, solo necesitas mirar a tu alrededor para encontrar miles de espíritus afines, cada uno portando su propio conocimiento íntimo y herido del toque cruel del dolor.

Y como todas las verdades profundas, la sombra del dolor ilumina el camino hacia un significado más hondo. En sus profundidades aparentemente interminables, podemos aprender a navegar los canales de la empatía, la resistencia y la gratitud. Para quienes valientemente cruzan sus aguas descubren no un estancamiento emocional, sino una corriente poderosa y siempre fluida, la comprensión inquebrantable de que el agarre pasajero del dolor es un recordatorio de atesorar cada latido, cada respiración, cada momento precioso antes de que se disuelva, irrecuperable, en el abrazo de la memoria.

En la gran coreografía de la experiencia humana, el dolor baila con la alegría, la oscuridad con la luz, y el vacío con la plenitud. Abrazar uno es honrar al otro. Como el fénix renaciendo de las cenizas, nuestras penas se aferran con fuerza a los restos de sus pruebas ardientes, solo para ser transformadas, como por hechicería, en faros de esperanza. Con cada lágrima derramada, tejemos hilos de renovación, pues quienes permiten que las aguas del dolor fluyan a través de ellos, purgando el alma, una vez más se encontrarán alentados por las resistentes y nutritivas mareas de la alegría.

Por lo tanto, no temas el dolor que se cierne, inevitable, en tu horizonte. Prepárate para su impacto, deja que sus olas estrellándose te envuelvan, haciéndote añicos en un millón de piezas, pero mira más profundo, más allá de las corrientes que ahogan. Allí, en medio de los escombros, suspendida en el remolino del dolor, destella la indomable chispa de la alegría, esperando pacientemente su momento para reavivar tu espíritu con el fuego llameante de la renovación y trascendencia.

MOMENTOS DE TRANSFORMACIÓN

En nuestra compartida odisea humana, la danza paradójica de la alegría y el dolor se ha tejido en el mismo tapiz de existencia desde tiempos inmemoriales. Desde la fértil cuna de las antiguas civilizaciones hasta las extensas metrópolis de la era moderna, culturas de todo el mundo han luchado con esta dualidad más fundamental, buscando desentrañar sus verdades más profundas y su sabiduría trascendental. Trazar los momentos históricos y las figuras que han ejemplificado esta danza eterna es descubrir la esencia resistente del espíritu humano, una llama desafiante que parpadea incluso en las noches más oscuras del alma.

Los primeros susurros del abrazo entrelazado del dolor y la alegría resuenan desde el mismo amanecer de la conciencia humana registrada, reverberando a través de los mitos y leyendas que han moldeado civilizaciones enteras. En la Epopeya de Gilgamesh, la primera obra literaria sobreviviente del mundo, los gritos de dolor de Gilgamesh lamentando la muerte de su amigo revelan no solo la angustia que destroza el alma por la pérdida profunda, sino la belleza trascendental de un amor que desafió a la misma mortalidad.

A través del mundo antiguo, culturas y sistemas de creencias convergieron en su reverencia por la naturaleza dualística de la existencia: En el Este, el yin y el yang, eternamente entrelazados, encarnaban la armonía de los opuestos, la oscuridad y la luz, la alegría y el dolor, simbolizando el ritmo cíclico de la vida misma. En la antigua Grecia, el dramaturgo Esquilo dio voz a la inefable mezcla de sufrimiento y redención de la condición humana en obras maestras como La Orestíada y Prometeo encadenado, donde la nobleza del alma es templada por las agonías ardientes de la carne. En la tradición judeocristiana, el Libro de las Lamentaciones describe un inmenso dolor con lamentos que desgarran el alma, incluso cuando los Salmos elevan el espíritu humano con alegría trascendental, cada testamento un espejo dividido que refleja la amplitud completa de la experiencia mortal.

A medida que los siglos avanzaban y retrocedían, el Renacimiento trajo consigo un resurgimiento de expresiones artísticas que revelaron en la interacción del dolor y la alegría, iluminando las sombras del alma. Los desgarradores versos de John Donne y William Shakespeare sondearon las profundidades del sufrimiento humano, solo para elevarse triunfalmente hacia el sublime éter de la inspiración divina. Pintores como Miguel Ángel y Rembrandt dominaron el claroscuro, la interacción de la oscuridad y la luz, inmortalizando en pigmento la intrincada danza de la agonía y la exaltación en el lienzo humano.

Desde el siglo XIX en adelante, esa misma danza se convirtió en una tormenta de expresión artística que giraba sin parar, cada era nueva más liberada que la anterior. Las sinfonías revolucionarias de Beethoven vertieron alegría y dolor en una tormenta rugiente de sonido, cautivando el espíritu incluso cuando su trágica sordera agitaba la piedad en el corazón. Poetas como Emily Dickinson y Edgar Allan Poe emplearon el dolor como un puñal para tallar en la psique humana, revelando los rincones más oscuros y masoquistas de la existencia y sin embargo, sus indelebles obras brillan con trazos de belleza desgarradora. La Noche Estrellada de Van Gogh brilla con luz celestial sobre el angustiado lienzo de su atormentada alma, mientras los autorretratos viscerales de Frida Kahlo desnudan la profunda comunión del dolor y la creatividad.

Incluso en la era moderna, cuando tales exploraciones de las profundidades primero se convirtieron en un campo de estudio científico, los pioneros de la psicología aún recurrían a los ámbitos profundamente humanos del sufrimiento y la trascendencia para obtener conocimientos. Sigmund Freud, al profundizar en los enigmas de la mente inconsciente, inevitablemente cruzó caminos con las corrientes debilitantes del dolor, sin embargo, su Interpretación de los sueños iluminó los caminos redentores por los cuales el dolor podría transformarse en revelaciones de significado. De hecho, el estudiante de Freud, Viktor Frankl, también, posteriormente formuló su filosofía de logoterapia en las cenizas quemadas de los crematorios del Holocausto, encontrando una luz brillante de "optimismo trágico" en la capacidad de descubrir significado incluso en las horas más sombrías de crisis y adversidad.

Desde las más altas torres de la filosofía y el arte hasta las cámaras más íntimas del corazón humano, la danza ha continuado ininterrumpida a través de todas las épocas y civilizaciones, un eterno pas de deux representado en el escenario de la existencia mortal. Una y otra vez, aquellas almas raras que han reconocido la sabiduría del dolor y han aprovechado su fuego han surgido como faros para guiar el camino de la humanidad, encendiendo las mismas llamas que iluminan nuestros caminos hacia la trascendencia y la alegría arduamente ganada. Necesitamos seguir su ejemplo, escuchar los ritmos profundos de esta danza dentro de nuestras almas y entregarnos con alegría a sus remolinos cíclicos de agonía y éxtasis, dolor y renacimiento.

LA CIENCIA DE LA FELICIDAD

1. **Visión general:** La búsqueda de la felicidad ha sido un esfuerzo humano fundamental desde el inicio de la civilización. Si bien la alegría y la realización son aspiraciones universales, la noción de que el dolor y la adversidad pueden abrir el camino hacia una felicidad profunda puede parecer paradójica. Sin embargo, un creciente cúmulo de evidencia científica sugiere que abrazar las dificultades de la vida puede generar beneficios psicológicos inesperados y catalizar el crecimiento personal, cultivando en última instancia un sentido de alegría y significado más profundo y duradero.

2. **Proposición:** Enfrentar el dolor y la adversidad con resiliencia y una mente abierta puede conducir a una mayor felicidad, realización y bienestar psicológico.

3. **Evidencia:** Un estudio seminal realizado por investigadores de la Universidad de Carolina del Norte en Chapel Hill exploró el concepto de "crecimiento postraumático". El estudio siguió a individuos que habían experimentado un trauma significativo, como la pérdida de un ser querido, una enfermedad

potencialmente mortal o un desastre natural. Sorprendentemente, muchos participantes informaron cambios psicológicos positivos, incluyendo una mayor apreciación por la vida, relaciones interpersonales más fuertes y un sentido más profundo de fortaleza personal y significado. Este fenómeno, denominado "crecimiento postraumático", sugiere que el proceso de luchar con la adversidad puede fomentar una transformación personal profunda y un crecimiento psicológico.

4. **Elaboración:** El estudio de la UNC empleó metodologías rigurosas, incluyendo la recolección de datos longitudinales, evaluaciones psicológicas estandarizadas y entrevistas en profundidad con los participantes. El tamaño de la muestra abarcó una gama diversa de individuos de diferentes orígenes y experiencias de vida, lo que aporta credibilidad a los hallazgos. Además, los investigadores colaboraron con expertos líderes en el campo del trauma y la resiliencia, asegurando que el estudio siguiera las mejores prácticas y tuviera en cuenta posibles variables de confusión.

5. **Punto de contrapunto:** Aunque el estudio de la UNC presentó evidencia convincente del crecimiento postraumático, algunos investigadores han argumentado que los cambios psicológicos positivos tras el trauma pueden ser temporales o incluso ilusorios, representando un mecanismo de afrontamiento más que un crecimiento personal genuino. Otros han cuestionado si los beneficios del crecimiento postraumático superan el fuerte malestar y las posibles

consecuencias negativas a largo plazo asociadas a la exposición al trauma.

6. **Abordando los argumentos en contra:** Aunque la crítica del crecimiento temporal o ilusorio es válida, estudios de seguimiento han mostrado que los cambios psicológicos positivos asociados con el crecimiento postraumático tienden a ser duraderos y pueden persistir durante años o incluso décadas después del trauma inicial. Además, los investigadores han encontrado que las personas que exhiben crecimiento postraumático a menudo informan un mejor bienestar psicológico, incluyendo niveles más bajos de depresión y ansiedad, en comparación con aquellos que no experimentan dicho crecimiento.

7. **Más evidencia:** Más allá del estudio de la UNC, numerosos otros proyectos de investigación han explorado el vínculo entre la adversidad y el bienestar psicológico. Por ejemplo, un estudio longitudinal realizado por investigadores de la Universidad de Stanford examinó los efectos a largo plazo de la adversidad infantil en la satisfacción con la vida adulta. Sorprendentemente, el estudio encontró que las personas que habían experimentado niveles moderados de adversidad infantil informaron una mayor satisfacción con la vida en la adultez en comparación con aquellos que habían experimentado niveles extremadamente altos o bajos de adversidad. Este hallazgo sugiere que un cierto grado de adversidad puede fomentar la resiliencia y el crecimiento personal,

contribuyendo en última instancia a una mayor felicidad y realización a largo plazo.

8. **Aplicaciones en el mundo real:** La evidencia científica que apoya el potencial transformador de la adversidad tiene profundas implicaciones para varios ámbitos, incluyendo:

- **Psicoterapia y Consejería:** Incorporar principios de crecimiento postraumático y desarrollo de resiliencia en las intervenciones terapéuticas puede ayudar a las personas a navegar transiciones difíciles de la vida, sanar del trauma y cultivar un sentido más profundo de significado y propósito.
- **Educación:** Fomentar la resiliencia y mentalidades de crecimiento en entornos educativos puede equipar a los estudiantes con herramientas emocionales y psicológicas para enfrentar desafíos, superar contratiempos y, en última instancia, prosperar tanto académica como personalmente.
- **Desarrollo Profesional:** Las organizaciones pueden aprovechar los conocimientos de investigaciones sobre el crecimiento postraumático para apoyar el bienestar de los empleados, cultivar la capacidad de adaptación y fomentar una cultura de crecimiento y aprendizaje continuo, incluso frente a desafíos profesionales y contratiempos.
- **Salud Pública:** Promover estrategias de desarrollo de resiliencia y fomentar el crecimiento postraumático puede integrarse en iniciativas de salud pública,

particularmente en comunidades afectadas por desastres naturales, disturbios sociales u otros traumas colectivos, para mitigar el impacto psicológico a largo plazo y facilitar el crecimiento y recuperación postraumáticos.

Al abrazar la comprensión científica de cómo la adversidad puede catalizar el crecimiento personal y el bienestar psicológico, podemos replantear nuestro enfoque de los desafíos y adversidades de la vida. En lugar de ver la tristeza y las dificultades como obstáculos a evitar, podemos reconocerlos como oportunidades de transformación, crecimiento y, en última instancia, un sentido más profundo y duradero de alegría y plenitud. La danza entre la alegría y la tristeza, antes vista como paradójica, puede entenderse como un juego armonioso, donde las sombras de la adversidad iluminan el camino hacia una felicidad profunda y duradera.

PASOS HACIA LA LUZ DEL SOL

1. **Visión General:** El camino hacia la alegría y la plenitud no siempre es una carretera recta y despejada. Las inevitables tormentas de tristeza y adversidad de la vida pueden parecer oscurecer la luz del sol de la felicidad. Sin embargo, al adoptar una mentalidad de resiliencia, auto-compasión y crecimiento personal, no solo podemos capear estas tormentas, sino también emerger más fuertes y radiantes que nunca. Esta lista de estrategias y reflexiones sirve como una luz guía,

iluminando un viaje desde las sombras de la tristeza hacia el calor de la alegría duradera.

2. **La Lista:** Abrazar la Vulnerabilidad y la Auto-Aceptación. Cultivar la Atención Plena y Presencia. Aprovechar el Poder de la Gratitud. Nutrir la Resiliencia a través de los Desafíos. Descubrir Propósito y Significado. Fomentar Conexiones Auténticas. Encarnar Auto-Compasión. Celebrar Pequeñas Victorias. Adoptar una Mentalidad de Crecimiento. Encontrar Belleza en lo Inesperado.

3. **Abrazar la Vulnerabilidad y la Auto-Aceptación:** En nuestra búsqueda de la felicidad, a menudo buscamos armarnos contra las debilidades percibidas e imperfecciones que nos hacen humanos. Sin embargo, la verdadera alegría surge desde un lugar de auto-aceptación radical, donde abrazamos valientemente nuestras vulnerabilidades como fuentes de fortaleza y autenticidad. Al despojarnos de la fachada de perfección y permitirnos ser vistos en nuestra totalidad, abrimos la puerta a conexiones más profundas, auto-compasión y, finalmente, un sentido más profundo de paz interior y satisfacción.

4. **Cultivar la Atención Plena y la Presencia:** En el frenético ritmo de la vida moderna, es muy fácil dejarse consumir por los remordimientos del pasado o las ansiedades del futuro, perdiéndose la belleza y la riqueza del momento presente. La atención plena, la práctica de llevar intencionalmente nuestra conciencia al aquí y ahora, sirve como un ancla, conectándonos con la

quietud del momento presente. Al cultivar la atención plena a través de prácticas como la meditación, la respiración profunda o el movimiento consciente, podemos encontrar consuelo en la simplicidad de cada respiración y redescubrir la alegría inherente al momento presente.

5. **Aprovechar el Poder de la Gratitud:** La gratitud es un potente antídoto contra la negatividad y la tristeza, cambiando nuestro enfoque de lo que falta a la abundancia que nos rodea. Al reconocer y apreciar conscientemente las bendiciones en nuestras vidas, por pequeñas que sean, adiestramos nuestra mente para buscar la belleza y el asombro que impregna cada aspecto de nuestra existencia. El simple acto de expresar gratitud, ya sea a través de escribir un diario, compartir con seres queridos o reflexionar en silencio, puede elevar profundamente nuestro espíritu y fomentar un sentido más profundo de alegría y satisfacción.

6. **Nutrir la Resiliencia a través de los Desafíos:** La adversidad es una parte inevitable de la experiencia humana, pero a menudo es a través de nuestros mayores desafíos que descubrimos nuestras fuentes más potentes de resiliencia y crecimiento personal. Al replantear los obstáculos como oportunidades para la transformación, podemos cultivar la fuerza y la flexibilidad para doblarnos con las tormentas de la vida en lugar de rompernos bajo su peso. Cada prueba enfrentada y superada se convierte en un testimonio de nuestra resistencia, fortaleciendo nuestros espíritus y

equipándonos con el valor para enfrentar futuros desafíos con gracia y fortaleza.

7. **Descubrir Propósito y Significado:** En el núcleo de la alegría perdurable yace un sentido de propósito y significado: la convicción de que nuestra existencia tiene importancia más allá de nuestras circunstancias pasajeras. Al explorar nuestros valores, pasiones y contribuciones únicas al mundo, podemos descubrir un profundo sentido de propósito que trasciende los placeres efímeros e imbuye nuestras vidas con un sentido más profundo de realización. Ya sea a través de la búsqueda de un trabajo significativo, participando en el servicio o cultivando una práctica espiritual, descubrir nuestro propósito puede servir como una luz guía, iluminando nuestro camino hacia una vida de alegría perdurable y felicidad.

8. **Fomentar Conexiones Auténticas:** Los humanos son intrínsecamente seres sociales, y la calidad de nuestras relaciones puede impactar profundamente nuestra experiencia de alegría y bienestar. Al fomentar conexiones auténticas, relaciones arraigadas en vulnerabilidad, empatía y comprensión mutua, creamos un tapiz de amor y apoyo que puede sostenernos a través de las tormentas más desafiantes de la vida. Ya sea cultivando vínculos más profundos con seres queridos, encontrando nuestra tribu de espíritus afines, o simplemente practicando la compasión y la bondad en nuestras interacciones diarias, las conexiones auténticas pueden infundir nuestras vidas con una

calidez y riqueza que trasciende las emociones pasajeras.

9. **Incorporar Autocompasión:** En nuestra búsqueda de la alegría, a menudo nos convertimos en nuestros propios críticos más severos, reprochándonos por percepciones de fracasos y deficiencias. Sin embargo, la autocompasión, la práctica de tratarnos a nosotros mismos con la misma amabilidad y comprensión que ofreceríamos a un querido amigo, puede ser una poderosa fuente de sanación y crecimiento personal. Al reconocer nuestra humanidad compartida, abrazar nuestras imperfecciones con ternura y ofrecernos la compasión que damos tan libremente a los demás, cultivamos un manantial interior de autoaceptación y resistencia que puede soportar incluso las tormentas más feroces de tristeza.

10. **Celebrar Pequeñas Victorias:** Con demasiada frecuencia, nos consumimos con visiones grandiosas de éxito y felicidad, pasando por alto las innumerables pequeñas alegrías y triunfos que salpican nuestras vidas diarias. Al cambiar conscientemente nuestro enfoque para celebrar las pequeñas victorias: una conversación sincera, un hito personal alcanzado o un momento de pura presencia y apreciación, infundimos nuestras vidas con una corriente continua de alegría y realización. Estos pequeños momentos, cuando se encadenan, se convierten en el tapiz de una vida bien vivida, rica en significado e impregnada del calor de una felicidad perdurable.

11. **Adoptar una Mentalidad de Crecimiento:** Nuestra mentalidad moldea nuestra realidad, y al adoptar una mentalidad de crecimiento, la creencia de que nuestras habilidades y circunstancias son maleables y pueden desarrollarse mediante esfuerzo y perseverancia, nos abrimos a un mundo de posibilidades y crecimiento personal. Con una mentalidad de crecimiento, los contratiempos se convierten en oportunidades de aprendizaje, los desafíos se convierten en catalizadores para el crecimiento, y el viaje mismo se convierte en una fuente de profunda alegría y realización. Al abrazar una mentalidad de crecimiento, desbloqueamos el potencial para evolucionar y expandirnos continuamente, asegurando que nuestro camino hacia la alegría sea cada vez más amplio y enriquecedor.

12. **Buscar Belleza en lo Inesperado:** La alegría a menudo florece en los lugares más inesperados, escondida dentro de las grietas e imperfecciones aparentes de la vida. Al cultivar un sentido de asombro y una apreciación por lo extraordinario dentro de lo ordinario, nos abrimos a un mundo de belleza y deleite que trasciende las nociones convencionales de felicidad. Ya sea maravillarse con los intrincados patrones de una telaraña, encontrar consuelo en la sinfonía de sonidos de la ciudad o descubrir sabiduría profunda en las inocentes reflexiones de un niño, buscar belleza en lo inesperado puede infundir nuestras vidas con un continuo sentido de asombro y alegría.

Al final, el camino hacia la alegría perdurable no es un destino, sino un viaje continuo: un baile entre la luz y la sombra, la tristeza y la alegría, el crecimiento y la transformación. Al abrazar estas estrategias y reflexiones, podemos navegar las tormentas de la vida con gracia y resistencia, emergiendo en el calor de un sentido más profundo y duradero de realización y felicidad. Porque es en la alquimia de la adversidad y el crecimiento personal que descubrimos el verdadero resplandor de la alegría, una luz que ilumina nuestro camino y nos guía hacia una vida vivida en un color vibrante y auténtico.

DE LAS SOMBRAS A LA LUZ DEL SOL: ABRAZAR EL CAMBIO PARA LIBERAR POTENCIAL

THE FEAR FACTOR: CONFRONTING THE SHADOWS OF CHANGE

1. **Pregunta provocativa:** ¿Alguna vez has sentido una sensación de temor o ansiedad ante la perspectiva de un cambio, incluso cuando ese cambio prometía un potencial de crecimiento o mejora?

2. **Contexto:** El cambio es una parte ineludible de la vida, sin embargo, para muchos de nosotros, la idea de pasar de lo conocido a lo desconocido puede evocar un poderoso sentido de miedo y resistencia. Ya sea un nuevo trabajo, una reubicación o un cambio significativo en la vida, el mero pensamiento de salir de nuestras zonas de confort puede desencadenar una cascada de pensamientos ansiosos y agitación emocional. Este miedo al cambio está profundamente

arraigado en nuestro impulso primario de seguridad y control, y puede manifestarse de muchas formas, desde la procrastinación y la evitación hasta el sabotaje manifiesto de nuestro progreso.

3. **El problema:** El miedo al cambio es una barrera formidable que puede impedirnos aprovechar las oportunidades de crecimiento personal, realización y transformación. Puede mantenernos atascados en situaciones insatisfactorias, sofocando nuestro potencial y limitando nuestra capacidad de crear las vidas que realmente deseamos. Además, este miedo puede generar arrepentimiento, dudas sobre uno mismo y una sensación de estancamiento que puede erosionar nuestro bienestar y felicidad en general.

4. **Conceptos erróneos comunes y enfoques ineficaces:** Muchas personas intentan confrontar su miedo al cambio por pura fuerza de voluntad, adoptando una mentalidad de "simplemente hazlo" que a menudo no logra abordar las barreras emocionales y psicológicas subyacentes. Otros pueden tratar de racionalizar sus miedos, descartándolos como irracionales o infundados, solo para encontrarse paralizados por las mismas ansiedades cuando enfrentan un cambio real. Otros más pueden buscar consuelo en la procrastinación o la evitación, posponiendo lo inevitable y prolongando su malestar.

5. **Una nueva perspectiva:** Para superar verdaderamente el miedo al cambio, debemos adoptar un enfoque más holístico y compasivo, uno que reconozca la validez de

nuestros miedos al mismo tiempo que nos empodere para ir más allá de ellos. Esta perspectiva reconoce que el miedo es una respuesta humana natural, arraigada en nuestro impulso evolutivo por la supervivencia y la seguridad. Sin embargo, también reconoce que nuestros miedos, aunque comprensibles, no deben dictar nuestras acciones ni limitar nuestro potencial para el crecimiento y la transformación.

6. **Ejemplo ilustrativo:** Considere el caso de Sarah, una exitosa ejecutiva de marketing que recibió una oferta de una promoción prestigiosa que requeriría mudarse a una nueva ciudad. Inicialmente, Sarah estaba emocionada por la oportunidad, pero al enfrentar la realidad de la mudanza, se encontró consumida por miedos y dudas. ¿Sería capaz de adaptarse a un nuevo entorno? ¿Y si no podía encontrar una comunidad de apoyo? ¿Y si el nuevo trabajo era demasiado exigente y no podía mantener un equilibrio saludable entre trabajo y vida personal? Estos temores casi llevaron a Sarah a rechazar la promoción, hasta que adoptó un enfoque más consciente y compasivo. A través de la escritura en un diario, la meditación y conversaciones francas con amigos de confianza y mentores, Sarah comenzó a explorar las causas raíz de sus miedos y a replantear su perspectiva. Reconoció la validez de sus preocupaciones, pero también se dio cuenta que sus miedos estaban arraigados en un deseo de control y una resistencia a lo desconocido. Al aceptar conscientemente la incertidumbre de la situación y

centrarse en el potencial de crecimiento y realización, Sarah pudo cultivar una sensación de confianza en sí misma y en su capacidad para enfrentar los desafíos futuros. Desarrolló un plan para mantener su red de apoyo, establecer límites saludables y priorizar el cuidado personal durante la transición. Armada de esta nueva resiliencia y autocompasión, Sarah aceptó la promoción y emprendió un viaje que en última instancia enriqueció su vida de maneras que nunca podría haber imaginado.

7. **Abordando posibles objeciones:** Algunos pueden argumentar que abrazar el cambio incondicionalmente es poco realista o incluso imprudente, especialmente cuando los riesgos y los posibles inconvenientes son significativos. Sin embargo, esta perspectiva no reconoce que el cambio es una parte inevitable de la vida y que resistirlo a menudo conduce al estancamiento y la insatisfacción. Al desarrollar un enfoque más matizado y empoderado para navegar el cambio, podemos mitigar los riesgos al mismo tiempo que nos permitimos crecer y evolucionar.

8. **Un camino a seguir:** Para confrontar y superar el miedo al cambio, considere los siguientes pasos prácticos:

- **Cultivar la autoconciencia:** A través de prácticas como escribir un diario, la meditación o la terapia, explora las causas raíz de tus miedos y desarrolla una comprensión más profunda de tus patrones emocionales y procesos de pensamiento en torno al cambio.

- **Reformular tu perspectiva:** Desafía la narrativa de que el cambio es inherentemente amenazante y, en su lugar, considéralo como una oportunidad para el crecimiento, la aventura y la transformación personal. Celebra el coraje que se necesita para adentrarse en lo desconocido.

- **Construir una red de apoyo:** Rodéate de personas que puedan ofrecer aliento, orientación y un oído atento durante los tiempos de transición. Busca mentores o modelos a seguir que hayan navegado exitosamente cambios significativos en sus propias vidas.

- **Desarrollar un plan:** Divide el cambio en pasos manejables y crea un plan para abordar los posibles desafíos y contratiempos. Esto puede ayudar a restaurar un sentido de control y mitigar la ansiedad.

- **Practicar la autocompasión:** Sé amable y paciente contigo mismo durante todo el proceso. Reconoce tus miedos sin juicio y celebra cada pequeño paso adelante como un testimonio de tu resistencia y coraje.

- **Abrazar la incertidumbre:** En lugar de buscar un control constante, aprende a abrazar la belleza y la emoción de lo desconocido. Confía en que incluso en la incertidumbre posees la fortaleza interior y la capacidad de recursos para navegar el camino por delante.

Al confrontar el miedo al cambio con coraje, autoconciencia y una mentalidad compasiva, podemos desbloquear un mundo de crecimiento personal, realización y transformación. Puede que el camino no sea fácil, pero es a través de estos momentos de transición que descubrimos nuestras reservas más profundas de resiliencia y la profunda alegría que proviene de abrazar el potencial ilimitado de la vida.

MAREAS TRANSFORMADORAS: LA VERDADERA ESENCIA DEL CAMBIO

1. Introducción: Por Qué Importa la Terminología

Al embarcarnos en nuestro viaje para abrazar el cambio, es crucial establecer una base sólida aclarando los términos y conceptos que guiarán nuestro discurso. El lenguaje tiene un poder inmenso, conformando nuestras percepciones e influyendo en nuestra comprensión del mundo que nos rodea. Al definir y desempacar el vocabulario que rodea la noción de cambio, abrimos la puerta a percepciones más profundas y una apreciación más matizada de su gran impacto en nuestras vidas.

En las páginas que siguen, nos adentraremos en el rico tapiz de terminología que abarca el cambio, explorando las numerosas facetas y matices que contribuyen a su complejidad. Desde los sutiles cambios que ocurren dentro de nosotros hasta los cambios sísmicos que reverberan a través de nuestras circunstancias externas, estos términos cuidadosamente seleccionados servirán como faros, iluminando el camino hacia el autodescubrimiento, el crecimiento y la transformación.

2. Explorando la Terminología

- **Metamorfosis:** Más que solo una transformación física, este término insinúa los profundos cambios internos que acompañan a la verdadera renovación.
- **Catalizador:** Un susurro de las fuerzas invisibles que nos impulsan hacia nuevos reinos de crecimiento y posibilidad.
- **Transición:** Una palabra de tránsito, prometiendo el viaje de un estado de ser a otro, y todo el territorio inexplorado que yace en medio.
- **Evolución:** Un guiño al proceso gradual, pero implacable, de adaptarse y refinarnos en respuesta a las corrientes siempre cambiantes de la vida.
- **Cambio de Paradigma:** Un término que tienta con la posibilidad de romper creencias arraigadas y abrazar nuevas perspectivas que redefinen nuestra realidad.

3. Desenmarañando la Terminología

- **Metamorfosis:** Derivado de las palabras griegas "meta," que significa "cambio," y "morphosis," que significa "forma," la metamorfosis representa una transformación profunda y a menudo irreversible. Es el proceso por el cual algo o alguien experimenta un cambio completo y radical, emergiendo como algo completamente nuevo y distinto de su estado anterior. En el contexto del crecimiento personal, la metamorfosis significa un cambio profundo e interno: un despertar del yo que trasciende los ajustes superficiales y toca el núcleo mismo de nuestro ser.

- **Catalizador:** Un catalizador es un agente de cambio, una fuerza que inicia o acelera un proceso de transformación. En el ámbito del crecimiento personal, un catalizador puede tomar muchas formas: un evento que altera la vida, una realización profunda o incluso un encuentro fortuito que despierta una nueva forma de pensar o de percibir el mundo. Los catalizadores interrumpen nuestro estancamiento, desafiándonos a salir de nuestra zona de confort y a abrazar lo desconocido. Son las chispas que encienden el fuego del cambio dentro de nosotros, impulsándonos hacia nuevos horizontes de crecimiento y autodescubrimiento.

- **Transición:** El término "transición" captura la esencia del viaje de un estado de ser a otro. Es el puente que abarca el abismo entre lo familiar y lo desconocido, un espacio liminal donde dejamos atrás las limitaciones del pasado y nos preparamos para aceptar las posibilidades del futuro. Las transiciones son inherentemente inquietantes, ya que nos obligan a dejar lo familiar y navegar por las turbulentas aguas de lo desconocido. Sin embargo, es en estos espacios de incertidumbre donde tenemos la oportunidad de reinventarnos, de deshacernos de creencias y patrones limitantes y de emerger como versiones más auténticas y empoderadas de nosotros mismos.

- **Evolución:** A diferencia de las transformaciones repentinas y dramáticas implícitas por la metamorfosis, la evolución representa un proceso de cambio gradual y continuo. Es el lento y constante despliegue de nuestro potencial, a medida que nos adaptamos y refinamos en respuesta a las corrientes siempre cambiantes de la vida. La evolución nos recuerda que el crecimiento no es un destino, sino un viaje perpetuo de autodescubrimiento y expansión. Nos anima a adoptar una mentalidad de curiosidad, flexibilidad y resiliencia, mientras navegamos por los altibajos de nuestros caminos personales y profesionales.
- **Cambio de Paradigma:** Un paradigma es un marco fundamental o conjunto de creencias que da forma a nuestra percepción de la realidad. Un cambio de paradigma, entonces, es una convulsión sísmica de estas creencias profundamente arraigadas, una reorientación radical de nuestra cosmovisión que abre nuevos reinos de comprensión y posibilidad. Los cambios de paradigma desafían los mismos cimientos sobre los que hemos construido nuestras vidas, obligándonos a cuestionar nuestras suposiciones y a adoptar nuevas formas de pensar y de ser. Aunque a menudo son perturbadores y desorientadores, los cambios de paradigma son esenciales para trascender las limitaciones de nuestras perspectivas actuales y desbloquear un crecimiento transformador.

4. Conclusión: Un Tapiz de Transformación

Estos términos cuidadosamente seleccionados, metamorfosis, catalizador, transición, evolución y cambio de paradigma, en conjunto tejen un rico tapiz que encapsula la naturaleza multifacética del cambio. Al adoptar e internalizar estos conceptos, ganamos una comprensión más profunda del gran impacto que el cambio puede tener en nuestras vidas y del inmenso potencial que tiene para el crecimiento personal y la auto-actualización.

A medida que avanzamos, estos términos servirán como puntos de referencia, iluminando el camino hacia adelante y proporcionando un lenguaje compartido a través del cual podemos explorar las complejidades del cambio con mayor claridad y perspicacia. Nos desafiarán a confrontar nuestras creencias limitantes, a aceptar la incertidumbre y a cultivar el coraje y la resiliencia necesarios para navegar las mareas transformadoras que se avecinan.

Con esta sólida base en su lugar, ahora podemos embarcarnos en un viaje de descubrimiento, profundizando en el intrincado tapiz del cambio y desenterrando la sabiduría, las estrategias y las prácticas que nos empoderarán para aprovechar su poder transformador. Solo al abrazar el cambio en toda su gloriosa multidimensionalidad podemos desbloquear el potencial ilimitado de crecimiento, realización y trascendencia personal que reside en cada uno de nosotros.

EL EFECTO MARIPOSA: UN CASO DE METAMORFOSIS PERSONAL

1. Poniendo el Escenario

En el corazón de una metrópolis bulliciosa, donde el impulso implacable de la vida resonaba en cada calle y callejón, una joven llamada Sarah se encontraba en una encrucijada. Atrapada en las confines de un trabajo corporativo que drenaba su alma, anhelaba algo más, un sentido más profundo de propósito y realización que permanecía elusivo en medio de la monotonía de su rutina diaria.

Fue en el otoño de su vigésimo octavo año cuando el catalizador para el cambio se encendió, iniciando un viaje transformador que redefiniría el mismo tejido de su existencia.

2. Los Jugadores

Sarah: Una joven profesional brillante y ambiciosa, Sarah siempre ha sobresalido en sus actividades académicas y profesionales. Sin embargo, a pesar de su éxito exterior, albergaba una sensación de insatisfacción cada vez mayor, un sentimiento persistente de que su verdadera vocación estaba en otro lugar.

Mark: La pareja de Sarah y fuente inquebrantable de apoyo, Mark fue testigo de su conflicto interno, percibiendo el peso de su descontento y el anhelo de una vida más auténtica que bullía bajo la superficie.

Jenna: La amiga más cercana y confidente de Sarah, Jenna había reconocido durante mucho tiempo la desconexión entre los logros externos de Sarah y su inquietud interna, instándola a reunir el valor para seguir un camino que resonara con su alma.

3. El Desafío: Escapar de la Jaula Dorada

Para Sarah, el desafío no era simplemente una cuestión de cambiar de carrera o buscar un nuevo pasatiempo. Era una crisis existencial profunda, una lucha por liberarse de las limitaciones de una vida que ya no se alineaba con sus valores y aspiraciones. La jaula dorada de su existencia corporativa se había vuelto asfixiante, sofocando la esencia misma de quién era y anhelaba convertirse.

El peso de las expectativas sociales, las presiones familiares y el atractivo de la seguridad financiera la habían atrapado en una vida que se sentía inauténtica, una fachada cuidadosamente curada que ocultaba la profundidad de su descontento. Para embarcarse en un viaje de verdadera transformación, Sarah sabía que tendría que enfrentar sus miedos, despojarse de las cadenas de la conformidad y abrazar lo desconocido con una convicción inquebrantable.

4. La Metamorfosis Comienza

El primer paso en la transformación de Sarah fue el más desconcertante: decidir dejar su trabajo corporativo. Fue un salto de fe que desafió la sabiduría convencional, una elección que desató una tormenta de dudas e inseguridades dentro de ella. Sin embargo, con el apoyo constante de Mark y el suave impulso de Jenna, encontró el valor para cortar los lazos que la ataban a una vida que ya no resonaba con su alma.

Motivada por un nuevo sentido de liberación, Sarah se sumergió en un período de autoexploración, ahondando en las profundidades de sus pasiones, talentos y aspiraciones. Emprendió un viaje de crecimiento personal, asistiendo a talleres, leyendo vorazmente y buscando la orientación de mentores que habían recorrido el camino de la transformación antes que ella.

A través de este proceso de introspección y descubrimiento, Sarah desenterró un amor profundamente arraigado por las artes, una pasión que había sido reprimida durante años bajo el peso de las expectativas sociales y consideraciones prácticas. Con una claridad renovada de propósito, se inscribió en una escuela de arte local, decidida a nutrir su espíritu creativo y desbloquear el potencial ilimitado que había permanecido latente dentro de ella durante demasiado tiempo.

5. El Fruto de la Transformación

El viaje de Sarah no estuvo exento de desafíos y contratiempos. Hubo momentos de duda y miedo cuando la atracción de su vida anterior amenazaba con llevarla de regreso al cómodo refugio de la conformidad. Sin embargo, a través de pura determinación y un compromiso inquebrantable con su nuevo camino, perseveró.

A medida que pasaron los meses y los años, Sarah floreció en una radiante encarnación de su verdadero yo. Su arte se convirtió en un medio de autoexpresión, un lienzo en el que vertía sus emociones, sus sueños y su perspectiva única del mundo. Sus creaciones, impregnadas de pasión y autenticidad, resonaron profundamente con el público, y se encontró recibiendo reconocimiento y aclamación dentro de la comunidad artística local.

Pero el verdadero fruto de la transformación de Sarah se extendió mucho más allá de sus logros artísticos. Su metamorfosis le había otorgado un intenso sentido de empoderamiento personal, una creencia profundamente arraigada en su capacidad para dar forma a su destino y crear una vida que fuera un reflejo verdadero de sus valores y aspiraciones.

6. Lecciones Aprendidas: El Efecto Ondulante de la Transformación

El viaje de Sarah sirve como un poderoso testimonio del potencial transformador que yace dentro de cada uno de nosotros, esperando ser liberado. Su historia desafía la noción de que estamos atados por las limitaciones de nuestras circunstancias, recordándonos que la verdadera satisfacción y autenticidad son alcanzables si estamos dispuestos a reunir el valor para cambiar.

Si Sarah hubiera elegido permanecer en la jaula dorada de su existencia corporativa, se habría negado a sí misma la oportunidad de descubrir las profundidades de sus talentos creativos y el inmenso sentido de propósito que acompañó a su nuevo camino. Aunque el camino hacia la transformación estuvo plagado de incertidumbre e incomodidad, las recompensas de su viaje fueron inconmensurables, trascendiendo la mera búsqueda de la expresión artística y tocando el núcleo mismo de su ser.

Los críticos pueden argumentar que la decisión de Sarah de abandonar la seguridad de su carrera corporativa fue imprudente o desacertada, citando las posibles implicaciones financieras y prácticas de un cambio de vida tan drástico. Sin embargo, la historia de Sarah sirve como una poderosa refutación a tales argumentos, destacando el inmenso valor de vivir una vida auténtica y plena, alineada con nuestras pasiones y aspiraciones más profundas.

7. El Efecto Mariposa: Abrazando la Metamorfosis Personal

El viaje de Sarah ejemplifica el profundo impacto que la metamorfosis personal puede tener en nuestras vidas. Como la delicada mariposa emergiendo de su crisálida, ella experimentó una transformación radical, dejando atrás las restricciones de su existencia anterior y abrazando la libertad de desplegar sus alas y volar.

Su historia sirve como un recordatorio conmovedor de que el cambio no es meramente una fuerza externa para ser navegada, sino un poderoso catalizador para el crecimiento personal y el autodescubrimiento. Nos invita a confrontar los aspectos de nuestras vidas que ya no nos sirven, a dejar atrás las creencias y patrones limitantes que constriñen nuestro potencial y a abrazar las posibilidades infinitas que nos esperan al otro lado de la transformación.

Al reflexionar sobre el viaje de Sarah, somos desafiados a

preguntarnos: ¿Qué aspectos de nuestras vidas necesitan una metamorfosis? ¿Qué sueños y aspiraciones hemos suprimido en favor de la conformidad y la seguridad? Y, quizás más importante, ¿poseemos el coraje para embarcarnos en nuestro viaje de transformación personal, para abrazar lo desconocido con los brazos abiertos y emerger como la expresión más verdadera y auténtica de nosotros mismos?

8. Un Llamado a Abrazar el Efecto Mariposa

La historia de Sarah es un poderoso recordatorio de que nuestras vidas no están predestinadas o grabadas en piedra. Todos poseemos la capacidad de una transformación profunda, la habilidad de dejar atrás nuestros capullos metafóricos y desplegar nuestras alas, revelando los seres vibrantes y multifacéticos que se encuentran dentro de nosotros.

Al embarcarte en tu viaje de crecimiento personal y autodescubrimiento, que la historia de Sarah sirva como un faro de inspiración, recordándote que el camino hacia la plenitud y la autenticidad comienza con el coraje de abrazar el cambio, de abrazar el efecto mariposa que yace latente en cada uno de nosotros, a la espera de ser liberado.

Pues solo al abrazar la metamorfosis de nuestras vidas podemos realmente volar, dejando un rastro de belleza e inspiración en nuestro camino, e inspirando a otros a embarcarse en sus odiseas transformadoras.

ANTES Y DESPUÉS: PERSPECTIVAS SOBRE EL CAMBIO

1. La Paradoja del Cambio

En el corazón de nuestra exploración sobre el poder transformador del cambio yace una paradoja intrigante: la misma noción de abrazar lo desconocido, de dejar lo familiar y aventurarse en territorio inexplorado, puede simultáneamente encender tanto la emoción como la incertidumbre.

Por un lado, la perspectiva del cambio nos llama con la promesa seductora de crecimiento, autodescubrimiento y la oportunidad de cumplir nuestras aspiraciones más profundas. Nos susurra sobre el potencial ilimitado que nos espera al otro lado de nuestras zonas de confort, invitándonos a dejar las cadenas de la estagnación y abrazar la emocionante aventura de la metamorfosis personal.

Sin embargo, en el mismo aliento, el cambio puede infundir una sensación de inquietud profunda, un miedo visceral a lo desconocido. Nos desafía a enfrentar las inseguridades profundamente arraigadas y las creencias limitantes que nos han mantenido atados a la familiaridad de nuestros patrones y rutinas existentes, obligándonos a enfrentar la incomodidad de la incertidumbre y la posibilidad de fracasar.

Esta yuxtaposición de emoción y aprensión, de esperanza y miedo, reside en el corazón de nuestra relación con el cambio, una delicada danza entre el deseo de transformación y el instinto de aferrarse a lo que conocemos. Es en esta paradoja donde encontramos las semillas del crecimiento personal, el suelo fértil desde el cual pueden arraigar y florecer nuestras metamorfosis más profundas.

2. El Camino del Miedo a la Libertad

Para comprender verdaderamente el profundo impacto de abrazar el cambio, primero debemos profundizar en la mentalidad y las experiencias que a menudo preceden a un viaje transformador. Para muchos, el camino hacia el crecimiento personal y la autorrealización comienza desde un lugar de estancamiento, descontento o incluso desesperación.

En la fase "antes", uno podría encontrarse atrapado en una vida que se siente inauténtica, una fachada cuidadosamente construida que oculta las profundidades de su potencial no realizado. Como un pájaro enjaulado, pueden seguir los movimientos, adhiriéndose a las expectativas sociales y conformándose con roles predeterminados, mientras albergan una inquietante sensación de inquietud y un anhelo insaciable de algo más.

El miedo se convierte en un compañero constante, manifestándose en forma de duda, ansiedad y una paralizante reluctancia a salir más allá de los confines de lo conocido. El atractivo del confort y la seguridad, por muy asfixiante que sea, puede sentirse como una fuerza irresistible, atando a uno a una vida que ya no resuena con sus deseos y aspiraciones más profundas.

Sin embargo, es desde este lugar de descontento que las semillas de la transformación pueden echar raíces. Es en las profundidades de nuestra insatisfacción donde encontramos la motivación para buscar el cambio, para liberarnos de las cadenas de nuestras limitaciones autoimpuestas y abrazar la posibilidad de una vida vivida con autenticidad y propósito.

El camino del miedo a la libertad, sin embargo, rara vez es lineal. Es un viaje plagado de dudas, contratiempos y la constante tentación de retirarse al cómodo refugio de lo conocido. Pero para aquellos que perseveran, que cultivan el coraje para confrontar sus miedos y dar el salto a lo desconocido, las recompensas son inconmensurables.

3. El Poder Transformador del Cambio

A medida que transitamos de la fase "antes" a la "después", somos testigos del profundo y extenso impacto que abrazar el cambio puede tener en nuestras vidas. Como una oruga emergiendo de su crisálida, el acto de despojarnos de nuestros capullos metafóricos y desplegar nuestras alas puede desatar una metamorfosis que toca cada aspecto de nuestra existencia.

Tras la transformación, podemos encontrarnos disfrutando de un nuevo sentido de autoconciencia y autenticidad, ya no limitados por las creencias limitantes y presiones sociales que antes nos mantenían cautivos. Nuestras perspectivas cambian, nuestras prioridades se realínean y comenzamos a ver el mundo a través de un lente de posibilidades y oportunidades ilimitadas.

Las cadenas del miedo y la duda que antes pesaban en nuestra alma son gradualmente reemplazadas por un profundo sentido de empoderamiento personal y autoconfianza. Llegamos a entender que nuestros destinos no están predeterminados, sino que se moldean por las decisiones que tomamos y el coraje que convocamos para perseguir nuestros sueños y aspiraciones más profundos.

Abrazar el cambio también puede catalizar un efecto dominó que se extiende mucho más allá de nuestras vidas personales, impactando a quienes nos rodean en formas que tal vez nunca comprendamos completamente. Mientras irradiamos la energía de nuestra nueva autenticidad y propósito, inspiramos a otros a embarcarse en sus propios viajes de transformación, creando un poderoso legado de crecimiento y autodescubrimiento que trasciende generaciones.

Además, la fase "después" puede a menudo revelar caminos y pasiones inesperados que podrían haber permanecido latentes o no descubiertos si hubiésemos elegido permanecer arraigados en la complacencia de nuestros antiguos yo. Como un tesoro oculto desenterrado, estos nuevos intereses y talentos pueden encender un profundo sentido de alegría y realización, enriqueciendo nuestras vidas y propulsándonos hacia alturas que nunca imaginamos posibles.

4. Abrazando el Efecto Mariposa

Mientras nos adentramos en el poder transformador del cambio, recordamos la profunda metáfora del efecto mariposa. Así como el suave aleteo de las alas de una mariposa puede desencadenar una reacción en cadena que altera el curso de los patrones climáticos en todo el mundo, nuestra voluntad de abrazar la metamorfosis personal puede iniciar un efecto dominó que reverbera a través de cada aspecto de nuestras vidas y más allá.

Al reunir el valor para confrontar nuestros temores y aventurarnos en lo desconocido, desatamos una fuerza potente que puede remodelar nuestras perspectivas, redefinir nuestras relaciones y abrir puertas a posibilidades que tal vez nunca hemos imaginado. Como la delicada mariposa emergiendo de su crisálida, experimentamos una transformación radical, dejando atrás los confines de nuestra existencia anterior y abrazando la libertad de extender nuestras alas y volar.

Sin embargo, el efecto mariposa se extiende mucho más allá de nuestros viajes. Al irradiar la energía de nuestra nueva autenticidad y propósito, inspiramos a otros a embarcarse en sus propios caminos de autodescubrimiento y crecimiento personal. Nuestras historias se convierten en faros de esperanza e inspiración, encendiendo un efecto dominó que toca la vida de quienes nos rodean, creando un poderoso legado que trasciende generaciones.

De esta manera, abrazar el cambio se convierte no solo en un esfuerzo personal, sino en un profundo acto de servicio y contribución a la experiencia humana colectiva. Al atrevernos con valentía a avanzar en lo desconocido, creamos las condiciones para que otros hagan lo mismo, fomentando una cultura de crecimiento, resiliencia y la búsqueda constante de la autorrealización.

En última instancia, el efecto mariposa sirve como un recordatorio conmovedor de que nuestras elecciones y acciones, por pequeñas o insignificantes que parezcan, pueden tener consecuencias profundas y de largo alcance. Al abrazar el poder transformador del cambio, no solo desatamos nuestro potencial, sino que también contribuimos a la evolución colectiva de la humanidad, creando un mundo donde el miedo y la estancación dan paso al coraje, el crecimiento y la búsqueda incansable de la realización personal.

5. Superando la Resistencia y Nutriendo la Resiliencia

Aunque las recompensas de abrazar el cambio son innegables, sería deshonesto ignorar los desafíos y obstáculos que a menudo acompañan a un viaje tan transformador. El camino hacia el crecimiento personal y la autorrealización rara vez es suave o lineal, y es esencial cultivar la resiliencia y la fortaleza necesarias para navegar los inevitables contratiempos y momentos de duda que puedan surgir.

Una de las barreras más formidables para el cambio es la resistencia que puede surgir desde dentro de nosotros mismos. Nuestras mentes, condicionadas por años de condicionamiento y creencias profundamente arraigadas, pueden erigir barreras formidables al cambio, manifestándose como dudas sobre nosotros mismos, miedo y una profunda reticencia a cruzar los límites de nuestras zonas de confort.

Es en estos momentos cuando debemos invocar el coraje para enfrentar a nuestros críticos internos y desafiar las narrativas limitantes que pueden habernos mantenido cautivos durante demasiado tiempo. Debemos abrazar la incomodidad de la incertidumbre, reconociendo que a menudo es un catalizador necesario para el crecimiento y la transformación.

Cultivar un sistema de apoyo de personas afines que han emprendido sus viajes de metamorfosis personal puede ser un recurso invaluable para superar la resistencia y nutrir la resiliencia. Al rodearnos de aquellos que comprenden los desafíos y triunfos inherentes al proceso de cambio, podemos extraer fuerza de sus experiencias y encontrar consuelo en el conocimiento de que no estamos solos en nuestras luchas.

Además, es esencial replantear nuestra perspectiva sobre el fracaso y los contratiempos. En lugar de verlos como obstáculos insuperables, debemos aprender a abrazarlos como oportunidades para el crecimiento y el autodescubrimiento. Cada tropiezo, cada momento de duda o decepción, ofrece una oportunidad para refinar nuestro enfoque, recalibrar nuestras estrategias y emerger más fuertes y sabios que antes.

Al cultivar la resistencia y la disposición para aprender de nuestros desafíos, nos capacitamos para navegar por las aguas a menudo turbulentas de la transformación personal con gracia y fortaleza. Llegamos a comprender que el camino hacia la autorrealización no es un camino lineal, sino más bien una odisea serpenteante y siempre en evolución que requiere un compromiso firme, adaptabilidad y una creencia inquebrantable en nuestra capacidad de crecimiento y reinvención.

6. El Efecto Dominó: Inspirando un Legado de Transformación

Al reflexionar sobre el impacto profundo de abrazar el cambio y el poder transformador de la metamorfosis personal, recordamos el efecto dominó de largo alcance que nuestras acciones pueden tener en el mundo que nos rodea. Al entrar valientemente en lo desconocido y abrazar el viaje del autodescubrimiento, no solo transformamos nuestras propias vidas, sino que también inspiramos y empoderamos a otros para hacer lo mismo.

Nuestras historias de triunfo sobre la adversidad, de despojarnos de las cadenas del miedo y la duda en uno mismo, se convierten en narrativas poderosas que resuenan con aquellos que pueden estar luchando por encontrar el coraje para embarcarse en sus viajes de crecimiento personal. Nuestros ejemplos sirven como faros de esperanza e inspiración, recordando a otros que el camino hacia la autorrealización no solo es posible, sino profundamente gratificante.

Además, al abrazar el cambio y fomentar una cultura de crecimiento y resiliencia dentro de nuestras comunidades, creamos un poderoso legado que trasciende generaciones. Nuestra disposición para enfrentar nuestros miedos y desafiar el statu quo establece un ejemplo para aquellos que vendrán después de nosotros, inculcándoles la creencia de que ellos también pueden moldear sus destinos y perseguir sus aspiraciones más profundas.

El efecto dominó se extiende más allá del ámbito personal, impactando la conciencia colectiva de nuestras sociedades y fomentando una cultura de innovación, progreso y la búsqueda implacable de la auto-mejora. A medida que más individuos abrazan el poder transformador del cambio, creamos un ciclo auto-perpetuante de crecimiento y evolución, llevando a nuestras comunidades y sociedades hacia mayores alturas de excelencia y realización.

En última instancia, al abrazar valientemente el cambio y la metamorfosis personal, no solo desbloqueamos nuestro potencial, sino que también contribuimos al avance colectivo de la humanidad. Nuestras historias se convierten en parte de un tapiz de inspiración, tejido junto con las experiencias compartidas de aquellos que se han atrevido a aventurarse en lo desconocido y emerger como las expresiones más verdaderas y auténticas de sí mismos.

7. Conclusión: Un Llamado Apremiante a Abrazar el Cambio

Al llegar al cierre, nos queda una verdad profunda e ineludible: el cambio no es meramente una fuerza externa a ser navegada, sino un poderoso catalizador para el crecimiento personal, el autodescubrimiento y la realización de nuestras aspiraciones más profundas. Al abrazar el

poder transformador del cambio, desbloqueamos la puerta a un mundo de posibilidades ilimitadas, donde el miedo y la estancación dan paso al coraje, la resiliencia y la búsqueda implacable de la autorrealización.

El viaje desde el "antes" hasta el "después" puede estar lleno de desafíos y momentos de incertidumbre, pero las recompensas que esperan a quienes perseveran son inconmensurables. Al igual que la delicada mariposa que emerge de su crisálida, nosotros también podemos experimentar una metamorfosis profunda, despojándonos de las limitaciones de nuestra existencia anterior y abrazando la libertad de desplegar nuestras alas y volar.

Es un viaje que comienza con un paso, un acto valiente de desafío contra las limitaciones autoimpuestas y las presiones sociales que pueden habernos mantenido cautivos durante mucho tiempo. Al enfrentar nuestros miedos y abrazar lo desconocido, desatamos una fuerza potente que puede remodelar nuestras perspectivas, redefinir nuestras relaciones y abrir puertas a posibilidades que nunca habríamos imaginado.

El efecto dominó de nuestras transformadoras travesías se extiende mucho más allá de nuestras vidas individuales, inspirando y empoderando a quienes nos rodean para que emprendan sus propios caminos de autodescubrimiento y crecimiento personal. Nuestras historias se convierten en faros de esperanza e inspiración, creando un poderoso legado que trasciende generaciones y contribuye a la evolución colectiva de la humanidad.

Así que, abracemos el llamado a cambiar, a despojarnos de las cadenas de la complacencia y el estancamiento, y a embarcarnos en el viaje más profundo y gratificante de todos: el viaje hacia nuestros seres más verdaderos y auténticos. Atrevámonos a dar un paso valiente hacia lo desconocido, sabiendo que al otro lado nos espera un mundo de potencial ilimitado y la oportunidad de convertirnos en los arquitectos de nuestros destinos.

Pues solo al abrazar el cambio podemos realmente volar, dejando una estela de inspiración y empoderamiento a nuestro paso, y allanando el camino para que las generaciones futuras abracen el poder transformador de la metamorfosis personal.

ESCALONES: CONVERTIR OBSTÁCULOS EN OPORTUNIDADES

En el gran tapiz de la vida, el cambio es una constante ineludible, una fuerza que nos llama a despojarnos de nuestras crisálidas de complacencia y desplegar nuestras alas en busca de crecimiento y autorrealización. Sin embargo, para muchos, la noción de abrazar lo desconocido evoca una mezcla paradójica de entusiasmo y ansiedad, una delicada danza entre el atractivo de la transformación y el impulso instintivo de aferrarse a la familiaridad de nuestras zonas de confort.

Es esta misma paradoja la que debemos confrontar y superar si queremos aprovechar el poder transformador del cambio y convertir los obstáculos en escalones hacia nuestras mayores aspiraciones. Con demasiada frecuencia, nos encontramos atrapados en las cadenas del miedo y la duda personal, paralizados por la perspectiva de aventurarnos más allá de los límites de lo que conocemos y la certeza de nuestros patrones existentes.

Para embarcarnos en este viaje de metamorfosis, primero debemos reconocer y desmantelar las barreras que nos han mantenido sujetos al statu quo. La resistencia que surge desde dentro, alimentada por creencias profundamente arraigadas y narrativas limitantes, puede erigir formidables obstáculos para nuestro crecimiento personal y evolución. Es aquí donde debemos reunir el coraje para enfrentar a nuestros críticos internos y desafiar las voces que susurran imposibilidad y fracaso.

Sin embargo, al navegar por las aguas turbulentas del cambio, es esencial cultivar una mentalidad de resiliencia y fortaleza. El camino hacia la autorrealización rara vez es una línea recta, y los contratiempos y momentos de duda son compañeros inevitables en el viaje. Es en estos momentos que debemos reformular nuestra perspectiva, abrazando el fracaso no como un obstáculo insuperable, sino como una oportunidad para el crecimiento y el autodescubrimiento.

Para nutrir esta resiliencia, debemos rodearnos de un sistema de apoyo de personas afines que hayan emprendido sus propios viajes de transformación personal. Al obtener fuerza de sus experiencias y encontrar consuelo en el conocimiento de que no estamos solos en nuestras luchas, podemos superar los desafíos más abrumadores y emerger más fuertes, más sabios y más decididos que nunca.

Al navegar por este camino, es crucial reconocer que los obstáculos que encontramos no son meros impedimentos, sino más bien escalones que pueden impulsarnos más cerca de nuestros objetivos. Cada desafío, cada momento de incertidumbre, ofrece una oportunidad valiosa para refinar nuestras estrategias, recalibrar nuestro enfoque y cultivar la agilidad y adaptabilidad que son esenciales para el éxito duradero.

Uno de esos obstáculos que a menudo se presenta en el camino hacia la transformación es el miedo a dejar ir lo familiar. Como un capullo acogedor, las rutinas y patrones que han definido nuestras vidas pueden ofrecer un seductor sentido de seguridad, incluso cuando sofocan nuestro crecimiento y limitan nuestro potencial. Para superar este obstáculo, debemos cultivar el coraje para despojarnos de esta fachada acogedora y abrazar la incomodidad de lo desconocido.

Es en este acto de soltar que creamos espacio para que nuevas posibilidades echen raíces y florezcan. Al soltar nuestro apretón férreo del pasado, nos abrimos a las oportunidades ilimitadas que nos esperan al otro lado de nuestras zonas de confort. Lo desconocido, en otro tiempo fuente de aprensión, se convierte en un lienzo sobre el cual podemos pintar la obra maestra de nuestros sueños, sin las trabas de nuestras anteriores limitaciones.

Otro obstáculo formidable que a menudo surge en el camino de la transformación es el miedo al fracaso. Tan profundamente arraigada está nuestra aversión a los contratiempos y decepciones que podemos quedar paralizados ante la mera posibilidad de cometer errores o equivocaciones. Sin embargo, es precisamente en estos momentos de fracaso percibido donde encontramos las semillas de nuestro mayor crecimiento y autodescubrimiento.

Para superar este obstáculo, debemos reestructurar nuestra perspectiva y abrazar el fracaso como un catalizador necesario para la metamorfosis personal. Cada tropiezo, cada falso inicio, ofrece lecciones y conocimientos invaluables que puedan refinar nuestro enfoque y acercarnos aún más a nuestros objetivos finales. Al cultivar una mentalidad de curiosidad y una disposición para aprender de nuestros errores, transformamos obstáculos en peldaños, convirtiendo la adversidad en una fuerza poderosa que impulsa nuestro crecimiento y resiliencia.

Además, mientras navegamos por las complejidades del cambio, también debemos enfrentarnos al obstáculo de la duda propia y las creencias limitantes. Pues con demasiada frecuencia, las mayores barreras para nuestro éxito son las narrativas que nos contamos a nosotros mismos, las limitaciones autoimpuestas que constriñen nuestro potencial y sofocan nuestros sueños. Para superar este obstáculo, debemos involucrarnos en un proceso de autoexamen consciente, desafiando las creencias y suposiciones profundamente arraigadas que pueden habernos mantenido cautivos por tanto tiempo.

Cuestionando la validez de estas narrativas limitantes y reemplazándolas con creencias empoderadoras arraigadas en la autoconfianza y posibilidades, desbloqueamos la puerta a un mundo de potencial ilimitado. Llegamos a comprender que nuestros destinos no están predeterminados, sino que están moldeados por las decisiones que tomamos y el coraje que convocamos para perseguir nuestras más profundas aspiraciones.

Mientras navegamos por estos obstáculos y abrazamos el poder transformador del cambio, también debemos ser conscientes del efecto dominó que nuestras acciones pueden tener en el mundo que nos rodea. Nuestras historias de triunfo sobre la adversidad, de despojarnos de las cadenas del miedo y la duda personal, tienen el poder de inspirar y empoderar a otros para embarcarse en sus propios viajes de crecimiento personal y autodescubrimiento.

Al adentrarnos valientemente en lo desconocido y abrazar el viaje de la metamorfosis, nos convertimos en faros de esperanza e inspiración, recordando a otros que el camino hacia la autorrealización no solo es posible sino profundamente gratificante. Nuestros ejemplos sirven como un legado poderoso, inculcando en las generaciones venideras la creencia de que ellos también pueden moldear sus destinos y perseguir sus sueños y aspiraciones más profundos.

Además, al fomentar una cultura de crecimiento y resiliencia dentro de nuestras comunidades, creamos un ciclo auto-sostenido de transformación y evolución. A medida que más individuos abrazan el poder del cambio y desafían el status quo, impulsamos nuestras sociedades hacia mayores alturas de innovación, progreso y la búsqueda incesante de la auto-mejora.

De esta manera, nuestros viajes de metamorfosis se entrelazan inextricablemente en la trama del avance colectivo de la humanidad. Al convertir los obstáculos en peldaños, no solo desbloqueamos nuestro potencial, sino que también contribuimos a la evolución colectiva de nuestra especie, allanando el camino hacia un mundo donde el miedo y el estancamiento dan paso al coraje, la resiliencia y la búsqueda ilimitada de la realización personal.

Así que, abracemos el llamado revolucionario al cambio, para despojarnos de las cadenas de la complacencia y el estancamiento, y embarcarse en el viaje más profundo y gratificante de todos: el viaje hacia nuestro yo más verdadero y auténtico. Atrevámonos a adentrarnos en lo desconocido, armados con el conocimiento de que al otro lado nos espera un mundo de potencial ilimitado y la oportunidad de convertirnos en arquitectos de nuestros destinos.

Pues solo al convertir obstáculos en peldaños, al abrazar el poder transformador del cambio, podemos realmente elevarnos, dejando un rastro de inspiración y empoderamiento a nuestro paso, y allanando el camino para que generaciones venideras abracen el poder transformador de la metamorfosis personal.

EL PLAN DE CAMBIO: TRAZANDO TU VIAJE HACIA LA LUZ DEL SOL

Meta: Esta guía paso a paso te proporcionará un plan integral para abrazar y navegar activamente el cambio, desbloqueando tu potencial completo y transformando obstáculos en peldaños hacia el crecimiento personal y la autorrealización.

Materiales: Una mente abierta, un diario o cuaderno, y un compromiso inquebrantable con la auto-mejora.

Descripción general: El viaje hacia la aceptación del cambio y la realización de tu máximo potencial es un proceso multifacético, que consta de varios pasos clave:

1. Enfrentando la resistencia al cambio
2. Cultivando una mentalidad de crecimiento
3. Explorando tus aspiraciones más profundas
4. Superando creencias autolimitantes
5. Desarrollando resiliencia ante los contratiempos
6. Construyendo una red de apoyo
7. Celebrando tus progresos y logros

Profundicemos en cada uno de estos pasos cruciales:

Paso 1: Enfrentando la Resistencia al Cambio

El primer paso en este viaje transformador es enfrentar la resistencia y los miedos que a menudo surgen al enfrentarnos a la posibilidad de cambio. Esta resistencia puede manifestarse de muchas formas: el deseo de aferrarse a lo conocido, el miedo a lo desconocido, o la duda interna que susurra sobre el potencial fracaso.

Identifica las fuentes de tu resistencia: ¿Qué miedos o preocupaciones específicas te están frenando?

- Reconócelos sin juzgar.
- Desafía las narrativas: Examina la validez de tus miedos y preocupaciones. ¿Están arraigados en la realidad, o son limitaciones autoimpuestas?
- Reformula tu perspectiva: En lugar de ver el cambio

como una amenaza, míralo como una oportunidad para el crecimiento y el autodescubrimiento.

Paso 2: Cultivando una Mentalidad de Crecimiento

Para abrazar completamente el poder transformador del cambio, debes cultivar una mentalidad de crecimiento: la creencia de que tus habilidades y potencial no son fijos, sino que pueden desarrollarse a través del trabajo arduo, la dedicación y la disposición para aprender.

- **Adopta una mentalidad de aprendizaje:** Enfócate en los desafíos como oportunidades para adquirir nuevas habilidades y conocimientos, en lugar de obstáculos a evitar.
- **Celebra el esfuerzo, no solo los resultados:** Enfócate en el proceso de crecimiento y automejora, no solo en el objetivo final.
- **Busca retroalimentación y críticas constructivas:** Busca activamente retroalimentación de fuentes confiables y utilízalo para impulsar tu desarrollo personal.

Paso 3: Explorando Tus Aspiraciones Más Profundas

El cambio es más poderoso y transformador cuando está guiado por un claro sentido de propósito y aspiración. Tómate el tiempo para explorar tus deseos más profundos y la visión que tienes para tu vida.

- **Reflexiona sobre tus valores y pasiones fundamentales:** ¿Qué es lo que realmente importa para ti y te brinda una sensación de satisfacción?
- **Visualiza tu futuro ideal:** Imagina la vida que deseas crear para ti mismo y deja que esa visión guíe tus acciones.
- **Establece metas específicas y medibles:** Descompón tus aspiraciones en metas alcanzables y accionables que te impulsen hacia tu futuro deseado.

Paso 4: Superando Creencias Autolimitantes

Uno de los mayores obstáculos para aceptar el cambio y realizar tu máximo potencial son las creencias autolimitantes que a menudo residen dentro de nosotros. Estas creencias pueden derivar de experiencias pasadas, condicionamiento social o autocrítica negativa, pero pueden superarse.

- **Identifica tus creencias limitantes:** ¿Qué creencias te frenan para alcanzar tus metas o aceptar el cambio?
- **Desafía y reformula:** Examina la validez de estas creencias y reemplázalas con afirmaciones positivas empoderadoras.
- **Cultiva la autocompasión:** Sé amable y comprensivo contigo mismo mientras trabajas para superar estas creencias limitantes.

Paso 5: Desarrollando Resiliencia Ante los Contratiempos

El camino hacia el crecimiento personal y la transformación rara vez es una línea recta. Los contratiempos, fracasos y momentos de duda son compañeros inevitables en este viaje. Desarrollar resistencia es clave para navegar estos desafíos y emerger más fuerte y determinado que nunca.

- **Reformula el fracaso como una oportunidad de aprendizaje:** Ve los contratiempos como oportunidades para refinar tu enfoque y obtener valiosos conocimientos.
- **Practica el autocuidado y la atención plena:** Cuida tu bienestar físico y mental para mantener una mentalidad positiva y fortaleza emocional.
- **Cultiva un sistema de apoyo:** Rodéate de personas que puedan ofrecer ánimo, perspectiva y responsabilidad.

Paso 6: Construyendo una Red de Apoyo

Aceptar el cambio y el crecimiento personal puede ser un viaje desafiante, pero no tienes que hacerlo solo. Construir una red de apoyo de personas afines puede proporcionar un estímulo, responsabilidad e inspiración invaluables.

- **Busca mentores y modelos a seguir:** Encuentra personas que hayan navegado con éxito por viajes similares y aprende de sus experiencias.
- **Únete a comunidades o grupos:** Conéctate con otros

que compartan tus aspiraciones y puedan ofrecer apoyo y ánimo.

- **Ofrece apoyo y estímulo:** A medida que avanzas en tu viaje, devuelve el favor apoyando e inspirando a otros que están comenzando sus viajes.

Paso 7: Celebrando Tu Progreso y Logros

Mientras recorres el camino de la transformación personal, es esencial hacer una pausa y celebrar tu progreso y logros, por pequeños que sean. Reconocer tus éxitos alimentará tu motivación y reforzará tu compromiso con el crecimiento.

- **Reflexiona sobre tu viaje:** Tómate regularmente el tiempo para evaluar cuánto has avanzado y los obstáculos que has superado.
- **Celebrar hitos y logros:** Marca hitos y logros significativos con un regalo especial o actividad.
- **Expresa gratitud:** Practica la gratitud por las oportunidades de crecimiento y el apoyo que has recibido a lo largo del camino.

Midiendo el éxito: A medida que implementas estos pasos, notarás un cambio gradual en tu mentalidad, actitudes y comportamientos. Te encontrarás más abierto al cambio, más resistente frente a los desafíos y más enfocado en el crecimiento personal y la auto-actualización. En última instancia, la verdadera medida del éxito será tu capacidad de abrazar el cambio como un catalizador para la superación personal y convertir los obstáculos en peldaños hacia tus aspiraciones más profundas.

Posibles obstáculos y soluciones:

- **Falta de motivación o procrastinación:** Divide tus metas en pasos más pequeños y procesables y celebra cada logro en el camino.
- **Estrés abrumador o ansiedad:** Practica técnicas de atención plena, busca apoyo de seres queridos y prioriza el cuidado personal.
- **Retrocesos o fracasos:** Reformula estas experiencias como oportunidades de aprendizaje y céntrate en las lecciones que proporcionan.

Recuerda, el viaje hacia la transformación personal y el abrazo del cambio es un proceso de toda la vida. Siguiendo estos pasos y manteniéndote comprometido con tu crecimiento, desbloquearás el poder de convertir los obstáculos en escalones y crearás una vida de potencial ilimitado y realización.

DESBLOQUEANDO EL POTENCIAL: LOS CONCEPTOS CLAVE DE LA TRANSFORMACIÓN PERSONAL

El cambio es inevitable, el crecimiento es opcional La vida es una danza constante de cambio, una sinfonía en constante evolución donde las melodías de nuestras experiencias se mezclan y transforman. En este tapiz dinámico, dos caminos se dividen: uno que conduce a la estancación, el otro que nos llama hacia el crecimiento y la auto-actualización. La elección es nuestra, y está en nuestro poder aprovechar el potencial transformador del cambio, desbloqueando las puertas hacia nuestras aspiraciones más elevadas.

"La única manera de darle sentido al cambio es lanzarse a él, moverse con él y unirse a la danza." - Alan Watts

Abrazar el cambio no es meramente un acto de resiliencia; es una profunda invitación a expandir nuestros horizontes, trascender nuestras limitaciones autoimpuestas y redefinir los límites de lo que creemos posible. En el corazón de este viaje transformador se encuentran tres conceptos fundamentales: resiliencia, adaptabilidad y una mentalidad de crecimiento.

Resiliencia: La Base Inquebrantable, es la base sobre la que se construye nuestra capacidad para abrazar el cambio. Es la determinación inquebrantable de levantarse por encima de la adversidad, de doblarse pero no quebrarse frente a los desafíos, y de avanzar con un compromiso inalterable. La resiliencia no es meramente un rasgo; es un músculo que puede fortalecerse a través de la práctica y la perseverancia.

Como un robusto roble que aguanta las tormentas, la resiliencia nos permite resistir los vientos del cambio, adaptarnos y crecer más fuertes con cada desafío que pasa. Es el combustible que nos impulsa hacia adelante, incluso cuando el camino por delante parece envuelto en incertidumbre.

"La resiliencia es la capacidad de navegar los desafíos inevitables de la vida de una manera que nos permita emerger más fuertes y sabios." - Dra. Lucy Hone

Para cultivar la resiliencia, primero debemos abrazar la autoconciencia, reconociendo nuestros miedos y vulnerabilidades sin juicio. Solo entonces podemos reencuadrar nuestras perspectivas, reconociendo los contratiempos no como fracasos, sino como oportunidades para el crecimiento y el aprendizaje. A través de la atención plena y la autocompasión, podemos nutrir una resiliencia inquebrantable que nos permita capear las tormentas de la vida y salir más fuertes al otro lado.

Adaptabilidad: El Arte de la Reinvención En el paisaje en constante evolución de la vida, la adaptabilidad es la brújula que nos guía a través de los territorios inexplorados del cambio. Es la capacidad de pivotar, de recalibrar nuestro rumbo y de abrazar nuevas perspectivas y enfoques cuando el camino por delante está oscurecido.

La adaptabilidad es el sello distintivo de aquellos que prosperan frente al cambio, ya que nos permite despojarnos de las ataduras del pensamiento rígido y abrazar la fluidez de las corrientes de la vida. Es la voluntad de salir de nuestras zonas de confort, desafiar nuestras suposiciones y abrazar lo desconocido con curiosidad y mente abierta.

"No es la especie más fuerte la que sobrevive, ni la más inteligente, sino la que es más receptiva al cambio." - Charles Darwin

Para cultivar la adaptabilidad, primero debemos adoptar una mentalidad de principiante, desprendiéndonos del peso de las nociones preconcebidas y cultivando un sentido infantil de asombro y curiosidad. Es a través de esta óptica que podemos percibir el cambio no como una amenaza, sino como una oportunidad para explorar nuevos horizontes, experimentar con enfoques novedosos y expandir los límites de nuestra comprensión.

Mentalidad de Crecimiento: El Catalizador de la Transformación En el corazón de nuestra capacidad para abrazar el cambio yace una creencia fundamental: la creencia de que nuestro potencial no está fijado, sino que es maleable y que poseemos la capacidad de crecer, evolucionar y trascender nuestras limitaciones actuales. Esta creencia es la esencia de una mentalidad de crecimiento, un poderoso catalizador que transforma los obstáculos en peldaños y los contratiempos en oportunidades para el autodescubrimiento.

Con una mentalidad de crecimiento, renunciamos a las cadenas de las limitaciones autoimpuestas y abrazamos las infinitas posibilidades que se encuentran ante nosotros. Comprendemos que nuestras habilidades no son estáticas, sino dinámicas, moldeadas por nuestros esfuerzos, nuestra disposición a aprender y nuestro compromiso inquebrantable con el crecimiento.

"El cambio de mentalidad no se trata de recoger algunos consejos aquí y allá. Se trata de ver las cosas de una manera nueva." - Carol Dweck

Para cultivar una mentalidad de crecimiento, primero debemos desafiar las narrativas que nos confinan, las creencias autolimitantes que susurran nuestras insuficiencias. Debemos buscar activamente retroalimentación, aceptando la crítica constructiva como un catalizador para el crecimiento, no como una amenaza a nuestra autoestima. Sobre todo, debemos celebrar el viaje en sí, reconociendo que el verdadero crecimiento no está en el destino, sino en el proceso de convertirse.

Juntos, la resiliencia, la adaptabilidad y una mentalidad de crecimiento forman un poderoso trío, un marco para la transformación personal que nos empodera para abrazar el cambio como un catalizador para el crecimiento y la autorrealización. Al encarnar estos principios, desbloqueamos el potencial para trascender los límites de nuestra realidad actual y crear una vida verdaderamente vivida, una vida de propósito, plenitud y posibilidad ilimitada.

"El cambio es el resultado de todo verdadero aprendizaje." - Leo Buscaglia

Abraza el cambio, porque es el crisol en el que se forjan nuestros seres más verdaderos. Abraza lo desconocido, porque es el lienzo sobre el cual se pintan nuestras más grandes obras maestras. Y sobre todo, abraza el viaje, porque es en el acto de convertirse que descubrimos las infinitas profundidades de nuestro potencial.

Desbloqueando el Potencial: Un Viaje, no un Destino El camino hacia la transformación personal y el desbloqueo de nuestro potencial completo no es lineal, sino un viaje lleno de giros, vueltas y desvíos inesperados. Es un viaje que exige resiliencia, adaptabilidad y un compromiso inquebrantable con el crecimiento.

A lo largo de este camino, encontraremos obstáculos y contratiempos, momentos que ponen a prueba nuestra determinación y desafían nuestras creencias. Pero es en estos crisoles de adversidad donde se forja nuestra verdadera fortaleza, se templa nuestra resistencia y se perfecciona nuestra adaptabilidad.

También encontraremos momentos de profunda comprensión y avances, revelaciones que rompen los límites de nuestras limitaciones autoimpuestas y abren nuestros ojos a nuevos horizontes de posibilidad. Estos son los momentos que alimentan nuestra mentalidad de crecimiento, encendiendo dentro de nosotros un ardiente deseo de aprender, evolucionar y trascender las restricciones de nuestra realidad actual.

Durante este viaje, debemos abrazar un espíritu de curiosidad y apertura mental, porque es en los giros inesperados donde a menudo encontramos nuestras mayores lecciones y oportunidades para el autodescubrimiento. Debemos estar dispuestos a desechar nuestras nociones preconcebidas, desafiar nuestras suposiciones y abrazar nuevas perspectivas con una mentalidad de principiante.

Y sobre todo, debemos cultivar un profundo pozo de autocompasión, porque el viaje hacia la transformación personal no es un camino lineal, sino una danza espiral de crecimiento y contratiempos, de éxitos y fracasos, de momentos de claridad y períodos de duda.

Es en esta danza que realmente llegamos a comprender la profunda verdad: que desbloquear nuestro potencial completo no es un destino a alcanzar, sino un viaje de por vida, de convertirse. Es un viaje de autodescubrimiento, de despojarse de las capas de limitaciones autoimpuestas y de abrazar las posibilidades infinitas que yacen dentro de nosotros.

"El viaje de mil millas comienza con un solo paso." - Lao Tzu

Así que da ese primer paso y abraza el viaje con los brazos abiertos. Porque es en el acto de abrazar el cambio, cultivar la resiliencia y la adaptabilidad, y nutrir una mentalidad de crecimiento que desbloqueamos las puertas a nuestros verdaderos seres y desatamos el potencial ilimitado que reside en cada uno de nosotros.

HORIZONTES HISTÓRICOS: LECCIONES DEL PASADO

Prólogo: El Tapiz del Progreso Humano: A lo largo de la vasta extensión de la historia humana, nuestra especie ha navegado por el vaivén del cambio, adaptándose y evolucionando de maneras que nos han impulsado hacia alturas extraordinarias. En esta cronología panorámica, somos testigos de la capacidad de adaptación del espíritu humano, la ilimitada ingeniosidad que ha dado forma a las civilizaciones y la inquebrantable determinación que ha conquistado obstáculos aparentemente insuperables.

Desde los primeros atisbos de conciencia hasta las maravillas modernas que adornan nuestras ciudades, este tapiz histórico teje una historia de triunfo y transformación, un testamento de nuestra capacidad para abrazar el cambio como catalizador del crecimiento y la iluminación. Al explorar los hilos que conectan el pasado con el presente, no solo ganamos perspectiva, sino que también desbloqueamos lecciones invaluables que pueden guiarnos hacia un futuro donde el miedo al cambio es superable y el potencial para la grandeza está limitado solo por las barreras de nuestra imaginación.

1. El Amanecer de la Ingenuidad: Nuestra historia comienza en las sombras de la antigüedad, donde se vislumbran los primeros destellos de la ingeniosidad y adaptación humanas. Fue en esta época, hace unos 2.6 millones de años, cuando nuestros ancestros primero crearon herramientas de piedra rudimentarias, marcando un momento crucial en nuestra evolución y nuestra capacidad para dar forma a nuestro entorno.

Este simple acto de innovación desató una reacción en cadena que resonaría a través de las edades, mientras nuestros ancestros comenzaban a dominar el poder del fuego, domesticar animales y cultivar la tierra, adaptándose a los paisajes y climas cambiantes que encontraron. Estos pioneros tempranos sentaron las bases para las civilizaciones que seguirían, demostrando la capacidad intrínseca humana para abrazar el cambio como un medio de supervivencia y progreso.

- *Cultura de Herramientas de Piedra Olduvayense (c. 2.6 millones - 1.7 millones de años atrás)*
- *Dominio del Fuego (c. 1.5 millones de años atrás)*
- *Emergencia del Homo erectus (c. 1.9 millones de años atrás)*

2. El Nacimiento de la Civilización: A medida que las sombras del mundo antiguo dieron paso al amanecer de la civilización, nuestros ancestros emprendieron un viaje que alteraría para siempre el curso de la historia humana. Desde el fértil creciente de Mesopotamia hasta las riberas del Nilo, la necesidad de adaptarse a las cambiantes condiciones ambientales y demandas sociales dio lugar a algunas de las civilizaciones más antiguas y duraderas del mundo.

- *El Creciente Fértil* (c. 3500 a.C. - c. 500 a.C.): La cuna de la civilización, donde los sumerios, babilonios y asirios desarrollaron la escritura, la agricultura y los centros urbanos, adaptándose a los desafíos de su entorno y sentando las bases para las civilizaciones que siguieron.
- *Antiguo Egipto* (c. 3100 a.C. - 332 a.C.): Una civilización que aprovechó el poder del Nilo, adaptándose a los ciclos de inundaciones y sequías, y erigiendo monumentos que permanecen como testimonios perdurables de su ingeniosidad y resiliencia.
- *La Civilización del Valle del Indo* (c. 3300 a.C. - c. 1300 a.C.): Una sofisticada cultura urbana que prosperó en el duro entorno de la cuenca del río Indo, desarrollando complejas maravillas de ingeniería y un sofisticado sistema de comercio y demostrando su adaptabilidad y recursos.

3. La Era de la Exploración y Expansión A medida que la humanidad se aventuraba más allá de las fronteras de sus primeros asentamientos, surgió una nueva era de exploración e intercambio cultural. Desde las vastas rutas comerciales de la Ruta de la Seda hasta los atrevidos viajes de intrépidos marinos, el mundo se convirtió en un lienzo sobre el cual el espíritu humano pintó su obra maestra de adaptación y fortaleza.

- *La Ruta de la Seda* (c. 130 a.C. - 1453 d.C.): Una vasta red de rutas comerciales que conectaban el Este y el Oeste, facilitando el intercambio de bienes, ideas y culturas, y obligando a las sociedades a adaptarse a nuevas influencias y perspectivas.
- *La Era de los Descubrimientos* (c. siglos XV - XVII): Un período marcado por atrevidos viajes de exploración que desafiaron los límites del mundo conocido, mientras intrépidos navegantes como Cristóbal Colón, Fernando de Magallanes y Vasco da Gama se adentraron en aguas desconocidas y encontraron nuevas tierras, culturas y desafíos.
- *El Intercambio Colombino* (c. 1492 - 1800): La vasta transferencia de plantas, animales, enfermedades y culturas entre los hemisferios Oriental y Occidental, fue un momento crucial que alteró para siempre el curso de la historia humana y exigió una profunda adaptación a escala global.

4. El Renacimiento y la Ilustración: A raíz de la Edad Media, un período notable de renacimiento intelectual y cultural se extendió por Europa, inaugurando una era de progreso y transformación sin precedentes. Desde la celebración del arte, la ciencia y el humanismo del Renacimiento hasta la exaltación de la razón y el individualismo de la Ilustración, este período marcó un cambio profundo en el pensamiento y la comprensión humana, desafiando las creencias largamente mantenidas y allanando el camino para el mundo moderno.

- *El Renacimiento* (c. siglos XIV - XVII): Un movimiento cultural que floreció en Italia y se extendió por Europa, abrazando un renovado interés por el aprendizaje clásico, el arte y el humanismo, e inspirando un espíritu de investigación e innovación que remodelaría el mundo.
- *La Ilustración* (c. siglos XVII - XVIII): Un movimiento filosófico e intelectual que defendió la razón, el individualismo y la investigación científica, desafiando la autoridad tradicional y encendiendo una revolución en el pensamiento que allanó el camino para los ideales democráticos que darían forma al mundo moderno.
- *La Revolución Científica* (c. siglos XVI - XVII): Un período marcado por descubrimientos revolucionarios en los campos de la astronomía, la física y las matemáticas, cuando visionarios como Galileo Galilei, Isaac Newton y Johannes Kepler desafiaron los paradigmas prevalecientes e inauguraron una nueva era de comprensión científica.

5. La Era Industrial y la Marcha del Progreso: A medida que se encendían las llamas de la Revolución Industrial, el mundo fue testigo de una transformación de alcance y escala sin precedentes. Desde el aprovechamiento de la energía del vapor hasta el advenimiento de la producción en masa, la capacidad de adaptación e innovación de la humanidad se elevó a nuevas alturas, remodelando las sociedades, economías y el tejido mismo de la vida diaria.

- *La Revolución Industrial* (c. 1760 - c. 1840): Un período de rápida industrialización que comenzó en Gran Bretaña y se extendió por Europa y América del Norte, impulsado por avances tecnológicos como la máquina de vapor, fábricas mecanizadas y el surgimiento de centros urbanos, alterando para siempre el paisaje de la civilización humana.
- *La Revolución del Transporte* (c. siglo XIX): Una era marcada por el desarrollo de ferrocarriles, barcos de vapor y el motor de combustión interna, conectando el mundo de maneras nunca antes imaginadas y requiriendo una adaptación social, económica y cultural profunda.
- *La Revolución de las Comunicaciones* (c. siglo XIX): El advenimiento del telégrafo, el teléfono y la radio transformó la forma en que se compartía y difundía la información, trascendiendo fronteras geográficas e inaugurando una nueva era de conectividad global y cambio rápido.

6. La Era Moderna: Cambio Acelerado: A medida que avanzamos en la era moderna, el ritmo del cambio se ha acelerado a velocidades vertiginosas, impulsado por los avances tecnológicos y los cambios sociales que han desafiado nuestra capacidad para adaptarnos y evolucionar. Desde las Guerras Mundiales que sacudieron los cimientos del orden global hasta la revolución digital que ha remodelado el tejido mismo de la interacción humana, nuestro viaje ha sido uno de resiliencia, adaptación y una búsqueda incesante del progreso.

- *Primera y Segunda Guerra Mundial* (1914-1918, 1939-1945): Estos conflictos mundiales no solo remodelaron el panorama político y económico del mundo, sino que también catalizaron profundas innovaciones tecnológicas, movimientos sociales y un renovado compromiso con la seguridad y cooperación colectivas.
- *El Movimiento por los Derechos Civiles* (c. 1954 - 1968): Una lucha crucial por la igualdad racial y la justicia social que desafió el statu quo e inspiró movimientos de cambio en todo el mundo, demostrando el poder de la resiliencia y la determinación frente a la adversidad.
- *La Revolución Digital* (c. años 1950 - presente): El advenimiento de las computadoras, internet y tecnologías digitales ha transformado prácticamente todos los aspectos de la vida moderna, desde la comunicación y el comercio hasta la educación y el entretenimiento, obligando a individuos y sociedades a adaptarse a un panorama tecnológico en constante evolución.

Epílogo: Abrazando el Viaje mientras nos encontramos en el umbral de una nueva era, donde los límites de lo posible se extienden cada vez más lejos por el vertiginoso ritmo de la innovación y el cambio, se nos recuerda que nuestra historia es de una gran capacidad de adaptación y de un compromiso inquebrantable con el crecimiento.

Las lecciones entrelazadas en este tapiz histórico no son meramente ecos del pasado, sino faros que iluminan el camino a seguir. Nos recuerdan que el cambio, aunque a menudo intimidante, es el crisol en el que se forja la grandeza humana y que nuestra capacidad para abrazarlo es la clave que abre las puertas a un futuro donde nuestro potencial no conoce límites.

Así que abracemos este viaje, con todos sus giros y vueltas, sus desafíos y triunfos, porque es en el acto de abrazar el cambio donde descubrimos las verdaderas profundidades de nuestra resiliencia, los horizontes infinitos de nuestra adaptabilidad y la ilimitada expansión de nuestro potencial. Bailemos con las corrientes del cambio, confiados en el conocimiento de que nuestra historia es una de grandeza perdurable, y que el miedo al cambio es solo un susurro en la gran sinfonía del progreso humano.

LA EVIDENCIA DE LA EVOLUCIÓN: EL CAMBIO COMO CATALIZADOR DEL CRECIMIENTO

1. **La Importancia de un Enfoque Basado en Evidencia:** Al explorar el profundo impacto que tiene abrazar el cambio en el crecimiento personal y profesional, es imperativo adoptar un enfoque basado en evidencia. Este método de análisis fundamenta nuestra comprensión en datos empíricos, hallazgos de investigación y observaciones medibles, garantizando que nuestras conclusiones estén enraizadas en la objetividad y el rigor científico. Al examinar la abundancia de estudios y ejemplos del mundo real que ilustran el poder transformador del cambio, podemos construir un caso convincente que resuene tanto con la lógica como con la experiencia vivida.

2. **La Propuesta:** El Cambio como Catalizador del Crecimiento: La propuesta central que buscamos analizar es la noción de que abrazar el cambio, en lugar de resistirlo, sirve como un poderoso catalizador para el crecimiento personal y profesional. Esta idea desafía la tendencia humana instintiva de aferrarse a lo familiar y ver el cambio como una amenaza, debemos argumentar que es a través del acto de abrazar nuevas experiencias, perspectivas y desafíos que desbloqueamos nuestro potencial completo para el crecimiento y la autoactualización.

3. **La Evidencia:** Estudios sobre la Flexibilidad Cognitiva y la Adaptabilidad: Una abundancia de estudios científicos

subraya la importancia de la flexibilidad cognitiva y la adaptabilidad para fomentar el crecimiento personal. Uno de estos estudios, realizado por investigadores de la Universidad de California, Los Ángeles (UCLA), encontró que los individuos que eran más abiertos al cambio y estaban dispuestos a adaptarse a nuevas situaciones mostraban niveles más altos de bienestar general y satisfacción con la vida. El estudio, que involucró a más de 1,500 participantes, midió la flexibilidad cognitiva a través de una serie de tareas y autoevaluaciones, y los resultados fueron sorprendentes: aquellos que abrazaron el cambio reportaron niveles más bajos de estrés, mayor autoestima y un mayor sentido de crecimiento personal.

4. **Desglosando la Evidencia:** Metodología y Credibilidad: El estudio de UCLA empleó una metodología robusta, combinando evaluaciones psicológicas estandarizadas con observaciones del mundo real y recopilación de datos longitudinales. Los investigadores aseguraron una muestra diversa y representativa, abarcando diversas edades, antecedentes socioeconómicos y contextos culturales, lo que confiere credibilidad a los hallazgos y mejora su generalización. Además, el estudio fue revisado por pares y publicado en una revista científica de renombre, sometiéndose a un riguroso escrutinio por parte de expertos en el campo antes de ser aceptado para su publicación.

5. **Puntos de vista contrarios:** El papel de la estabilidad y la rutina: Aunque la evidencia de los beneficios de

abrazar el cambio es convincente, es esencial reconocer posibles contrapartes y perspectivas alternativas. Algunos expertos argumentan que un cierto grado de estabilidad y rutina es necesario para el bienestar personal y la productividad, sugiriendo que el cambio constante puede llevar a sentimientos de inestabilidad, estrés y agotamiento. Estos argumentos no carecen de mérito, ya que los seres humanos son criaturas de hábitos, y una base estable puede brindar una sensación de seguridad y control.

6. **Abordando los Puntos de Vista Contrarios:** Encontrar el Equilibrio: Sin embargo, el argumento de abrazar el cambio no necesariamente niega la importancia de la estabilidad; más bien, aboga por un equilibrio saludable entre los dos. El cambio debe considerarse como una oportunidad para el crecimiento y el autodescubrimiento, mientras que la estabilidad proporciona la base y el apoyo necesarios para navegar esas transiciones de manera efectiva. Al cultivar una mentalidad abierta y desarrollar resiliencia, los individuos pueden aprender a abrazar el cambio manteniendo un sentido de equilibrio y propósito.

7. **Más Evidencia:** Los Beneficios de Salir de las Zonas de Confort: Más allá de la flexibilidad cognitiva y adaptabilidad, numerosos estudios han destacado los beneficios de salir de la zona de confort y aceptar nuevos desafíos. Un estudio realizado por investigadores de la Universidad de Stanford examinó el impacto de las experiencias novedosas en la función cerebral y el

crecimiento personal. Los hallazgos revelaron que las personas que participaron en actividades fuera de sus zonas de confort, como aprender un nuevo idioma o tomar un nuevo pasatiempo, mostraron una mayor actividad neural en regiones asociadas con el aprendizaje, la memoria y la resolución de problemas. Esta neuroplasticidad facilitó el crecimiento personal al mejorar las habilidades cognitivas y fomentar una mentalidad de crecimiento.

8. **Aplicaciones del Mundo Real y Significado:** Los hallazgos basados en evidencia sobre el poder transformador de abrazar el cambio tienen implicaciones de largo alcance tanto para el desarrollo personal como profesional. En el ámbito del crecimiento personal, las personas que cultivan una mentalidad abierta y la disposición para salir de sus zonas de confort están mejor equipadas para navegar las transiciones de la vida, aprovechar nuevas oportunidades y continuar aprendiendo y evolucionando. Profesionalmente, esta mentalidad puede llevar a un aumento de la innovación, la adaptabilidad y una ventaja competitiva en un paisaje empresarial en rápido cambio. Las empresas que fomentan una cultura de abrazar el cambio tienen más probabilidades de mantenerse a la vanguardia de las tendencias de la industria, atraer talento de primer nivel e impulsar un crecimiento y éxito sostenidos.

ESTRATEGIAS DE LUZ SOLAR: APLICACIONES PRÁCTICAS PARA ABRAZAR EL CAMBIO

1. **Breve Resumen:** Aceptar el cambio es un poderoso catalizador para el crecimiento personal y profesional, desbloqueando un mundo de posibilidades y potencial sin explotar. Esta lista completa de estrategias y prácticas te equipará con las herramientas para navegar el proceso de cambio con gracia, resiliencia y una mentalidad de crecimiento. Desde cultivar una mentalidad abierta y adaptable hasta fomentar la autoconciencia y desarrollar mecanismos de afrontamiento, estas estrategias te empoderarán para convertir cada transición en una oportunidad para el autodescubrimiento, el aprendizaje y la transformación.

2. **Lista de Estrategias y Prácticas:**

3. **Cultiva una Mentalidad Abierta y Adaptable:** En el núcleo de aceptar el cambio se encuentra la cultivación de una mentalidad abierta y adaptable. Esto requiere un cambio consciente de una mentalidad fija, que ve las habilidades y características como estáticas, a una mentalidad de crecimiento, que reconoce la maleabilidad de nuestras capacidades y el potencial para el aprendizaje y mejora continuos. Al buscar activamente nuevas experiencias, perspectivas y desafíos, te abres a la transformación y el crecimiento personal. Adopta un enfoque curioso, cuestiona supuestos y desafíate a salir regularmente de tu zona de confort. Recuerda, el cambio no es algo que deba

temerse sino una oportunidad para expandir tus horizontes y desbloquear nuevas posibilidades.

4. **Fomenta la Autoconciencia y la Inteligencia Emocional:** Aceptar el cambio requiere una comprensión profunda de tus pensamientos, emociones y comportamientos. La autoconciencia es la base sobre la cual se construye la inteligencia emocional, permitiéndote reconocer y manejar tus sentimientos de manera efectiva. Cultiva la práctica de la autorreflexión, llevar un registro de nuestros pensamientos, deseos, miedos y esperanzas o buscar retroalimentación de fuentes confiables para obtener ideas sobre tus patrones, desencadenantes y áreas de crecimiento. A medida que desarrollas una mayor inteligencia emocional, estarás mejor equipado para navegar el paisaje emocional del cambio con solidez y gracia, manejando efectivamente el estrés y la incertidumbre.

5. **Desarrolla Resiliencia y Tenacidad:** El Cambio a menudo viene con desafíos y retrocesos, lo que hace que la fortaleza y la tenacidad sean cualidades esenciales para cultivar. La fortaleza es la capacidad de recuperarse de la adversidad, mientras que la tenacidad es la perseverancia y pasión para perseguir objetivos a largo plazo. Desarrollar estas características implica replantear los contratiempos como obstáculos temporales, enfocándose en lo que puedes controlar y manteniendo una mentalidad positiva y orientada a la solución. Involúcrate en actividades que construyan fortaleza mental, como el ejercicio físico, la meditación

o perseguir objetivos desafiantes. Recuerda, cada obstáculo es una oportunidad para crecer más fuerte y más resiliente.

6. **Practica la Atención Plena y la Presencia:** En medio del caos y la incertidumbre del cambio, la atención plena y la presencia ofrecen anclas de estabilidad y claridad. Al cultivar la práctica de estar completamente presente en el momento, puedes responder al cambio con mayor conciencia e intencionalidad, en lugar de reaccionar desde un lugar de miedo o hábito. Las prácticas de atención plena, como la meditación, los ejercicios de respiración profunda o el movimiento consciente, pueden ayudarte a mantenerte enraizado, reducir el estrés y tomar decisiones más conscientes. Cuando abordas el cambio con presencia y conciencia, te abres a nuevas perspectivas y oportunidades que podrían haber sido pasadas por alto previamente.

7. **Busca Oportunidades de Crecimiento:** Aceptar el cambio no se trata solo de aceptar lo que se te presenta, sino de buscar activamente oportunidades para el crecimiento y la auto-mejora. Identifica áreas donde puedes expandirte más allá de tus habilidades actuales y adquirir nuevas habilidades o conocimientos. Esto podría implicar tomar un curso, asistir a un taller, buscar un mentor o perseguir un nuevo pasatiempo o interés. Al desafiarte continuamente y salir de tu zona de confort, cultivas una mentalidad de aprendizaje continuo y evolución personal, asegurando que el cambio se convierta en un

catalizador de crecimiento en lugar de una fuente de estancamiento.

8. **Adopta una Mente de Principiante:** Frente al cambio, puede ser tentador aferrarse a lo que ya conoces y depender de experiencias pasadas. Sin embargo, adoptar una mente de principiante, un estado de apertura, curiosidad y disposición a abandonar las preconcepciones, es esencial para navegar un nuevo terreno. Aborda cada transición con una nueva perspectiva, libre de las limitaciones de suposiciones o juicios pasados. Haz preguntas, busca orientación y mantente abierto a aprender de las experiencias de los demás. Al cultivar una mente de principiante, te abres a nuevos conocimientos, soluciones creativas y oportunidades de crecimiento personal.

9. **Reformula Desafíos como Oportunidades:** El Cambio a menudo trae desafíos y obstáculos, pero cómo percibes y respondes a estos desafíos puede marcar la diferencia. En lugar de verlos como amenazas o fuentes de estrés, reformúlalos como oportunidades de crecimiento, aprendizaje y autodescubrimiento. Cuando te enfrentes a un desafío, pregúntate: "¿Qué puedo aprender de esta experiencia?" o "¿Cómo puede esta situación ayudarme a desarrollar nuevas habilidades o perspectivas?" Al cambiar tu mentalidad, transformas desafíos en peldaños en tu camino de crecimiento personal y autorrealización.

10. **Construye un Sistema de Apoyo:** Navegar el cambio puede ser intimidante, pero tener un fuerte sistema de

apoyo puede hacer que el viaje sea más manejable y empoderador. Rodéate de individuos que compartan tu mentalidad de crecimiento y puedan ofrecer aliento, orientación y responsabilidad. Esto podría incluir amigos, familiares, mentores, entrenadores o grupos de apoyo. Una red de apoyo puede proporcionar sustento emocional, consejos prácticos y un espacio seguro para procesar los desafíos y triunfos que acompañan al cambio. Recuerda, no tienes que emprender este viaje solo.

11. **Practica el Autocuidado y la Gestión del Estrés:** El cambio puede ser emocional y físicamente agotador, lo que hace que el autocuidado y la gestión del estrés sean componentes esenciales del proceso. Desarrolla una rutina que priorice tu bienestar físico, emocional y mental. Esto podría incluir ejercicio regular, hábitos alimenticios saludables, sueño adecuado y actividades que te brinden alegría y relajación. Experimenta con técnicas para aliviar el estrés como ejercicios de respiración profunda, meditación, escribir tus pensamientos o involucrarte en pasatiempos. Al cuidarte, estarás mejor equipado para navegar las demandas del cambio con resiliencia y claridad.

12. **Celebrar Pequeños Logros y Progresos:** El viaje de aceptar el cambio no es un camino lineal; está lleno de altibajos, éxitos y retrocesos. Para mantener la motivación y una mentalidad positiva, es crucial celebrar los pequeños logros y progresos a lo largo del camino. Tómate el tiempo para reconocer y apreciar los

hitos, sin importar cuán pequeños puedan parecer. Esto podría implicar darte una pequeña recompensa, compartir tus logros con tu sistema de apoyo o simplemente tomarte un momento para reflexionar sobre lo lejos que has llegado. Celebrar el progreso refuerza tu compromiso con el crecimiento y te recuerda tu fuerza interior y resiliencia.

Al implementar estas estrategias y prácticas, estarás equipado para navegar los desafíos y oportunidades que vienen con el cambio, desbloqueando finalmente tu pleno potencial para el crecimiento personal y profesional. Recuerda, el cambio no es un destino, sino un viaje continuo de autodescubrimiento, aprendizaje y transformación. Abrázalo de todo corazón y te encontrarás evolucionando hacia la mejor versión de ti mismo, capaz de alcanzar la grandeza en todos los aspectos de tu vida.

SUSURROS DE SABIDURÍA: ESCUCHANDO LA VOZ INTERIOR

LA CÁMARA DE ECO: SILENCIANDO LOS RUIDOS EXTERNOS

1. Introducción: El Ruido Incansable: En nuestro mundo moderno, un constante bombardeo de estímulos externos compite por nuestra atención, inundándonos con una cacofonía de voces, opiniones y demandas. Desde los incesantes pitidos de nuestros dispositivos digitales hasta el abrumador flujo de información a través de varios canales de medios, nos encontramos inmersos en una cámara de eco de ruido que ahoga los sutiles susurros de nuestra sabiduría interior. El parloteo incesante, junto con las presiones de la vida diaria, puede dejarnos sintiéndonos desconectados de nuestro auténtico ser, incapaces de discernir el camino que resuena con nuestros más profundos valores y aspiraciones.

2. El Problema: Perder el Contacto con la Guía Interior: Las consecuencias de este ruido implacable son de gran alcance y profundas. Cuando nos volvemos demasiado dependientes de la validación externa y constantemente buscamos dirección de otros, corremos el riesgo de perder el contacto con nuestra brújula interna. Podemos encontrarnos tomando decisiones basadas en las expectativas de la sociedad, los compañeros o las últimas tendencias, en lugar de alinearnos con nuestros verdaderos deseos y aspiraciones. Esta desconexión de nuestra voz interior puede llevar a un sentimiento de vacío, confusión y falta de realización, ya que navegamos la vida en piloto automático, reaccionando a las demandas externas en lugar de trazar nuestro camino conscientemente.

Además, cuando estamos constantemente bombardeados por influencias externas, se vuelve desafiante discernir lo que realmente resuena con nosotros y lo que es simplemente una distracción pasajera o un subproducto del acondicionamiento social. Podemos encontrarnos persiguiendo metas o caminos que no se alinean con nuestro ser auténtico, llevando a un sentimiento de desilusión e insatisfacción. El ruido constante también afecta nuestro bienestar mental y emocional, contribuyendo a un aumento del estrés, la ansiedad y una capacidad disminuida para la concentración y la autorreflexión.

3. Resultados Negativos: Una Vida Vivida en Piloto Automático
Si no se resuelve, el constante bombardeo de ruido externo puede tener consecuencias severas, llevando a una vida vivida en piloto automático, desprovista de significado y propósito. Las investigaciones han demostrado que las personas que luchan por desconectarse de las influencias externas y conectar con su

ser interior son más propensas a la ansiedad, la depresión y la falta de bienestar en general. Pueden encontrarse atrapados en carreras, relaciones o patrones de comportamiento insatisfactorios que ya no sirven para su beneficio más elevado, pero sienten impotencia para liberarse de estas restricciones.

Además, cuando fallamos en cultivar una fuerte conexión con nuestra voz interior, nos volvemos susceptibles a la manipulación e influencia externa, ya que nos falta el arraigo y la autoconfianza necesarios para enfrentar los desafíos de la vida con autenticidad e integridad. Esta vulnerabilidad puede manifestarse de varias formas, como sucumbir a las presiones sociales, caer presa de hábitos o adicciones poco saludables, o conformarse con normas sociales que contradicen nuestros valores y creencias fundamentales.

4. La Solución: Cultivar el Silencio Interior: La solución a este problema generalizado radica en cultivar el silencio interior, un estado de tranquilidad y presencia que nos permite desconectarnos del ruido externo y sintonizarnos con la sabiduría que reside dentro de nosotros. Al crear espacio para la quietud y la autorreflexión, podemos establecer una conexión profunda con nuestro yo auténtico, lo que nos permite enfrentar los desafíos de la vida con mayor claridad, propósito y alineación.

6. Implementación: Prácticas para Silenciar los Ruidos Externos: Cultivar el silencio interior es un viaje que requiere dedicación, compromiso y una disposición para explorar diversas prácticas y técnicas. Aquí hay algunos enfoques poderosos que pueden ayudarte a silenciar el ruido externo y sintonizar con tu voz interior:

a. Las prácticas de Atención Plena y Meditación: Son herramientas poderosas para aquietar la mente y fomentar un estado de conciencia del momento presente. A través de técnicas como la conciencia de la respiración, los escaneos corporales o las visualizaciones guiadas, puedes aprender a observar tus pensamientos y emociones sin enredarte en ellos, creando una sensación de quietud y claridad interior. La práctica regular puede mejorar tu capacidad para desconectarte del parloteo externo y cultivar una conexión más profunda con tu verdadera naturaleza.

b. Soledad y Desconexión: En nuestro mundo constantemente conectado, desconectarse intencionalmente de los estímulos externos puede ser un acto poderoso de autocuidado y exploración interna. Reserva tiempo para la soledad, ya sea una práctica diaria de desconectarte de los dispositivos digitales o realizar retiros regulares en la naturaleza. Este espacio lejos del ruido te permite sintonizar con tu voz interior, procesar tus pensamientos y emociones, y obtener valiosas percepciones que podrían haber sido ahogadas por el clamor externo.

c. Escritura Reflexiva y Auto-Reflexión: El acto de escribir puede ser un medio profundo para acceder a tu sabiduría interior y procesar tus experiencias. A través de la escritura reflexiva y la auto-reflexión, puedes ganar claridad sobre tus pensamientos, sentimientos y valores, mientras descubres patrones y creencias que pueden estar influyendo en tus decisiones y comportamientos. Esta práctica puede ayudarte a cultivar la autoconciencia, identificar áreas de crecimiento y alinear tus acciones con tus deseos auténticos.

d. Consumo Consciente: En nuestro mundo saturado de información, es crucial ser consciente de los medios y contenidos que consumimos. Curar conscientemente las fuentes de información e influencia en tu vida puede ayudarte a filtrar el ruido y enfocarte en lo que realmente resuena con tus valores y aspiraciones. Esto puede implicar limitar tu exposición a ciertos canales de medios, plataformas de redes sociales o incluso relaciones que contribuyen al estruendo externo, creando espacio para una entrada más significativa y alineada.

e. Conexión con la Naturaleza: Tiene una habilidad profunda para enraizarnos y reconectarnos con nuestro yo más íntimo. Pasar tiempo en entornos naturales, ya sea un parque local, un sendero para caminatas o un área de naturaleza remota, puede proporcionar un respiro del ruido externo y facilitar una conexión más profunda con el momento presente. Las vistas, sonidos y sensaciones del mundo natural pueden actuar como un ancla poderosa, calmando la mente y permitiendo que tu voz interior emerja con mayor claridad.

6. Estudios de Caso y Resultados: Los beneficios de cultivar el silencio interior y conectarse con la sabiduría interior de uno están bien documentados y son profundos. Numerosos individuos y comunidades a través de varias culturas y tradiciones han abrazado prácticas de quietud, autorreflexión y desconexión, llevando a transformaciones significativas en sus vidas.

Por ejemplo, estudios han demostrado que las personas que practican regularmente la atención plena y la meditación experimentan niveles reducidos de estrés, ansiedad y depresión, así como una mejor regulación emocional y bienestar general. Además, aquellos que intencionalmente se desconectan de los dispositivos digitales y participan en la soledad reportan mayor creatividad, enfoque y un sentido más profundo de autoconciencia y propósito.

Además, las tradiciones de sabiduría antigua y las prácticas espirituales han enfatizado durante mucho tiempo la importancia de silenciar el ruido externo para acceder a la guía y sabiduría interior. Desde el concepto budista de atención plena hasta la práctica cristiana de la oración contemplativa, estas tradiciones reconocen el impacto profundo que el silencio interior puede tener en el crecimiento espiritual, la toma de decisiones y la calidad de vida en general.

7. Conclusión: En un mundo que a menudo prioriza la validación externa y la estimulación constante, cultivar el silencio interior es un acto radical de autocuidado y autodescubrimiento. Al aprender a silenciar los ruidos externos que nos bombardean, podemos reconectar con nuestro verdadero yo, alineando nuestras acciones y decisiones con nuestros valores y aspiraciones más profundos. A través de prácticas como la atención plena, la soledad, el diario, el consumo consciente y la conexión con la naturaleza, podemos crear el espacio necesario para escuchar los susurros de nuestra sabiduría interior y enfrentar los desafíos de la vida con mayor claridad, propósito e intención. Abrazar el silencio interior no es meramente un medio para escapar del ruido; es un viaje profundo hacia el autoconocimiento, el crecimiento personal y una vida vivida en alineación con nuestro yo más auténtico.

DIÁLOGO INTERNO: CONVERSACIONES CON UNO MISMO

1. La Importancia de Comprender el Diálogo Interno: Al emprender un viaje para cultivar el silencio interior y conectar con nuestro verdadero yo, se vuelve crucial comprender el concepto de diálogo interno. Esta conversación interna, a menudo pasada por alto o descartada como simple auto-charla, contiene la clave para desbloquear las profundidades de nuestra sabiduría, emociones y autoconciencia. Al explorar los matices y el poder del diálogo interno, obtenemos una herramienta profunda para el autodescubrimiento, el crecimiento personal y la capacidad de navegar los desafíos de la vida con mayor claridad e intención. Los términos y conceptos que exploraremos en esta sección sirven de guía, iluminando el camino hacia una comprensión más profunda de nosotros mismos y el papel que juega nuestra voz interna en la configuración de nuestras experiencias.

2. Tentaciones Intrigantes y Malentendidos: Diálogo Interno: Mucho Más Que Solo Hablar Contigo Mismo. Autoconciencia: La Puerta a Transformaciones Profundas. Atención Plena: Trascendiendo el Murmullo de la Mente. Intuición: Los

Susurros de Tu Sabiduría Interna. Autocompasión: Abrazando la Voz del Amor Incondicional

3. Definición de Términos y Conceptos Clave: Diálogo Interno: El término "diálogo interno" se refiere al flujo continuo de pensamientos, emociones y autoconversación que se desarrolla dentro de nuestras mentes. A menudo descartado como simple charla o ruido de fondo, esta conversación interna tiene un impacto profundo en nuestras percepciones, creencias y procesos de toma de decisiones. Es la voz que interpreta nuestras experiencias, ofrece comentarios sobre nuestras acciones y moldea nuestra comprensión del mundo que nos rodea. Participar en un diálogo interno constructivo es como tener a un compañero sabio y compasivo a nuestro lado, ofreciendo orientación, apoyo y perspicacia mientras navegamos por las complejidades de la vida.

a. La autoconciencia es la capacidad de reconocer y comprender nuestros pensamientos, emociones, creencias y comportamientos. Es la base sobre la cual construimos el autoconocimiento y el crecimiento personal. Cuando cultivamos la autoconciencia, obtenemos claridad sobre las motivaciones, patrones y sesgos que influyen en nuestras acciones, empoderándonos para tomar decisiones conscientes que se alineen con nuestros valores y aspiraciones. Esta conciencia aumentada nos permite participar en diálogos internos más significativos y auténticos, desafiando las creencias limitantes y abrazando perspectivas que sirven a nuestro bien más elevado.

b. La atención plena es la práctica de traer conciencia del momento presente sin juicio a nuestras experiencias. Involucra entrenar la mente para observar pensamientos y emociones sin quedar atrapados en ellos, creando un sentido de quietud y claridad interior. Al cultivar la atención plena, podemos desvincularnos del murmullo incesante de la mente y crear espacio para diálogos internos más profundos, arraigados en la presencia y autenticidad. Esta práctica nos permite escuchar nuestra voz interior con mayor claridad y discernimiento, separando el ruido de la sabiduría.

c. La intuición a menudo se describe como los "susurros del alma" o la voz de nuestra sabiduría más profunda. Es una forma de conocimiento no racional que trasciende la lógica y el intelecto, guiándonos hacia percepciones y decisiones que resuenan profundamente con nuestro verdadero yo. Al aprender a sintonizar con nuestra intuición, podemos acceder a una fuente de orientación que va más allá de las limitaciones de la mente racional. Participar en un diálogo interno con una mentalidad abierta y receptiva puede ayudarnos a cultivar nuestras habilidades intuitivas, permitiéndonos aprovechar la profunda sabiduría que reside dentro.

d. La autocompasión es el acto de tratarnos con amabilidad, comprensión y amor incondicional, especialmente durante momentos de sufrimiento o lucha personal. Involucra cultivar una voz interior que sea acogedora, solidaria y no juiciosa, reconociendo nuestra humanidad compartida y los desafíos que todos enfrentamos. Al abrazar la autocompasión, creamos un espacio seguro y acogedor dentro de nuestro diálogo interno, fomentando la resiliencia, la autoaceptación y el coraje para afrontar las dificultades de la vida con gracia y sabiduría.

4. Conectando con la Narrativa Más Amplia: Los términos y conceptos explorados en esta sección, diálogo interno, autoconciencia, atención plena, intuición y autocompasión, sirven como herramientas poderosas y guías en nuestro viaje hacia el cultivo del silencio interior y la conexión con nuestro yo auténtico. Al entender y abrazar estos elementos, podemos involucrarnos en conversaciones más profundas y transformadoras con nosotros mismos, desbloqueando la sabiduría y guía que reside en nuestro interior.

Mientras avanzamos, la próxima sección profundizará en la aplicación práctica de estos conceptos, ofreciendo técnicas y estrategias para iniciar y mantener diálogos internos constructivos. Al dominar el arte de la conversación interna, podemos crear una base sólida para el crecimiento personal, el autodescubrimiento y la capacidad de navegar los desafíos de la vida con mayor claridad, propósito y alineación con nuestro yo más verdadero.

LA BRÚJULA INTERIOR: NAVEGANDO LAS PREGUNTAS DE LA VIDA

Estudio de Caso: Un Viaje de Autodescubrimiento en la Naturaleza

1. Preparando el Escenario: En el verano de 2018, Sarah, una joven profesional de veintitantos años, llegó a un cruce decisivo en su vida. Sintiendo agotamiento y desconexión de sus pasiones, decidió tomarse un año sabático prolongado de su trabajo corporativo para embarcarse en una expedición de mochilera en solitario en el Sendero de los Apalaches.

2. Los Principales Protagonistas: Sarah era una persona impulsada y ambiciosa que había seguido el camino convencional del éxito, pero se encontró cuestionando el propósito de su vida. La soledad de la naturaleza se convertiría en su mayor compañera y maestra en este viaje.

3. El Desafío: El desafío principal de Sarah era redescubrir su verdadero yo y reconectarse con su sabiduría interior, que había sido disminuida por el ruido y las expectativas de la vida moderna. Buscaba claridad en su camino hacia adelante, tanto personal como profesionalmente.

4. El Enfoque: Dejando atrás las comodidades de su existencia urbana, Sarah se sumergió en la belleza agreste de la naturaleza. Con cada paso en el camino, despojó capas de condicionamiento social e influencias externas, permitiendo que su voz interior resurgiera.

A través de la introspección solitaria, el diario personal y al abrazar el momento presente, confrontó los miedos y dudas que la habían retenido. Aprendió a confiar en sus instintos e intuición, permitiéndoles guiar sus decisiones y acciones.

Rodeada por los elementos crudos de la naturaleza, Sarah adquirió un nuevo aprecio por la simplicidad y la interconexión de todas las cosas. Descubrió el poder de la atención plena, abrazando cada experiencia con apertura y curiosidad.

5. El Resultado: Después de meses de exploración solitaria, Sarah emergió de la naturaleza con un profundo sentido de claridad y autoconciencia. Había experimentado un cambio transformador en su perspectiva, reconectando con su yo auténtico y alineando la dirección de su vida con sus valores y pasiones más profundas.

Empoderada por su recién descubierta sabiduría interior, Sarah tomó decisiones cruciales a su regreso. Dejó su trabajo corporativo para seguir un camino profesional más satisfactorio que le permitiera tener un impacto positivo en su comunidad y el medio ambiente.

6. Lecciones Aprendidas: El estudio de caso de Sarah destaca la importancia de escuchar nuestra sabiduría interior, incluso cuando desafía el status quo. Al alejarnos del ruido y las distracciones de la vida diaria, podemos reconectarnos con nuestro verdadero yo y encontrar el coraje para hacer cambios audaces.

Los críticos pueden argumentar que un enfoque tan drástico no es práctico o factible para todos. Sin embargo, la experiencia de Sarah muestra que a veces necesitamos dar pasos radicales para liberarnos de las limitaciones que nos retienen y encontrar nuestro camino auténtico.

Relevancia y Conclusiones: El viaje de Sarah ejemplifica el poder de la sabiduría interior como brújula para navegar las decisiones más importantes de la vida. Al sintonizar con nuestra intuición y confiar en nuestra voz interior, podemos encontrar la claridad y el coraje para tomar decisiones que se alineen con nuestros valores y aspiraciones más profundos.

7. El lector debería llevarse la importancia de crear espacio para la autorreflexión y la introspección, ya sea a través de actividades solitarias, prácticas de atención plena o simplemente desconectándose de las distracciones externas. Es en estos momentos de quietud que podemos escuchar los susurros de nuestra sabiduría interior, guiándonos hacia una vida de autenticidad y propósito.

8. Reflexión Final: Mientras contemplas tu propio viaje de vida, considera esto: ¿Cuáles son las voces o influencias que pueden estar ahogando tu sabiduría interior, y qué pasos puedes dar?

¿Quieres reconectarte con tu verdadero yo?

SILENCIO VS. SOLEDAD: LA BATALLA POR LA PAZ INTERIOR

En la sinfonía interminable de la vida, dos elementos contrastantes pugnan por atención: el silencio y la soledad. Aunque a menudo se confunden como meros opuestos, forman una danza intrincada, cada uno con su cadencia y ritmo únicos, ambos esenciales para cultivar la elusiva paz interior que todos buscamos.

El silencio es el lienzo sobre el cual se pintan las pinceladas de la existencia. Es la ausencia de sonido, un respiro del implacable clamor que nos rodea. En la quietud del silencio, encontramos un santuario donde la mente puede asentarse, y los pensamientos inquietos que nos atormentan reciben un alivio momentáneo. Es en este espacio sagrado donde podemos escuchar los leves susurros de nuestra voz interior, esa luz guía que ilumina el camino hacia el autodescubrimiento y la sabiduría.

Sin embargo, el silencio por sí solo es solo un abrazo pasajero. Para aprovechar verdaderamente su poder transformador, debemos entrelazarlo con el arte de la soledad. La soledad es el acto de apartarse con propósito, un retiro deliberado del ruido de los estímulos externos que constantemente compiten por nuestra atención. Es un paso valiente hacia la selva de nuestros paisajes interiores, una exploración de los territorios inexplorados del ser.

En el abrazo de la soledad, nos liberamos de los grilletes de las expectativas sociales y del cacofónico coro de voces externas que ahogan la nuestra. Es aquí, en la cámara sagrada de nuestro ser, donde podemos confrontar los miedos y dudas que nos han mantenido cautivos, desprendernos de las capas de condicionamiento que han oscurecido nuestro verdadero ser, y reclamar la soberanía de nuestra existencia.

Como un maestro escultor que cincela el mármol, la soledad nos permite despojar lo superfluo, revelando la esencia de quienes realmente somos. Es un viaje de autodescubrimiento, un proceso de desaprendizaje y reaprendizaje, de soltar y abrazar de nuevo. En el abrazo solitario de nuestra propia compañía, podemos escuchar la sinfonía de nuestras almas, sin la carga de las melodías disonantes que una vez ahogaron nuestras armonías interiores.

Y sin embargo, la verdadera magia se despliega cuando el silencio y la soledad se entrelazan, como dos bailarines en un elegante pas de deux. Es en los momentos tranquilos de la soledad que podemos sumergirnos completamente en la quietud del silencio, permitiendo que nuestras mentes se asienten y nuestros corazones se abran. Con cada respiración profunda, nos sintonizamos con los ritmos del momento presente, rindiéndonos al flujo y reflujo de la existencia sin resistencia ni juicio.

En esta unión sagrada, encontramos el terreno fértil para que florezcan la autorreflexión y la introspección. Como una semilla enterrada profundamente en la tierra, nuestra sabiduría interior arraiga y florece, nutrida por el acogedor abrazo del silencio y la soledad. Es aquí donde podemos confrontar las preguntas que nos han atormentado, desenredar los hilos enredados de nuestras emociones, y obtener una comprensión más profunda del tapiz que es el viaje de nuestra vida.

A medida que cultivamos esta práctica, comenzamos a reconocer los sutiles susurros de nuestra intuición, esa brújula interior que nos guía hacia nuestra más alta verdad. Aprendemos a confiar en la sabiduría innata que reside dentro de nosotros, la sabiduría que trasciende las limitaciones de la lógica y la razón, y se conecta con la fuente de conciencia universal que fluye a través de todos nosotros.

En el santuario del silencio y la soledad, encontramos el coraje para despojarnos de las máscaras que llevamos, remover las capas de fachada y pretensión, y abrazar nuestro ser auténtico con honestidad y vulnerabilidad radicales. Es una alquimia sagrada, un proceso transformador que nos crea de nuevo, templando nuestros espíritus con el fuego de la autorrealización y la sabiduría obtenida desde las profundidades de nuestras propias experiencias.

Y sin embargo, este viaje no es solitario. Porque en el acto de abrazar el silencio y la soledad, paradójicamente nos conectamos con los hilos universales que nos vinculan a todos. Nos conectamos con la conciencia colectiva que trasciende las barreras del individuo y nos encontramos en resonancia con los ritmos del cosmos mismo.

Es en esta convergencia armoniosa donde descubrimos la verdadera esencia de la paz interior: un estado de ser que no se define por la ausencia de tumulto externo, sino por la presencia de un equilibrio interior inquebrantable, una aceptación profunda del flujo y reflujo de la existencia, y un reverente respeto por los sagrados misterios que impregnan la trama de nuestra existencia.

Así que, abracemos la danza del silencio y la soledad, pues es en su unión sagrada donde podemos abrir las puertas a nuestros santuarios más íntimos, e encender la llama de la sabiduría que arde dentro de cada uno de nosotros. Demos el valiente paso hacia la selva de nuestras almas, y en la quietud de ese viaje, descubramos la verdadera armonía que resuena en el núcleo de nuestro ser.

EL MANANTIAL DE SABIDURÍA: EXTRAYENDO DE LOS RECURSOS INTERIORES

1. Establecer metas: Dentro de cada uno de nosotros reside una fuente de sabiduría, un reservorio de conocimiento acumulado, percepciones y experiencias que nos moldean. El objetivo de esta guía paso a paso es empoderarte para aprovechar este recurso interno, extraer de las profundidades de tu propia verdad vivida y navegar el camino de la vida con claridad, propósito y autenticidad.

2. Materiales o requisitos previos: Necesitas una mente abierta, disposición para participar en la introspección y un diario o cuaderno para registrar tus pensamientos y reflexiones. También es útil tener un espacio tranquilo y cómodo donde puedas retirarte de las distracciones externas.

3. Visión general: El viaje hacia el acceso a tu sabiduría interna implica una serie de pasos que cultivan la autoconciencia, fomentan la atención plena y alientan una profunda exploración de tus pensamientos, emociones y creencias. Es un proceso de desvestir capas, descubrir verdades y, en última instancia, llegar a una comprensión profunda de ti mismo.

4. Pasos detallados:

I. Abrazar la Soledad

- Reserva tiempo para ti mismo, libre de distracciones y demandas externas.

- Encuentra un espacio tranquilo y cómodo donde puedas estar a solas con tus pensamientos.
- Silencia tus dispositivos y desconéctate del mundo digital.

II. Respira y centrate:

- Siéntate en una posición relajada y cierra los ojos.
- Concéntrate en tu respiración, dejando que fluya naturalmente.
- Con cada exhalación, siente cómo la tensión abandona tu cuerpo.

III. Participa en la Meditación de Atención Plena

- Mientras respiras, observa tus pensamientos sin juzgar.
- Cuando tu mente divague, trae suavemente tu atención de regreso a tu respiración.
- Practica estar presente, anclado en el aquí y ahora.

IV. Explora tu Paisaje Interior:

- Con una mente clara, comienza a hacerte preguntas profundas sobre tus creencias, valores y experiencias.
- Escribe en tu diario tus pensamientos, permitiendo que tus palabras fluyan sin censura.
- Busca percepciones examinando patrones, contradicciones y temas recurrentes.

V. Desafía tus Suposiciones:

- Cuestiona las creencias y suposiciones que han moldeado tu cosmovisión.
- Considera perspectivas alternativas y mantente abierto a nuevas formas de pensar.
- Abraza la incomodidad de la incertidumbre como una oportunidad de crecimiento.

VI. Integra tus Percepciones:

- Revisa tus anotaciones y reflexiona sobre la sabiduría que has descubierto.
- Identifica áreas donde puedas aplicar tu nuevo entendimiento a tu vida.
- Desarrolla un plan de acción para encarnar tus percepciones y vivir en alineación con tu verdad.

5. Consejos y Advertencias:

- **Paciencia:** El viaje hacia la sabiduría interna no es una carrera, sino un maratón. Abraza el proceso y confía en que las percepciones se desplegarán en su propio tiempo.
- **Vulnerabilidad:** Prepárate para confrontar verdades y emociones incómodas. La vulnerabilidad es la puerta de entrada al autodescubrimiento.
- **No juzgar:** Acércate a tus pensamientos y experiencias con compasión, libre de críticas o autojuicio.

- **Consistencia:** Haz de esta práctica una parte regular de tu rutina. La consistencia profundizará tus percepciones y cultivará una autoconciencia duradera.

6. Comprobación del Éxito:

Al embarcarte en este viaje, sabrás que estás accediendo a tu sabiduría interna cuando experimentes una mayor claridad, propósito y autenticidad. Te encontrarás tomando decisiones con mayor confianza, alineando tus acciones con tus valores y navegando los desafíos de la vida con una renovada resiliencia y perspectiva.

7. Problemas Potenciales y Soluciones:

- **Resistencia:** Puedes encontrar resistencia o reticencia a confrontar ciertos aspectos de ti mismo. Cuando esto ocurra, practica la autocompasión y recuérdate que el crecimiento a menudo implica incomodidad. Busca apoyo en amigos de confianza o un consejero si es necesario.
- **Dificultad para concentrarse:** Si encuentras complicado calmar tu mente, intenta incorporar actividad física o ejercicios de atención plena antes de tus sesiones de introspección. Actividades como caminar, yoga o respiración profunda pueden ayudar a calmar la mente y promover la concentración.
- **Sentirse abrumado:** Si las percepciones que descubres te resultan abrumadoras, tómate un descanso y practica el autocuidado. Recuerda que este es un viaje y puedes

volver a estas percepciones cuando estés listo. Busca apoyo si es necesario para procesar emociones o revelaciones intensas.

Siguiendo estos pasos y comprometido con la práctica de la introspección, desbloquearás las puertas a una profunda comprensión de ti mismo, nutrirás tu sabiduría innata y cultivarás el coraje para vivir tu verdad con autenticidad y gracia.

ECOS DE LA EXPERIENCIA: APRENDIENDO DEL PASADO

A medida que atravesamos el paisaje de la sabiduría interior, se hace evidente que las raíces del autoconocimiento son profundas, entrelazándose a través del tapiz de la historia humana, las culturas diversas y las tradiciones antiguas. El viaje de entenderse a uno mismo y al mundo interior es tan antiguo como la humanidad misma, una búsqueda compartida que ha cautivado a filósofos, místicos y buscadores de la verdad a lo largo de los tiempos.

1. Estableciendo la Línea de Tiempo: Entendiendo la Trayectoria Histórica

Emprender un viaje a través de los ecos de la experiencia nos lleva a descubrir un rico tapiz de exploración humana, tejido con hilos de perspicacia, introspección y autodescubrimiento. Esta línea de tiempo no solo ilumina los fundamentos sobre los cuales descansa nuestra comprensión de la sabiduría interior, sino que también revela la búsqueda atemporal del conocimiento que trasciende los límites de la geografía y la cultura.

2. Las Raíces Antiguas: Susurros de Autoexploración

Los primeros susurros conocidos de autoexploración se pueden rastrear hasta civilizaciones antiguas, donde filósofos y líderes espirituales buscaron entender la naturaleza de la experiencia humana. En la antigua Grecia, el adagio "Conócete a ti mismo" adornaba el Templo de Apolo en Delfos, un testimonio de la búsqueda perdurable del autoconocimiento. A través de la vasta extensión del subcontinente indio, los Upanishads, compuestos alrededor del siglo VIII a. C., ahondaron en las profundidades de la conciencia, explorando la relación entre el yo individual (atman) y el Yo universal (Brahman).

3. Hitos Claves y Momentos Decisivos:

- **Alrededor de 500 a. C.:** El nacimiento del budismo, fundado por Siddhartha Gautama, el Buda, quien enfatizó la importancia de la atención plena, la autoconciencia y la búsqueda de la iluminación a través de la erradicación del sufrimiento.
- **Siglo IV a. C.:** Sócrates, el célebre filósofo griego, defendió la noción de la autoexaminación como el camino hacia la sabiduría, declarando famosamente: "La vida no examinada no vale la pena vivirla".
- **Siglo I a. C.:** Los filósofos estoicos, como Séneca y Marco Aurelio, abogaron por el cultivo de la fortaleza interior, la autodisciplina y el dominio de las emociones

y deseos propios. Siglo XI d. C.: El sufismo, una tradición mística islámica, emergió, enfatizando el viaje del alma hacia la unión con lo divino a través de la purificación del corazón y la obtención del autoconocimiento.

- **Siglo XIX d. C.:** El movimiento trascendentalista en América, liderado por figuras como Ralph Waldo Emerson y Henry David Thoreau, celebró la bondad inherente del individuo y la importancia de la autosuficiencia e intuición.
- **Siglo XX d. C.:** El auge del psicoanálisis, iniciado por Sigmund Freud, ahondó en la mente inconsciente y su influencia en el comportamiento humano, contribuyendo a nuestra comprensión de la autoconciencia y el crecimiento personal.

4. Adaptaciones e Interpretaciones Interculturales

Si bien las raíces del autoconocimiento se pueden rastrear a través de diversas civilizaciones antiguas, la comprensión y práctica de la sabiduría interior han adoptado formas diversas, adaptadas a los contextos culturales y sistemas de creencias de diferentes regiones y épocas. Desde las enseñanzas del Tao Te Ching sobre una vida armoniosa y el énfasis de los nativos americanos en la interconexión con la naturaleza hasta el concepto africano de Ubuntu, que subraya la importancia de la humanidad compartida y la sabiduría colectiva, la búsqueda del autodescubrimiento se ha manifestado de innumerables maneras.

5. Perspectivas Contemporáneas e Innovaciones

En tiempos más recientes, la exploración de la sabiduría interior ha evolucionado, incorporando ideas de varios campos, incluyendo la psicología, la neurociencia y el desarrollo personal. Las prácticas de atención plena, como la meditación y la contemplación, han ganado popularidad como herramientas para cultivar la autoconciencia y la inteligencia emocional. Además, el auge de la psicología transpersonal y los enfoques holísticos del bienestar han arrojado luz sobre la interconexión de la mente, el cuerpo y el espíritu, enriqueciendo aún más nuestra comprensión del viaje hacia la autorrealización.

6. Momentos Decisivos y Debates Continuos

Si bien la búsqueda de la sabiduría interior ha sido un hilo constante entrelazado a lo largo de la historia humana, también ha enfrentado desafíos y momentos decisivos que han moldeado su trayectoria. El choque entre el racionalismo y la espiritualidad durante la Ilustración provocó debates sobre la naturaleza del conocimiento y la validez de las experiencias subjetivas. Más recientemente, el auge del humanismo secular y el materialismo científico ha planteado discusiones sobre el papel de la introspección y la existencia de un yo esencial.

A pesar de estos desafíos, la búsqueda de la sabiduría interior sigue siendo un esfuerzo atemporal y universal, trascendiendo fronteras culturales y épocas históricas. Al rastrear los ecos de la experiencia, se nos recuerda que el viaje de autodescubrimiento no es meramente una búsqueda solitaria, sino una búsqueda humana compartida, que nos conecta con un rico tapiz de sabiduría, perspicacia y crecimiento personal.

Al reflexionar sobre esta trayectoria histórica, ganamos una apreciación más profunda por la importancia duradera del autoconocimiento y las lecciones invaluables que se pueden extraer de los ecos de nuestras experiencias colectivas. Es a través de este entendimiento que podemos verdaderamente aprovechar el poder de nuestra sabiduría interior, guiándonos hacia una vida de autenticidad, propósito y conexión profunda con el mundo dentro y alrededor de nosotros.

EL CRÍTICO INTERNO VS. EL GUÍA INTERNO

¿Alguna vez te has encontrado debatiéndote entre dos voces aparentemente opuestas dentro de ti, una que resuena con duda y crítica, mientras que la otra susurra orientación y tranquilidad? Este juego interno entre el crítico interno y el guía interno es una experiencia humana universal, una danza constante entre nuestros miedos y nuestra intuición. Al entender la naturaleza de estas voces internas contrastantes, podemos aprovechar la sabiduría de nuestro verdadero ser y enfrentar los desafíos de la vida con mayor autoconciencia y autenticidad.

1. Estableciendo el Escenario: La Dicotomía Interna

El viaje hacia el autodescubrimiento a menudo comienza con una sorprendente revelación: que dentro de cada uno de nosotros, existe una dualidad. Como dos actores en el escenario de nuestra conciencia, el crítico interno y el guía interno se involucran en un diálogo eterno, compitiendo por nuestra atención y moldeando nuestras percepciones. Esta dicotomía se puede rastrear hasta las etapas más tempranas del desarrollo humano, donde la necesidad de supervivencia y el anhelo innato de crecimiento convergieron, sentando las bases de nuestra dinámica interna.

2. Definiendo al Crítico Interno: El Eco de la Autoduda

El crítico interno es la voz que susurra narrativas de insuficiencia, miedo y duda. Es la manifestación de nuestras inseguridades, enraizadas en experiencias pasadas, condicionamiento social y la tendencia humana a protegernos de amenazas percibidas. Como un implacable crítico, esta voz interna critica nuestras elecciones, magnifica nuestros defectos y erige barreras a nuestros sueños, a menudo disfrazándose de razón o practicidad.

"Tu crítico interno es la voz que susurra que no eres lo suficientemente bueno, inteligente o capaz." - Annika Martins

3. Revelando al Guía Interno: La Encarnación de la Intuición

En marcado contraste, el guía interno es la voz suave y compasiva que resuena con nuestras verdades más profundas y aspiraciones más altas. Es la encarnación de nuestra intuición, nuestra sabiduría inherente y nuestro yo auténtico. Como un mentor de confianza, esta voz interna nos anima a confiar en nuestros instintos, nutrir nuestras fortalezas y perseguir nuestras pasiones, guiándonos suavemente hacia el crecimiento y la autorrealización.

"Tu guía interno es el susurro de tu alma, incitándote a convertirte en quien naciste para ser." - Anónimo

4. La Interacción: Navegando el Baile del Autodescubrimiento

Dentro de esta danza intrincada, el crítico interno y el guía interno se involucran en una delicada interacción, cada uno compitiendo por nuestra atención e influyendo en nuestras elecciones. El papel del crítico interno es protegernos de posibles daños o fracasos, pero cuando no se controla, puede convertirse en una prisión de duda y limitación. Por el contrario, el rol del guía interno es inspirarnos a abrazar nuestra autenticidad y perseguir nuestro mayor potencial, sin embargo, sus susurros pueden ser fácilmente ahogados por la cacofonía del miedo y la autocrítica.

La clave del autodescubrimiento radica en cultivar la capacidad de discernir entre estas dos voces, aprendiendo a abrazar la orientación de nuestra sabiduría interior mientras reconocemos y moderamos la influencia del crítico interno. Al reconocer los patrones y desencadenantes que amplifican cada voz, podemos elegir conscientemente qué narrativa seguir, empoderándonos para vivir con mayor autenticidad y propósito.

5. El Camino hacia la Maestría: Cultivando la Autoconciencia y la Autocompasión

Dominar el arte del autodescubrimiento es un viaje de por vida, que requiere práctica dedicada y un compromiso con la autoconciencia y la autocompasión. A través de técnicas de atención plena como la meditación, el diario y la autorreflexión, podemos cultivar una comprensión más profunda de nuestros paisajes internos, obteniendo claridad sobre las raíces de nuestros miedos y la esencia de nuestro verdadero ser.

Además, abrazar la autocompasión es un potente antídoto contra el juicio implacable del crítico interno. Al tratarnos con amabilidad, empatía y aceptación incondicional, creamos un espacio seguro para el crecimiento, donde nuestro guía interno puede florecer y nuestro verdadero potencial puede desarrollarse.

"La autocompasión es la forma más elevada de amor propio, permitiéndonos abrazar nuestras imperfecciones y nutrir nuestro crecimiento." - Kristin Neff

6. El efecto dominó: Impactando el mundo que nos rodea

El viaje de autodescubrimiento no es meramente una búsqueda interna; es un proceso transformador que se extiende hacia afuera, influyendo en nuestras relaciones, nuestras comunidades y el mundo en general. Al aprender a confiar y seguir nuestra guía interna, cultivamos el valor para vivir auténticamente, abrazar nuestros dones únicos y contribuir con nuestros talentos al bien común.

Además, al reconocer y abrazar nuestras narrativas internas, nos volvemos más sintonizados con las experiencias de los demás, fomentando la empatía, la compasión y una apreciación más profunda por el diverso tapiz de experiencias humanas que tejen conjuntamente la tela de nuestra existencia compartida.

Al final, la danza entre el crítico interno y la guía interna no es una batalla que ganar, sino un equilibrio delicado que alcanzar, una sinfonía de autoconciencia y autoaceptación. Al abrazar este viaje de autodescubrimiento, desbloqueamos las claves para vivir una vida de autenticidad, propósito y conexión profunda con nosotros mismos, con los demás y con el mundo que nos rodea.

VOCES DE LA RAZÓN: FILTRANDO LA SABIDURÍA INTERNA

1. Panorama: La búsqueda de claridad interna

En el terreno inexplorado de nuestro yo interior, el viaje para discernir las voces de la razón de los ecos del miedo es una búsqueda sagrada una que demanda valentía, curiosidad y un compromiso inquebrantable con el autodescubrimiento. A medida que navegamos por el laberinto de nuestros pensamientos y emociones, surge un enfoque basado en la evidencia como una herramienta poderosa, una brújula que nos guía a través de la niebla de la duda y los malentendidos, llevándonos hacia la verdad luminosa de nuestra sabiduría interna.

2. La proposición: Separar la señal del ruido

En el corazón de esta exploración yace una proposición profunda: que dentro del caos de nuestras narrativas internas, existe una voz pura y auténtica, una voz que susurra el lenguaje de nuestra verdad más profunda, nuestro más alto potencial y nuestra sabiduría más profunda. Esta voz, a menudo ensombrecida por el ruido de las inseguridades y el condicionamiento social, es la encarnación de nuestra intuición, nuestro sistema de guía inherente que ha sido perfeccionado a través de milenios de evolución humana.

3. Evidencia de la neurociencia: La biología de la intuición

La evidencia creciente del campo de la neurociencia ha arrojado luz sobre las bases biológicas de la intuición, revelando que nuestros cerebros poseen una red intrincada de vías neuronales dedicadas a procesar señales sutiles, patrones e información más allá del ámbito de la conciencia. En un estudio innovador publicado en la revista Science, los investigadores encontraron que la corteza prefrontal ventromedial (vmPFC), una región del cerebro asociada con la toma de decisiones y el procesamiento emocional, juega un papel crucial en la toma de decisiones intuitivas.

4. Profundizando en la investigación: Explorando la evidencia neurocientífica

Este estudio, realizado en la Universidad de Iowa, incluyó participantes con daño en su región vmPFC y un grupo de control con función cerebral intacta. A través de una serie de experimentos cuidadosamente diseñados, los investigadores encontraron que los individuos con función vmPFC deteriorada mostraban déficits significativos en su capacidad para hacer juicios intuitivos, confiando en gran medida en el razonamiento lógico y el conocimiento explícito.

Los investigadores concluyeron que la vmPFC actúa como un

integrador neural, sintetizando vastas cantidades de información de diversas regiones del cerebro y destilándola en una "corazonada" o respuesta intuitiva. Este hallazgo subraya la idea de que la intuición no es meramente un concepto místico, sino un proceso biológicamente arraigado, moldeado por nuestras experiencias y los intrincados funcionamientos de nuestras redes neuronales.

5. Punto de vista contrario: La falibilidad de la intuición

Aunque la evidencia que respalda la validez de la intuición es convincente, sería un error no reconocer los posibles escollos y limitaciones de depender únicamente de esta voz interna. Los críticos argumentan que la intuición puede estar influenciada por sesgos cognitivos, heurísticas y experiencias subjetivas, lo que la hace susceptible a distorsiones e inexactitudes.

Además, algunos expertos advierten contra seguir ciegamente impulsos intuitivos, especialmente en situaciones de alto riesgo donde el análisis lógico y los datos empíricos deben tener un peso significativo. Argumentan que un enfoque equilibrado, que integre tanto las percepciones intuitivas como la deliberación racional, es crucial para una toma de decisiones óptimas.

6. Abordando el punto de vista contrario: Cultivando el discernimiento

Aunque estas preocupaciones son válidas, es importante reconocer que el objetivo no es descartar la lógica o la evidencia empírica, sino desarrollar la capacidad para discernir cuándo nuestra intuición está verdaderamente alineada con nuestra mayor sabiduría. A través de una rigurosa autoexploración, prácticas de atención plena y el cultivo de la inteligencia emocional, podemos refinar nuestra capacidad para distinguir los susurros de nuestro yo auténtico de los ecos del miedo, el sesgo o el condicionamiento.

Además, al adoptar un enfoque basado en evidencia, podemos triangular nuestros impulsos intuitivos con fuentes de conocimiento creíbles, como la investigación científica, la orientación de expertos y los datos empíricos. Este enfoque holístico nos permite validar nuestras percepciones intuitivas mientras las fundamentamos en la realidad objetiva, asegurándonos de que la guía que seguimos sea tanto sabia como bien fundamentada.

7. Más Evidencia: El Poder de la Intuición en la Toma de Decisiones

Más allá de la evidencia neurocientífica, numerosos estudios han destacado el papel potente de la intuición en varios dominios del esfuerzo humano. En el ámbito de los negocios, por ejemplo, la investigación ha demostrado que los emprendedores y líderes exitosos a menudo confían en sus intuiciones para navegar retos complejos y aprovechar oportunidades.

En un estudio publicado en la Harvard Business Review, los investigadores encontraron que los ejecutivos que obtuvieron puntajes más altos en medidas de toma de decisiones intuitivas tenían más probabilidades de tomar decisiones estratégicas efectivas, especialmente en entornos rápidamente cambiantes o ambiguos. Este hallazgo enfatiza el valor de cultivar la inteligencia intuitiva junto con el razonamiento analítico, permitiendo a los líderes navegar el paisaje siempre cambiante de los negocios modernos con agilidad y perspicacia.

8. Aplicaciones Prácticas: Integrando la Intuición en la Vida Diaria

En última instancia, la habilidad de filtrar la sabiduría interna del ruido del miedo y la autocrítica tiene profundas implicaciones para nuestras vidas diarias. Al aprender a sintonizar con la voz auténtica de nuestra intuición, podemos tomar decisiones que se alineen con nuestros valores y aspiraciones más profundos, fomentando un sentido de propósito y realización.

Ya sea navegando transiciones profesionales, nutriendo relaciones o buscando el crecimiento personal, abrazar nuestra sabiduría interna puede servir como una poderosa fuerza guía, permitiéndonos avanzar por la vida con mayor confianza, resiliencia y autenticidad. Además, al compartir nuestros viajes de autodescubrimiento y las lecciones aprendidas, podemos inspirar y empoderar a otros a embarcarse en sus propias búsquedas de sabiduría interna, creando un efecto dominó de transformación positiva que se extiende mucho más allá de nuestras vidas individuales.

En esencia, el arte de filtrar la sabiduría interna es una práctica de toda la vida, una danza sagrada entre la razón y la intuición, entre lo analítico y lo intuitivo, y entre la mente y el corazón. Al adoptar un enfoque basado en evidencia, podemos cultivar el discernimiento para separar la señal del ruido, permitiendo que la voz radiante de nuestro yo auténtico brille, iluminando nuestro camino hacia una vida de profundo significado, propósito y autorrealización.

CULTIVANDO LA QUIETUD: PRÁCTICAS PARA LA ARMONÍA INTERIOR

1. Resumen: Silenciando la Mente, Despertando el Alma

En la incesante prisa de la vida moderna, donde la cacofonía del ruido externo a menudo ahoga los susurros de nuestros seres más íntimos, el arte de cultivar la quietud se ha convertido en una práctica sagrada: un faro que nos guía de vuelta a la quietud interior. Esta recopilación de prácticas contemplativas y ejercicios de atención plena es un manantial de sabiduría, ofreciendo un tapiz de herramientas diseñadas para nutrir la delicada conexión entre nuestras mentes inquietas y nuestras almas eternas.

2. Prácticas para Cultivar la Armonía Interna: Meditación, Inmersión en la Naturaleza, Respiración.

Escritura de Diario, Movimiento Consciente, Visualización, Canto y Recitación de Mantras, Investigación Contemplativa, Prácticas de Quietud, Rituales Sagrados.

3. Meditación: La Puerta a la Tranquilidad Interior

En el corazón de estas prácticas reside la meditación, una tradición milenaria que ha trascendido culturas y épocas, ofreciendo una puerta a la paz interior y al autodescubrimiento. Ya sea que abraces la quietud de la meditación centrada en la respiración o la amable guía de las prácticas de amor bondadoso, el acto de aquietar la mente abre un portal a un reino de profunda comprensión y sabiduría intuitiva.

A medida que te asientas en el ritmo de tu respiración, el parloteo de la mente gradualmente se desvanece y emerge un espacio: un terreno fértil donde puedes cultivar presencia, compasión y una comprensión más profunda de tu verdadera naturaleza. Con cada inhalación, invitas la esencia nutritiva de la vida a tu ser; con cada exhalación, liberas las tensiones y cargas que ya no te sirven.

4. Inmersión en la Naturaleza: Reconectando con los Ritmos de la Vida

En el abrazo de la naturaleza, encontramos consuelo y santuario, un refugio donde los susurros del mundo natural resuenan con las armonías de nuestras almas. Ya sea que deambules por bosques verdes, te deleites con el calor del sol en tu rostro o te pierdas en la danza hipnótica de las olas del océano, sumergirte en la majestuosidad del gran aire libre ofrece una oportunidad profunda para recalibrar tus sentidos y sintonizarte con los ritmos de la vida que pulsan dentro y alrededor de ti.

Con cada paso en la suave tierra, forjas una conexión más profunda con la sabiduría primordial incrustada en el mundo natural, invitando a un sentido de asombro y reverencia a permear tu ser. En la quietud de un claro apartado o en la vastedad de un prado abierto, puedes encontrar el espacio para despojarte de las capas de preocupación y ansiedad que oscurecen tu resplandor interior, permitiendo que la claridad de tu sabiduría innata brille.

5. Respiración: Aprovechando el Poder de la Respiración

La respiración es un compañero siempre presente, un puente entre los reinos físico y metafísico, y una herramienta poderosa para cultivar la armonía interior. A través de la exploración consciente de diversas técnicas de respiración, puedes aprovechar el poder transformador de esta fuerza vital, usándola como un catalizador para la liberación emocional, la armonización energética y estados elevados de conciencia.

Ya sea que te involucres en los patrones rítmicos de pranayama o el flujo dinámico de la respiración holotrópica, cada inhalación y exhalación se convierten en un ritual sagrado, una danza de renovación y revitalización. Al sintonizarte con la cadencia de tu respiración, puedes descubrir reservas ocultas de fuerza, resiliencia y paz interior, permitiéndote navegar los desafíos de la vida con mayor facilidad y gracia.

6. Escritura en Diario: Dando Voz a los Susurros Internos

En el arte de escribir en un diario, encuentras un lienzo sobre el cual expresar los matices de tu mundo interior, un refugio donde tus pensamientos, emociones y sueños pueden tomar forma y encontrar su voz. Con cada trazo del bolígrafo o toque del teclado, entablas un diálogo sagrado con tu yo más íntimo, desenterrando conocimientos, procesando experiencias y cultivando una comprensión más profunda de tu viaje único.

Ya sea que derrames tu corazón en las páginas de un cuaderno querido o entretejas tus palabras en el tapiz digital de un procesador de textos, el acto de escribir se convierte en una poderosa forma de autorreflexión y autodescubrimiento. Al dar voz a tus pensamientos más íntimos, puedes descubrir verdades profundas, deseos enterrados y las semillas de la transformación que yacen latentes dentro de ti, esperando florecer en la expresión radiante de tu mayor potencial.

7. Movimiento Consciente: Incorporar Presencia y Gracia

En el ámbito del movimiento consciente, descubres una sinfonía de prácticas que celebran la unión sagrada de cuerpo, mente y espíritu. Desde la gracia fluida del yoga y el tai chi hasta los ritmos meditativos de caminar, cada movimiento se convierte en una oración, una invocación consciente de presencia e integridad.

A medida que te mueves con intención y conciencia, forjas una conexión más profunda con la sabiduría de tu forma física, honrando la intrincada danza de músculos, huesos y respiración que sostiene tu existencia. Con cada paso consciente o asana, cultivas un sentido elevado de encarnación, permitiendo que los velos de separación entre tus mundos internos y externos se disuelvan, revelando la profunda unidad que yace en el núcleo de toda existencia.

8. Visualización: Moldeando la Realidad con el Poder de la Intención

La mente humana es un lienzo de potencial ilimitado, una vasta extensión sobre la cual las pinceladas de nuestras intenciones pueden moldear los paisajes de nuestras experiencias vividas. A través de la práctica de la visualización, puedes aprovechar el poder transformador de tu imaginación, creando imágenes mentales vívidas que sirven como planos para la manifestación de tus deseos más profundos y aspiraciones más altas.

Ya sea que te imagines bañado en el resplandor radiante del éxito, rodeado de la calidez de relaciones amorosas, o disfrutando de la luminiscencia de la paz interior, el acto de la visualización planta las semillas de la intención dentro del fértil suelo de tu conciencia. Al mantener estas imágenes con un enfoque inquebrantable y resonancia emocional, alineas las fuerzas de tu mente, cuerpo y espíritu, invitando al universo a conspirar en la co-creación de tu realidad imaginada.

9. Canto y Recitación de Mantras: Resonando con los Ritmos del Universo

Desde las antiguas tradiciones del Este hasta las prácticas sagradas de culturas indígenas, el poder del sonido ha sido venerado durante mucho tiempo como una fuerza potente para la transformación y la sintonización espiritual. A través de la práctica del canto y la recitación de mantras, puedes aprovechar las frecuencias vibratorias de palabras, frases o tonos sagrados, permitiendo que su resonancia impregne cada célula de tu ser.

Al entonar estas sagradas pronunciaciones, ya sea en la soledad de tu santuario privado o en la compañía de buscadores afines, te conectas con los ritmos primordiales que subyacen en la tela de la existencia. Las vibraciones de estos cánticos y mantras pueden actuar como llaves, abriendo las puertas a estados elevados de conciencia, paz interior y un profundo sentido de conexión con la vasta red de vida que nos envuelve a todos.

10. Indagación Contemplativa: Explorando las Profundidades del Ser

En la práctica de la indagación contemplativa, te embarcas en una profunda exploración de las preguntas fundamentales que definen la experiencia humana, preguntas que exploran la naturaleza de la conciencia, la esencia de la existencia, y los misterios que yacen más allá del velo de nuestra realidad percibida.

A través del riguroso examen de tradiciones filosóficas y espirituales, el estudio de textos de sabiduría antiguos, y el compartir de perspectivas personales, puedes participar en una indagación colectiva que trasciende los límites de la comprensión individual. En este espacio sagrado de contemplación, puedes descubrir verdades profundas, desenredar el intrincado tapiz de tus sistemas de creencias y cultivar una apreciación más profunda por la vastedad y complejidad del viaje humano.

Ya sea que profundices en las enseñanzas de antiguos sabios o te sumerjas en las teorías de vanguardia de la ciencia moderna, esta práctica te invita a abrazar el potencial ilimitado de la mente y el espíritu humano, expandiendo tus horizontes y abriendo nuevas perspectivas de comprensión y crecimiento.

11. Prácticas de Quietud: Abrazando el Poder de la Presencia

En el sagrado abrazo de la quietud, encuentras un santuario donde el incesante murmullo de la mente se aquieta, y los susurros de tu ser más íntimo pueden ser escuchados con claridad cristalina. Ya sea que te dediques a la práctica de sentarte en silencio, disfrutar de los momentos tranquilos entre respiraciones, o simplemente ser testigo del desarrollo de cada momento presente, el acto de cultivar la quietud te invita a despojarte de las capas de distracción y ruido que oscurecen tu sabiduría innata.

Al rendirte a la quietud, puedes descubrir una gran profundidad de presencia, un estado de ser donde el tiempo parece ralentizarse, y los límites entre tus mundos internos y externos se disuelven. En este espacio sagrado, puedes comulgar con la esencia de tu ser, conectándote con la fuente de conocimiento, creatividad y guía intuitiva que yace en las profundidades de tu alma.

12. Rituales Sagrados: Honrando los Ritmos de la Vida

A lo largo de los tiempos, diversas culturas han tejido rituales sagrados en la tela de su existencia, creando puntos de referencia que honran los ciclos de la vida, los ritmos de la naturaleza, y los profundos misterios que yacen más allá del velo del reino físico. Ya sea que participes en la celebración de solsticios y equinoccios, la observancia de ciclos lunares, o la creación de rituales personales imbuidos de profundo significado simbólico, estas prácticas ofrecen un poderoso medio de sintonización y transformación.

Al sumergirte en la reverente observancia de estos rituales, forjas una conexión más profunda con la red interconectada de la existencia, honrando los ritmos que laten a través del cosmos y la intrincada danza de la vida que se desarrolla dentro y alrededor de ti. A través de los actos simbólicos de establecer intenciones, ofrecer gratitud, u honrar los ciclos de nacimiento, crecimiento y transición, tejes un tapiz de significado y propósito, anclando tu viaje en la profunda sabiduría de los tiempos.

En esencia, estas prácticas de cultivar la quietud son caminos hacia la armonía interior, invitándote a embarcarte en un viaje sagrado de autodescubrimiento y nutrición del alma. Al integrar estas herramientas en tu vida diaria, puedes encontrar que despiertas a un profundo sentido de claridad, propósito y paz interior, un estado donde los susurros de tu ser auténtico pueden ser escuchados con claridad inquebrantable, guiándote hacia la realización de tu mayor potencial y la manifestación de una vida impregnada de profundo significado y plenitud.

ARMONÍA EN EL CAOS: ABRAZANDO LA GUÍA INTERIOR

En la danza de la vida, donde las corrientes de caos e incertidumbre fluyen incesantemente, ¿con qué frecuencia nos encontramos arrastrados por la turbulencia, buscando desesperadamente un salvavidas en medio del tumulto? Sin embargo, dentro de las profundidades de nuestro ser, yace dormida una fuente de sabiduría, una luz guía que nos invita a volvernos hacia nuestro interior y abrazar los sagrados susurros de nuestras almas.

Imagina, por un momento, que te encuentras en una encrucijada, confrontado por un tapiz de elecciones que se despliegan ante ti como senderos que conducen a lo desconocido. El ruido del mundo se eleva a tu alrededor, una cacofonía de voces, opiniones y expectativas que claman por tu atención. Pero debajo de este clamor, una voz tenue pero insistente resuena, reverberando desde las cámaras sagradas de tu esencia más interna.

En este momento crucial, te enfrentas a una pregunta provocativa: ¿Te rendirás a las corrientes del caos, permitiendo que fuerzas externas dicten tu rumbo, o escucharás el llamado de tu sabiduría interior, trazando un camino arraigado en autenticidad y plenitud del alma?

Esta pregunta, aunque engañosamente simple, contiene la clave para desbloquear una vida de profundo significado y resonancia. Porque durante el caos de la vida, la capacidad de sintonizar con los susurros de nuestra guía interior se convierte en una práctica sagrada, un faro que ilumina el camino hacia adelante en medio de las sombras de la incertidumbre.

Sin embargo, el camino hacia la aceptación de la sabiduría interior no está exento de desafíos. Nuestro mundo moderno, con su ritmo implacable y demandas constantes, puede ahogar a menudo los murmullos sutiles de nuestra intuición, dejándonos a la deriva en un mar de ruido externo y distracción. Podemos encontrarnos atrapados en la red de expectativas sociales, conformándonos a roles y narrativas preestablecidas que no resuenan con nuestro ser auténtico.

Además, la tendencia a buscar validación y aprobación de fuentes externas puede convertirse en una fuerza potente, llevándonos a priorizar las opiniones de los demás sobre la sabiduría que reside dentro de nosotros. Podemos aferrarnos a caminos ya recorridos, temerosos de aventurarnos en los reinos desconocidos donde nuestra verdad interior nos llama a andar.

Sin embargo, al despojar las capas de estos conceptos erróneos y creencias limitantes, descubrimos una verdad profunda: las respuestas que buscamos, la guía que anhelamos, no residen en las cámaras de eco de voces externas, sino en el santuario sagrado de nuestro ser más íntimo.

Es aquí, en la quietud que yace más allá de las ondulaciones superficiales de pensamientos y emociones, donde podemos sintonizarnos con los ritmos de la sabiduría de nuestra alma. Como una brújula que apunta al norte verdadero, nuestra guía interior sirve como un faro, iluminando el camino hacia una vida de propósito, autenticidad y resonancia.

El viaje de abrazar la sabiduría interior no es lineal, sino más bien un baile en espiral que se despliega en capas de revelación y crecimiento. Exige que cultivemos prácticas de presencia, atención plena y autoindagación, creando espacio en medio del caos para escuchar profundamente los susurros de nuestras almas.

A través del arte de la meditación, podemos silenciar el incesante parloteo de la mente, permitiendo que la claridad de nuestra intuición ocupe el centro del escenario. En el abrazo de la naturaleza, podemos sintonizarnos con los ritmos del mundo natural, invitando a un profundo sentido de interconexión a permear nuestro ser. En el acto de escribir un diario, podemos dar voz a las reflexiones más íntimas de nuestro corazón, descubriendo verdades profundas e ideas que guían nuestro camino.

Al caminar por este camino de sintonía interior, podemos encontrar momentos de duda, incertidumbre y resistencia, ecos del mundo externo llamándonos de regreso a las costas familiares de la conformidad. Sin embargo, es en estos momentos de crisol donde se revela el verdadero poder de la sabiduría interior, ofreciéndonos el coraje y la resiliencia para avanzar, confiando en los susurros divinos que resuenan desde las profundidades de nuestras almas.

Abrazar la sabiduría interior no es meramente un viaje solitario, sino un movimiento transformador que se propaga hacia afuera, tocando las vidas de quienes nos rodean. Al alinearnos con la autenticidad de nuestro verdadero ser, nos convertimos en faros de inspiración, encendiendo la chispa de posibilidad en otros y animándolos a embarcarse en su viaje de autodescubrimiento.

Así que, al estar en la encrucijada de las elecciones de la vida, posicionado entre las corrientes del caos y el llamado de la sabiduría interior, atrévete a tomar el camino menos transitado. Escucha atentamente los susurros de tu alma y permíteles guiarte hacia una vida impregnada de propósito, claridad y resonancia del alma.

Pues en el abrazo de la sabiduría interior yace la clave para desbloquear una vida de profunda plenitud, una vida donde las armonías de tu ser auténtico resuenan en sintonía con los ritmos del universo. Es un viaje que demanda coraje, vulnerabilidad y un compromiso inquebrantable de honrar la verdad sagrada que reside dentro de ti.

Pero ten la seguridad de que, en los momentos en que la duda se infiltra y el camino hacia adelante parece envuelto en incertidumbre, tu sabiduría interior estará allí, un compañero constante, una luz guía que ilumina el camino hacia adelante, un paso a la vez. Confía en sus susurros, y te encontrarás bailando en armonía con el caos, navegando las corrientes de la vida con gracia, resiliencia y un sentido profundo de propósito que resuena desde el mismo núcleo de tu ser.

CADENAS DE LIBERTAD: LA PARADOJA DE LA DISCIPLINA

DESBLOQUEANDO LAS ATADURAS: ABRAZANDO LA RUTINA

En las corrientes implacables de la vida moderna, donde las olas de demandas y obligaciones chocan contra las costas de nuestra existencia, surge una pregunta provocativa: ¿Es posible encontrar libertad en el abrazo de la rutina?

A primera vista, la noción de rutina puede evocar imágenes de monotonía, confinamiento y una vida atada por las cadenas de la rigidez. Sin embargo, dentro del baile estructurado de los hábitos yace una verdad paradójica: el acto mismo de comprometerse con la rutina puede abrir las puertas de la libertad, liberándonos del caos de la indecisión y la inercia que tan a menudo nos mantiene cautivos.

En nuestro mundo cada vez más complejo, donde las distracciones y las demandas nos bombardean desde todos los ángulos, la mente humana puede sucumbir fácilmente a un estado de agobio. Ante un sinfín de opciones y posibilidades, podemos encontrarnos paralizados por la indecisión, zarandeados por las corrientes de la incertidumbre como un barco sin rumbo, a la deriva en un mar tempestuoso.

Es en estos momentos de agobio que el establecimiento de rutinas puede convertirse en un salvavidas, un faro que nos guía a través de la turbulencia y restaura un sentido de orden e intención en nuestras vidas. Al incorporar hábitos estructurados en nuestros ritmos diarios, aliviamos la carga mental de la fatiga por decisiones, liberando valiosos recursos cognitivos para enfocarnos en las actividades que realmente importan.

Sin embargo, la búsqueda de libertad a través de la rutina a menudo se encuentra con escepticismo y resistencia. Muchos albergan la idea errónea de que adoptar rutinas los confinará, sofocando su espontaneidad y creatividad. Imaginan una vida atada por horarios rígidos, carente de la serendipia y la magia que surge de lo inesperado.

Sin embargo, esta perspectiva no reconoce la verdadera naturaleza de las rutinas y la profunda liberación que pueden ofrecer. Las rutinas, cuando se crean de manera intencional, no se convierten en jaulas restrictivas sino en cimientos sobre los que podemos construir vidas de propósito y pasión. Al establecer rutinas que se alineen con nuestros valores y aspiraciones fundamentales, creamos un terreno fértil del cual nuestros sueños pueden florecer y prosperar.

Imagina, por un momento, una vida en la que las tareas mundanas que una vez consumieron grandes porciones de tu ancho de banda mental se integran sin esfuerzo en tus ritmos diarios. Ya no te encuentras sufriendo sobre cuándo hacer ejercicio, qué comer o cómo administrar tu tiempo. Estos elementos fundamentales del autocuidado y la productividad se han entretejido en la estructura de tu rutina, liberando tu mente para elevarse a mayores alturas de creatividad, innovación y crecimiento personal.

En este estado liberado, te encuentras operando desde un lugar de claridad y enfoque, ya no zarandeado por los caprichos de la indecisión o la inercia. Tus rutinas se convierten en el andamiaje sobre el cual construyes una vida de propósito, permitiéndote canalizar tus recursos finitos, tiempo, energía y atención hacia las actividades que realmente encienden tu pasión y te impulsan hacia tus sueños más grandiosos.

Sin embargo, el camino para adoptar la rutina como un medio de libertad no está exento de desafíos. Como cualquier viaje transformador, exige un compromiso con la autodisciplina y una disposición para confrontar la resistencia profundamente arraigada que a menudo acompaña al cambio.

Puede haber momentos en los que el canto de sirena de la espontaneidad te aleje de tus rutinas, tentándote con la promesa de una libertad desenfrenada. En estos momentos, es esencial recordar que la verdadera libertad no surge de la ausencia de estructura, sino del diseño intencional de una vida que se alinea con tus valores y aspiraciones fundamentales.

Para ilustrar el poder transformador de la rutina, considera el caso de una empresaria ocupada que se encontraba constantemente agobiada por las demandas de su negocio. Cada día era un torbellino caótico de reuniones, correos electrónicos y listas interminables de tareas, dejándola sintiéndose agotada e insatisfecha.

Fue solo cuando abrazó la disciplina de la rutina que comenzó a recuperar su libertad. Estableció hábitos estructurados en torno a su sueño, ejercicio y horario de trabajo, creando un cimiento de orden en medio del caos. De repente, se encontró con la claridad mental y la energía para abordar sus tareas más importantes, mientras simultáneamente reservaba tiempo para las actividades que nutrían su alma, ya sea tiempo de calidad con seres queridos, crecimiento personal o proyectos creativos.

Al embarcarte en tu viaje hacia la aceptación de la rutina, es natural encontrar dudas y escepticismo, tanto desde dentro como desde quienes te rodean. Sin embargo, es en estos momentos que el verdadero poder del compromiso y la perseverancia brillan intensamente.

Aprovecha los desafíos como oportunidades de crecimiento y confía en la sabiduría que reside dentro de ti. Crea rutinas que se alineen con tus valores y aspiraciones más profundos y permíteles convertirse en los anclajes que te estabilicen en medio de las tormentas de la vida.

Para guiarte en este camino transformador, aquí hay pasos accionables que puedes tomar para desbloquear las cadenas y abrazar la libertad que la rutina ofrece:

1. Identifica tus valores fundamentales y aspiraciones: Antes de elaborar tus rutinas, tómate el tiempo para reflexionar sobre lo que realmente te importa. ¿Cuáles son los principios e ideales que guían tu vida? ¿Cuáles son los sueños y metas que encienden tu pasión?

2. Examina tus hábitos y ritmos actuales: Observa tus patrones actuales e identifica áreas en las que puedas estar operando en piloto automático o sucumbiendo a la tiranía de la reactividad. Nota las tareas o actividades que drenan tu energía o te dejan sintiéndote insatisfecho.

3. Diseña rutinas que se alineen con tus valores y aspiraciones: Con tus valores fundamentales y aspiraciones como guía, comienza a diseñar intencionalmente rutinas que apoyen tu crecimiento y realización. Esto puede incluir establecer rutinas en torno al cuidado personal, la productividad, el crecimiento personal o las actividades creativas.

4. Comienza de a poco y construye gradualmente: Abraza el principio del progreso incremental. En lugar de intentar renovar toda tu vida de una vez, comienza introduciendo una o dos rutinas y permitiendo que se establezcan firmemente antes de añadir más.

5. Abraza la flexibilidad y adaptación: Aunque las rutinas brindan estructura, es esencial mantener cierto grado de flexibilidad. La vida está en constante cambio, y tus rutinas deben adaptarse para acomodar nuevas circunstancias y desafíos.

6. Celebra tus victorias: A medida que emprendes este viaje, celebra cada pequeño logro e hito en el camino. Reconoce la disciplina y el compromiso que requiere establecer y mantener rutinas y honra la libertad que estás creando para ti mismo.

A medida que abrazas el poder paradójico de la rutina, te encontrarás liberando las ataduras que una vez te encadenaron. Ya no serás esclavo del caos de la indecisión y la inercia; en su lugar, te convertirás en el maestro de tu vida, canalizando tus recursos finitos hacia las búsquedas que realmente importan.

En este estado liberado, descubrirás un nuevo sentido de claridad, enfoque y propósito. Tus rutinas se convertirán en los cimientos sobre los cuales construyes una vida de significado y resonancia, una vida en la que tu yo auténtico puede florecer y tus sueños pueden volar.

Entonces, abraza la disciplina de la rutina y disfruta de la libertad que ofrece. Porque es en el baile estructurado de los hábitos donde encontrarás el ritmo de tu alma y el camino hacia una vida que resuena con los susurros más profundos de tu yo auténtico.

PLANOS DEL ÉXITO: LA ARQUITECTURA DE LA DISCIPLINA

En el ámbito del crecimiento personal y el logro, ciertos términos y conceptos actúan como pilares, apoyando el edificio de nuestras aspiraciones. Comprender las sutilezas de estos elementos fundamentales es similar a poseer el plano arquitectónico que guía la construcción de la vida que imaginamos. En esta sección definitoria, desvelaremos los detalles intrincados de estos planos, iluminando el camino hacia la realización de nuestro pleno potencial.

Primero, desentrañemos el enigma de la disciplina, un término a menudo envuelto en malentendidos, pero que contiene la clave para desbloquear posibilidades ilimitadas. La disciplina no es una jaula rígida que nos confina, sino más bien una herramienta poderosa que nos libera de las cadenas de la indecisión y el caos. Es el lápiz del arquitecto, trazando las líneas que definen las estructuras de nuestras vidas.

En su núcleo, la disciplina es el compromiso inquebrantable con un conjunto de principios, hábitos y rutinas que se alinean con nuestros valores y aspiraciones más profundos. Es la capacidad de mostrarnos consistentemente e intencionalmente para nosotros mismos, incluso frente a la adversidad o la tentación. La disciplina es el fundamento sobre el cual construimos nuestros sueños, ladrillo a ladrillo, día a día.

Piensa en el estudiante que abraza la disciplina del estudio constante, reservando horas dedicadas cada día para sumergirse en sus tareas. Con cada página que pasa y cada concepto que domina, sientan las bases para la excelencia académica, allanando el camino hacia sus aspiraciones de educación superior o una carrera satisfactoria.

A continuación, exploremos el concepto de rutina, la intrincada red de hábitos que tejen juntos el tapiz de nuestras vidas. A primera vista, la rutina puede parecer restrictiva, una repetición monótona de tareas que ahoga la espontaneidad. Sin embargo, cuando se elabora con intención y se alinea con nuestros valores, las rutinas se convierten en los planos que nos guían hacia nuestros destinos deseados.

Las rutinas son los arquitectos de la estructura, creando un marco en el que podemos operar con claridad y enfoque. Al integrar tareas y hábitos esenciales en nuestros ritmos diarios, aliviamos la carga mental de la fatiga por toma de decisiones, liberando nuestros recursos cognitivos para abordar las búsquedas que realmente encienden nuestra pasión.

Considere al emprendedor que establece rutinas para sus rituales matutinos, ejercicio y sesiones de trabajo enfocadas. Estos hábitos estructurados se convierten en los pilares sobre los que construyen su éxito, proporcionando una base de orden en medio del caos de dirigir un negocio. Con sus rutinas en su lugar, pueden canalizar su energía hacia la innovación, la solución de problemas y la creación de un impacto duradero.

El poder de los hábitos es otro pilar en la arquitectura del crecimiento personal. Los hábitos son los bloques de construcción que dan forma a nuestras vidas, los detalles intrincados que dan vida a nuestros planos. Como el hábil albañil que coloca meticulosamente cada ladrillo, el cultivo de hábitos positivos es un proceso deliberado.

Los hábitos pueden ser nuestros mayores aliados o nuestros adversarios más formidables, dependiendo de la naturaleza de su construcción. Los hábitos positivos, como el ejercicio regular, la meditación consciente o el aprendizaje constante, pueden impulsarnos hacia nuestras aspiraciones con la determinación inquebrantable de un tren de carga. Por el contrario, los hábitos negativos, como la procrastinación, el autodesprecio o los excesos poco saludables, pueden erosionar los cimientos de nuestros sueños como la erosión persistente sobre un acantilado que alguna vez fue robusto.

Considere al escritor que cultiva el hábito de sentarse frente a su escritorio cada mañana, con los dedos listos sobre el teclado, dispuesto a traducir los susurros de su imaginación en palabras escritas. Con cada palabra, oración y párrafo, construyen la narrativa que cautivará a su audiencia, ladrillo literario tras ladrillo literario.

Por último, debemos reconocer el papel fundamental de la consistencia: el mortero que une los ladrillos de nuestros esfuerzos, fortaleciendo la estructura de nuestros emprendimientos. La consistencia es el compromiso inquebrantable de aparecer, día tras día, independientemente de los obstáculos o distracciones que puedan surgir.

Como el ritmo constante de un metrónomo, la consistencia proporciona la cadencia que guía nuestro progreso, asegurando que cada paso que demos sea intencional y esté alineado con nuestra visión más amplia. Es el antídoto contra la inestabilidad de la motivación pasajera, transformando nuestras aspiraciones en realidades tangibles a través de la pura fuerza de la acción persistente.

Considere al atleta que se adhiere consistentemente a su régimen de entrenamiento, empujando sus límites con cada entrenamiento agotador, cada gota de sudor un testimonio de su dedicación. A través del poder de la consistencia, moldean su fortaleza física y mental, esculpiéndose en la encarnación del máximo rendimiento.

Al concluir este capítulo definitorio, se hace evidente que la disciplina, las rutinas, los hábitos y la consistencia no son meras abstracciones sino los propios planos que trazan el camino hacia nuestros sueños. Al abrazar estos elementos fundamentales, nos empoderamos para construir vidas de propósito, pasión y realización duradera.

En los próximos capítulos, profundizaremos en el arte de crear rutinas que se alineen con tus aspiraciones únicas, cultivando hábitos que te impulsen hacia tus metas y aprovechando el poder de la consistencia para manifestar tus visiones más grandiosas. Juntos, erigiremos el edificio de tus sueños, un ladrillo intencional a la vez, hasta que el horizonte de tu vida esté adornado con los logros imponentes nacidos de tu compromiso inquebrantable.

EL PARADIGMA DE LA PRODUCTIVIDAD: UN ESTUDIO DE CASO

1. Descripción breve: Este estudio de caso explora el notable viaje de Marie Curie, la pionera física y química que desafió las normas sociales para convertirse en la primera mujer en ganar un Premio Nobel, y la primera persona en ganar el prestigioso premio dos veces. A través de su inquebrantable disciplina y búsqueda implacable del conocimiento, Curie rompió barreras y revolucionó nuestra comprensión de la radiactividad, grabando para siempre su nombre en los anales de la historia científica.

2. Presentación de los protagonistas: Marie Curie, nacida como Maria Salomea Sklodowska en 1867 en Varsovia, Polonia, fue criada en un ambiente que fomentó su curiosidad intelectual y su sed de conocimiento. A pesar de enfrentar numerosos obstáculos como mujer en un campo dominado por hombres, la tenacidad y dedicación de Curie no tenían límites. Su esposo, Pierre Curie, un físico renombrado por derecho propio, se convirtió en su leal compañero y colaborador, compartiendo su pasión por el descubrimiento científico.

3. El desafío principal: A finales del siglo XIX, la comunidad científica estaba mayormente dominada por hombres, y las contribuciones de las mujeres a menudo eran pasadas por alto o desestimadas. Curie enfrentó un inmenso escepticismo y prejuicio al adentrarse en el territorio inexplorado de la radiactividad, un fenómeno tanto cautivador como envuelto en misterio. Su inquebrantable determinación para desentrañar los secretos de esta fuerza invisible requeriría un espíritu indomable y una disciplina inquebrantable que pocos poseían.

4. Estrategias y métodos empleados: El enfoque de Curie hacia el descubrimiento científico estaba arraigado en una rutina rigurosa y una atención meticulosa al detalle. Estableció un horario de laboratorio disciplinado, registrando meticulosamente sus observaciones y realizando innumerables experimentos con un enfoque inquebrantable. Su compromiso con la precisión y la exactitud era incomparable, ya que analizaba e interpretaba incansablemente sus hallazgos, a menudo trabajando durante la noche para desentrañar los misterios de la radiactividad.

La disciplina de Curie se extendía más allá del laboratorio. Se adhería a un estricto régimen de autocuidado, asegurándose de que su mente y cuerpo estuvieran fortalecidos para soportar las demandas de su trabajo innovador. Su rutina incluía ejercicio regular, una dieta equilibrada y tiempo dedicado al descanso y el rejuvenecimiento, reconociendo que la claridad mental y la resistencia física eran esenciales para sus objetivos científicos.

5. Resultados y logros: El enfoque disciplinado de Curie produjo resultados notables. En 1903, se convirtió en la primera mujer en recibir un Premio Nobel, compartiendo el honor con su esposo Pierre y Henri Becquerel por su trabajo pionero sobre la radiactividad. Trágicamente, Pierre falleció en 1906, pero la dedicación de Curie solo se intensificó, llevándola a su segundo Premio Nobel en 1911, un logro sin precedentes que consolidó su lugar en la historia como un titán del descubrimiento científico.

Más allá de su investigación revolucionaria y reconocimientos, el legado de Curie se extendió a las innumerables vidas que tocó a través de sus incansables esfuerzos. Su trabajo sentó las bases para la terapia de radiación, un tratamiento revolucionario que ha salvado millones de vidas en todo el mundo, y sus descubrimientos allanaron el camino para futuros avances en campos tan diversos como la física nuclear, la química y la medicina.

6. Lecciones aprendidas y contraargumentos: La historia de Curie sirve como un profundo testimonio del poder de la disciplina y la perseverancia para superar obstáculos aparentemente insuperables. Su inquebrantable compromiso con su oficio y su tenaz búsqueda del conocimiento trascendieron las barreras sociales y los prejuicios de género, inspirando a generaciones de científicos y agentes de cambio a seguir sus pasos.

Sin embargo, vale la pena señalar que la incansable búsqueda de su trabajo le costó a nivel personal. Su intenso enfoque y dedicación a menudo tensaron sus relaciones y limitaron su participación en otros aspectos de la vida. Los críticos argumentan que su obsesión singular con sus esfuerzos científicos, aunque admirable, pudo haber llevado a un desequilibrio que en última instancia afectó su bienestar.

No obstante, el impacto transformador de los descubrimientos de Curie y su inquebrantable compromiso con la exploración científica no pueden ser subestimados. Su viaje se erige como un brillante ejemplo del poder de la disciplina, la rutina y la consistencia para superar incluso los desafíos más formidables y dejar una marca indeleble en el mundo.

7. Relevancia para el tema principal: La vida de Curie sirve como un profundo estudio de caso del poder transformador de la disciplina, las rutinas, los hábitos y la consistencia: los mismos pilares sobre los cuales se construye el crecimiento personal y el logro. Su historia ejemplifica cómo estos principios pueden impulsar a los individuos a trascender limitaciones, desafiar las expectativas sociales y lograr hazañas notables que redefinen nuestra comprensión del mundo.

A través de su enfoque disciplinado, Curie elaboró una rutina que le permitió maximizar su enfoque, productividad y creatividad. Sus hábitos inquebrantables de observación meticulosa, experimentación rigurosa y búsqueda incansable del conocimiento sentaron las bases para sus descubrimientos revolucionarios. Su consistencia firme, incluso frente a la adversidad y el escepticismo, le permitió perseverar y, finalmente, romper techos de cristal que habían limitado durante mucho tiempo las aspiraciones de las mujeres en la ciencia.

8. Reflexiones finales: Al reflexionar sobre el extraordinario viaje de Curie, nos queda una pregunta profunda: ¿Qué podríamos lograr si abrazáramos el mismo nivel de disciplina, rutina y consistencia en nuestras búsquedas? Su vida sirve como un recordatorio poderoso de que los planos para nuestros sueños no son meramente conceptos abstractos, sino marcos tangibles que pueden construirse a través del compromiso inquebrantable y la dedicación incansable.

La historia de Curie nos desafía a examinar nuestros hábitos, rutinas y niveles de consistencia, lo que nos lleva a preguntarnos: ¿Realmente estamos presentes para nosotros mismos y nuestras aspiraciones con el mismo nivel de intencionalidad y disciplina? ¿Estamos colocando los ladrillos de nuestros sueños con el mismo cuidado y precisión meticulosos que ella mostró en su laboratorio?

Al avanzar, inspirémonos en el espíritu inquebrantable de Curie y su firme compromiso con el crecimiento personal y el descubrimiento. Abracemos el poder de la disciplina, las rutinas, los hábitos y la consistencia como las herramientas arquitectónicas que darán forma a las estructuras de nuestras vidas, permitiéndonos dejar nuestras huellas indelebles en el mundo, ladrillo a ladrillo con intención.

LIBERTAD EN LA ESTRUCTURA: COMPARANDO LA CREATIVIDAD

A primera vista, los conceptos de "creatividad" y "disciplina" parecen opuestos. El primero evoca nociones de expresión desenfrenada, espíritu libre y un rechazo rebelde a las restricciones. El segundo evoca imágenes de rutinas rígidas, adherencia inquebrantable a las reglas y un enfoque reglamentado de la vida. Sin embargo, a medida que profundizamos en los ámbitos de los logros humanos y la expresión artística, encontramos que estas dos fuerzas aparentemente contradictorias no solo son compatibles, sino a menudo simbióticamente entrelazadas, con la disciplina sirviendo como el cimiento sobre el cual la verdadera creatividad puede florecer.

Consideremos el resultado creativo de aquellos que abrazan una rutina estructurada y disciplinada frente a aquellos que operan en un estado de perpetua espontaneidad, carentes de cualquier atisbo de orden o consistencia. El contraste es sorprendente. Mientras que los últimos pueden experimentar ocasionales destellos de inspiración, sus creaciones a menudo carecen de profundidad, refinamiento e impacto duradero. Sus obras son similares a destellos fugaces, deslumbrantes por un momento antes de desvanecerse en la oscuridad, sin dejar una marca indeleble en la conciencia colectiva.

En contraste, aquellos que aprovechan el poder de la disciplina y la rutina pueden canalizar sus energías creativas en obras de resonancia profunda y significado perdurable. A través de la práctica consistente y un compromiso inquebrantable con su oficio, refinan sus habilidades, perfeccionan sus técnicas y cultivan una comprensión más profunda de su medio elegido. La disciplina se convierte en el crisol en el cual el talento bruto se forja en maestría, permitiendo al artista trascender la mera novedad y lograr una verdadera excelencia artística.

Quizás la ilustración más vívida de este principio se puede encontrar en la vida y obras del legendario autor Haruki Murakami. Conocido por sus historias cautivadoras que mezclan lo surrealista con lo profundamente humano, el proceso creativo de Murakami es un testimonio del poder de la disciplina para desbloquear una creatividad sin límites. En sus propias palabras, "La repetición en sí misma se vuelve lo importante; es una forma de mesmerismo. Me mesmerizo para alcanzar un estado mental más profundo". Este mesmerismo, esta inmersión en trance en su oficio, se cultiva a través de una rutina de escritura rigurosa a la que Murakami se adhiere con una dedicación inquebrantable.

Cada mañana, se levanta a las 4 a.m., prepara una taza de café y se sienta en su escritorio para escribir durante cinco o seis horas antes de realizar su rutina diaria de ejercicios. Este enfoque disciplinado se ha convertido en un ritual sagrado, un conducto a través del cual él accede al manantial de su imaginación y da vida a historias que han cautivado a lectores de todo el mundo. La disciplina de Murakami le permite trascender las limitaciones de su realidad física y aventurarse en reinos de creatividad profunda, donde se desdibujan las fronteras entre lo mundano y lo extraordinario, y lo imposible se vuelve plausible.

Sin embargo, Murakami no es una anomalía; su historia resuena con las experiencias de innumerables artistas, innovadores y visionarios a lo largo de la historia que han abrazado el poder de la disciplina y la rutina como catalizadores para sus esfuerzos creativos. Desde las meticulosas pinceladas de los maestros del Renacimiento hasta las composiciones estructuradas de los compositores clásicos, el legado de la creatividad humana está entretejido con historias de dedicación inquebrantable y un compromiso con el arte.

¿Pero qué es lo que tiene la disciplina que fomenta una creatividad tan profunda? La respuesta radica en la propia naturaleza de la mente humana y su necesidad de estructura y rutina. Nuestros cerebros prosperan con patrones y previsibilidad, ya que estos elementos nos permiten conservar energía mental y concentrarnos en las tareas en cuestión. Al establecer rutinas y cultivar hábitos de disciplina, creamos un entorno propicio para un enfoque profundo y un esfuerzo creativo sostenido.

Dentro de este marco estructurado, la mente se libera de las distracciones e incertidumbres de la vida diaria, permitiéndole indagar en las profundidades de la imaginación y la exploración.

La disciplina se convierte en el ancla que nos fundamenta, mientras que simultáneamente ofrece la plataforma de lanzamiento para nuestros vuelos creativos de fantasía. Es la coexistencia paradójica de estructura y libertad, una delicada danza entre las limitaciones que canalizan nuestras energías y la expansividad que permite que nuestras ideas se eleven.

Además, la disciplina genera consistencia, y ésta es la piedra angular de la maestría. Al presentarse día tras día y comprometerse con su arte con una determinación resuelta, los artistas y creadores refinan gradualmente sus habilidades, afinan sus técnicas y desarrollan una comprensión profunda de su medio elegido. Cada pincelada, cada nota y cada línea de prosa se convierten en un peldaño hacia la trascendencia artística, un testimonio del poder transformador de la práctica disciplinada.

Sin embargo, sería un error representar la disciplina como un mero medio para un fin, una herramienta utilitaria para alcanzar objetivos creativos. Para aquellos que realmente la abrazan, la disciplina se convierte en una forma de arte en sí misma, una forma de vida que imbuye cada aspecto de su existencia con un sentido de intencionalidad y propósito. Es una práctica espiritual, una manifestación de la voluntad humana, y un testimonio de nuestra capacidad de moldear nuestras vidas mediante pura determinación y un compromiso inquebrantable.

En marcado contraste, aquellos que rechazan la disciplina y abrazan una vida de espontaneidad y capricho a menudo se encuentran a la deriva, su potencial creativo atrofiado por la falta de enfoque y dirección. Si bien pueden deleitarse en los momentos fugaces de inspiración, sus obras carecen de la profundidad y el refinamiento que solo pueden lograrse mediante el esfuerzo sostenido y la práctica disciplinada.

Es similar a la diferencia entre una estrella fugaz, deslumbrante en su brillo efímero, y un faro, firme e inquebrantable en su haz de guía. La primera puede cautivar por un momento fugaz, pero es la segunda la que ilumina el camino para aquellos que buscan navegar en las aguas traicioneras de la expresión creativa.

La disciplina, entonces, no es una restricción sino una fuerza liberadora, un medio para aprovechar nuestro potencial interior y canalizarlo hacia la realización de nuestras visiones creativas. Es el puente que abarca el abismo entre la inspiración y la manifestación, el catalizador que transforma ideas fugaces en obras de arte duraderas.

Y, sin embargo, la belleza de la disciplina radica no solo en su capacidad para fomentar la creatividad, sino también en el crecimiento personal y la transformación que cataliza dentro de los propios artistas. A través del acto de comprometerse con una rutina, de presentarse día tras día, de aceptar los desafíos y triunfos de su camino elegido, los individuos cultivan un sentido profundo de auto-maestría y resiliencia.

Aprenden a aprovechar el poder de su voluntad, a navegar las idas y venidas del proceso creativo, y a encontrar consuelo y fortaleza en las mismas rutinas que una vez parecían restrictivas. De esta manera, la disciplina se convierte en un crisol de evolución personal, forjando no solo obras de arte sino también el carácter y la fortaleza de los propios artistas.

Al estar maravillados por los legados perdurables de aquellos que han adoptado la disciplina como un pilar de sus esfuerzos creativos, se nos recuerda que la verdadera libertad no reside en la ausencia de estructura, sino en la capacidad de dar forma conscientemente a nuestras vidas y canalizar nuestras energías hacia esfuerzos significativos. Es una comprensión profunda que trasciende los confines del arte y la creatividad, resonando en todos los aspectos de la existencia humana.

Al final, la disciplina no es una limitación sino una puerta de entrada, un medio para desbloquear nuestro potencial más profundo y dar forma a nuestros sueños más audaces. Es el lienzo sobre el cual pintamos las obras maestras de nuestras vidas, la partitura que guía nuestras melodías, y la narrativa estructurada que imbuye nuestras historias con profundidad y resonancia.

Entonces, abracemos la disciplina no como una carga sino como una fuerza liberadora, un camino para desatar la creatividad sin límites que yace dormida dentro de cada uno de nosotros. Y al hacerlo, no solo crearemos obras de belleza y profundidad perdurables, sino que también forjaremos vidas de intencionalidad, propósito y un profundo crecimiento personal.

EL DILEMA DE LA DISCIPLINA: SUPERANDO LA RESISTENCIA

Al mero mencionar la palabra "disciplina," una resistencia palpable se agita dentro de muchos de nosotros. Instintivamente retrocedemos, percibiéndolo como una amenaza a nuestra querida libertad, un grillete que encarcelaría nuestros espíritus y sofocaría nuestra individualidad. Después de todo, se nos enseña desde jóvenes a abrazar la espontaneidad, a seguir nuestros caprichos y a marchar al ritmo de nuestro tambor. La disciplina, por otro lado, evoca nociones de rutina rígida, adherencia inquebrantable a las reglas, y un enfoque regimentado de la vida que parece antitético a la esencia misma de la autoexpresión y la autonomía personal.

El dilema, sin embargo, radica en la profunda ironía de que la verdadera libertad a menudo elude a quienes rechazan la disciplina por completo. Sin un marco, un sentido de dirección y un compromiso con el esfuerzo constante, nos convertimos en esclavos de nuestros impulsos, arrojados por los caprichos del momento y, en última instancia, prisioneros de nuestra falta de enfoque e intencionalidad.

La resistencia a la disciplina es una experiencia humana universal, una aversión profundamente arraigada a cualquier cosa que pueda limitar nuestra libertad percibida o restringir nuestra espontaneidad. Sin embargo, paradójicamente, es esta misma resistencia la que a menudo nos impide alcanzar nuestras metas más apreciadas y realizar nuestro máximo potencial.

Ya sea un escritor luchando por completar su novela, un emprendedor batallando contra la procrastinación, o un atleta esforzándose por alcanzar el máximo rendimiento, la falta de disciplina puede convertirse en una barrera insuperable, dejándonos atrapados en un ciclo de ambiciones no cumplidas y perpetuo autosabotaje.

Si no se controla, la resistencia a la disciplina puede tener consecuencias de largo alcance. Puede llevar a una vida de mediocridad, donde nos conformamos con lo cómodo y lo familiar, sin atrevernos nunca a aventurarnos más allá de nuestras limitaciones autoimpuestas. Nuestros sueños permanecen incumplidos, nuestro potencial sin explotar y nuestras aspiraciones relegadas al reino de "qué pasaría si" y "si tan solo".

Además, la ausencia de disciplina puede fomentar una sensación de desorientación e insatisfacción, ya que nos encontramos a la deriva en un mar de impulsos y distracciones, sin comprometernos plenamente con ningún camino o esfuerzo. Nuestra energía está dispersa, nuestro enfoque diluido, y nuestros esfuerzos producen resultados magros, dejándonos frustrados y desilusionados.

En el ámbito del autodesarrollo y la superación personal, la falta de disciplina puede ser particularmente debilitante. Sin la determinación de trabajar constantemente en nuestras debilidades y cultivar nuevas habilidades, permanecemos estancados, atrapados en los límites de nuestro estado actual, incapaces de trascender nuestras circunstancias y alcanzar nuevas alturas de realización personal y profesional.

Sin embargo, hay esperanza, porque la disciplina no necesita ser percibida como una restricción sino como una fuerza liberadora, un catalizador que marca el ritmo.

CRÓNICAS DEL CONTROL: LA HISTORIA DE LA AUTODISCIPLINA

Al embarcarnos en este viaje a través de los anales de la historia, buscamos trazar la evolución de la autodisciplina, una virtud que ha dado forma a los destinos de individuos, culturas y civilizaciones. Desde los antiguos sabios que primero se enfrentaron al concepto de dominar los impulsos propios hasta los pioneros modernos que aprovechan la disciplina como un catalizador para el crecimiento personal y colectivo, esta línea de tiempo desvelará el legado perdurable de una fuerza que ha trascendido el tiempo y las fronteras.

1. En la Cuna de la Civilización: Los Primeros Ecos de la Disciplina

La búsqueda de la autodisciplina se puede rastrear hasta los albores de la civilización humana, cuando nuestros ancestros primero enfrentaron el desafío de frenar sus impulsos primarios por el bien de la supervivencia y la armonía social. En el antiguo Egipto, el concepto de "ma 'at", que representaba la verdad, el equilibrio y el orden cósmico, era un principio rector que enfatizaba la importancia del autocontrol y la adherencia a estándares morales y éticos.

A lo largo de las fértiles tierras de Mesopotamia y el Valle del Indo, los primeros textos religiosos y filosóficos ensalzaban las virtudes de la disciplina, el autocontrol y el dominio de los propios deseos. Las antiguas escrituras védicas de la India, los Upanishads, y las enseñanzas de Buda enfatizaban el cultivo de la atención plena, la ecuanimidad y la capacidad de trascender la fugaz atracción de las tentaciones mundanas.

2. La Era Clásica: Pilares de la Disciplina

- **Siglo VI a.C.:** El nacimiento de la filosofía griega, con figuras como Sócrates, Platón y Aristóteles, marcó el inicio de una nueva era de discurso intelectual sobre la naturaleza de la virtud, la moderación y la búsqueda de la excelencia a través de la autodisciplina.
- **Siglo IV a.C.:** Los filósofos estoicos, como Zenón de Citio y Epicteto, abogaban por el cultivo del autocontrol, la resiliencia emocional y la adopción de la disciplina como medio para lograr la tranquilidad interior y alinearse con el orden natural del universo.
- **Siglo I a.C.:** El estadista y filósofo romano Cicerón expuso las virtudes de la templanza, la fortaleza y la importancia de ejercer la disciplina tanto en la vida personal como cívica, sentando las bases para el concepto de "disciplina moral" que daría forma al pensamiento occidental durante siglos.

3. La Odisea Espiritual y Filosófica de la Disciplina

A medida que las civilizaciones surgían y caían, la noción de autodisciplina se tejía en el tapiz de diversas tradiciones espirituales y filosóficas, cada una adaptando e interpretando su esencia a través del prisma de sus contextos culturales e históricos únicos.

- **En la Edad Media,** el monacato cristiano surgió como una poderosa encarnación de la disciplina, con monjes que se adherían a rigurosas rutinas de oración, estudio y trabajo manual como medio de purificación espiritual y devoción.
- **La fe islámica**, con su énfasis en la sumisión a la voluntad divina y el cultivo de virtudes como la paciencia, la perseverancia y el autocontrol, fomentó una cultura de disciplina que permeó tanto las esferas religiosas como seculares.
- **En Oriente,** las enseñanzas del confucianismo, el taoísmo y el budismo zen ofrecieron cada una perspectivas distintas sobre la búsqueda del autodominio, siendo la disciplina un conducto para la armonía, el equilibrio y la iluminación.

4. La Edad de la Ilustración: Disciplina en el Crisol de la Razón

A medida que el Renacimiento dio paso a un renovado énfasis en el potencial humano y el poder de la investigación racional, el concepto de disciplina experimentó una transformación profunda. Pensadores como Descartes, Kant y Locke exploraron la intrincada relación entre la razón, el autocontrol y la búsqueda del conocimiento y la virtud moral.

La era de la Ilustración fue testigo de un cambio hacia una comprensión más secular e individualista de la disciplina, con filósofos que abogaban por el cultivo de la autodisciplina como medio para realizar el verdadero potencial de uno mismo y contribuir al bien mayor de la sociedad.

5. La Era Moderna: Disciplina Forjada de Nuevo

Al entrar el mundo en el siglo XX, el concepto de autodisciplina enfrentó nuevos desafíos y adaptaciones. El auge de la psicología y el estudio del comportamiento humano arrojaron nueva luz sobre los mecanismos de la autorregulación, la motivación y el cultivo de hábitos y rutinas.

Pioneros como William James, B.F. Skinner y Albert Bandura exploraron la intrincada interacción entre los procesos cognitivos, los factores ambientales y el desarrollo de la autodisciplina, allanando el camino para enfoques contemporáneos del crecimiento personal y la auto-mejora.

En los ámbitos de los negocios, los deportes y el liderazgo, el poder de la disciplina emergió como una piedra angular del éxito, con visionarios como Vince Lombardi, John Wooden y Stephen Covey defendiendo las virtudes de la consistencia, el enfoque y el compromiso inquebrantable con las metas de uno.

6. La Disciplina en el Crisol de la Modernidad

Al navegar por las complejidades del siglo XXI, la noción de autodisciplina enfrenta nuevos desafíos y oportunidades. La llegada de tecnologías digitales y el implacable bombardeo de información y estímulos han añadido nuevas capas a la búsqueda del autodomino, lo que ha llevado al desarrollo de estrategias y técnicas innovadoras para cultivar la concentración, priorizar y mantener un sentido de equilibrio en medio del caos.

Además, el creciente reconocimiento de la salud mental y el bienestar ha transformado nuestra comprensión de la disciplina, con un mayor énfasis en la autocompasión, la atención plena y la integración de prácticas holísticas que nutren tanto la mente como el cuerpo.

Desde los sabios antiguos hasta los pioneros contemporáneos, la búsqueda de la autodisciplina ha sido un hilo constante tejido en el tapiz del esfuerzo humano. Ha sido tanto una odisea personal como un viaje colectivo, una fuerza que ha moldeado los destinos de individuos, culturas y civilizaciones. Al mirar hacia el futuro, el legado perdurable de la disciplina sin duda continuará evolucionando, inspirando a las generaciones futuras con su promesa de autodomino, crecimiento personal y la realización de nuestro máximo potencial.

LIBERTAD MEDIDA: LA CIENCIA DEL AUTOCONTROL

1. La Búsqueda del Dominio Personal: Por Qué Importan las Evidencias

En nuestra búsqueda implacable del auto-mejoramiento y el crecimiento personal, a menudo nos encontramos bombardeados por una multitud de consejos, estrategias y promesas de transformación. Sin embargo, en medio de esta cacofonía de voces, es esencial anclar nuestra búsqueda en el ámbito de la evidencia empírica: el fundamento sobre el cual puede construirse un cambio duradero y una comprensión genuina.

Al adoptar un enfoque basado en la evidencia, elevamos nuestro viaje más allá del ámbito de la mera especulación o relatos anecdóticos. Aprovechamos la sabiduría colectiva de la rigurosa investigación científica, obteniendo conocimiento de estudios meticulosamente realizados, investigaciones revisadas por pares y análisis basados en datos. Este enfoque no solo da credibilidad a nuestros esfuerzos, sino que también nos proporciona conocimiento útil, permitiéndonos tomar decisiones informadas e implementar estrategias que han sido exhaustivamente probadas y validadas.

2. La Elusiva Búsqueda de la Libertad: La Autodisciplina como Clave

En el tapiz de la experiencia humana, pocos conceptos son tan atractivos y elusivos como la idea de la libertad. Anhelamos la autonomía para dar forma a nuestras vidas, para perseguir nuestras aspiraciones sin restricciones y para forjar nuestros caminos. Sin embargo, paradójicamente, la verdadera libertad a menudo elude a aquellos que carecen de la autodisciplina para aprovechar su potencial y superar las ataduras del hábito, el impulso y las influencias externas.

3. La Evidencia Habla: Autodisciplina y Felicidad

Un estudio innovador realizado por investigadores de la Universidad de Duke arrojó luz sobre la compleja relación entre la autodisciplina y el bienestar general. Al seguir la vida de individuos durante un período prolongado, el estudio reveló una correlación sorprendente: aquellos que exhibían niveles más altos de autocontrol y disciplina reportaron una mayor satisfacción con la vida, mejor salud física y mental, y un mayor sentido de propósito y realización.

4. La Ciencia Detrás de los Hallazgos

Para comprender mejor los mecanismos en juego, los investigadores profundizaron en la metodología del estudio. Utilizando una variedad de medidas de autoinforme y evaluaciones objetivas, estudiaron la capacidad de los participantes para regular sus emociones, resistir tentaciones y persistir frente a desafíos. El estudio también incorporó técnicas de neuroimagen, revelando conocimientos fascinantes sobre los correlatos neuronales de la autodisciplina y su impacto en la función cerebral.

Los hallazgos destacaron el papel de la función ejecutiva, los procesos cognitivos responsables de la planificación, la toma de decisiones y el control cognitivo, en el fomento de la autodisciplina. Las personas con niveles más altos de función ejecutiva mostraron un mayor control de impulsos, regulación emocional y la capacidad de retrasar la gratificación, lo que contribuyó a su bienestar general y satisfacción con la vida.

5. Desafiando la Narrativa: Abordando Contrargumentos Potenciales

Si bien la evidencia que respalda la conexión entre la autodisciplina y la felicidad es convincente, es esencial reconocer potenciales contrargumentos y perspectivas alternativas. Una crítica que a menudo se plantea es la noción de que una autodisciplina excesiva puede llevar a la rigidez, la supresión emocional y la falta de espontaneidad, factores que pueden minar el bienestar general.

Sin embargo, los investigadores abordaron esta preocupación enfatizando la importancia del equilibrio y la moderación. La verdadera autodisciplina no se trata de imponer un régimen draconiano de autonegación, sino de cultivar la capacidad de tomar decisiones conscientes que se alineen con los valores y objetivos a largo plazo de uno. Es un proceso de autoconciencia, autorregulación y toma de decisiones consciente, no un conjunto rígido de reglas o privaciones.

6. El Camino a la Maestría: Cultivar la Autodisciplina

Armados con la evidencia, ahora podemos explorar estrategias prácticas para cultivar la autodisciplina y aprovechar su potencial transformador. Un enfoque clave destacado por la investigación es el poder de la formación de hábitos: involucrarse consistentemente en comportamientos que refuercen el autocontrol y la disciplina, moldeando gradualmente nuestros caminos neuronales y haciendo que esos comportamientos sean más automáticos y sin esfuerzo con el tiempo.

Además, el papel de la atención plena y la autoconciencia no puede subestimarse. Al cultivar un sentido más agudo de presencia y sintonía con nuestros pensamientos, emociones y comportamientos, podemos identificar mejor los impulsos y patrones que socavan nuestra autodisciplina, permitiéndonos tomar decisiones más conscientes alineadas con nuestros valores y aspiraciones.

7. El Efecto Dominó: La Autodisciplina como Catalizador del Éxito

El impacto de la autodisciplina se extiende mucho más allá del bienestar personal; tiene el potencial de catalizar el éxito y el logro en varios ámbitos de la vida. Desde las búsquedas académicas y los esfuerzos profesionales, hasta las relaciones personales y los emprendimientos creativos, la capacidad de regular emociones, persistir ante desafíos y mantener el enfoque y la consistencia es invaluable.

Numerosos estudios han documentado el vínculo entre la autodisciplina y el logro académico, con estudiantes disciplinados que muestran calificaciones más altas, mejores hábitos de estudio y una mayor resiliencia frente a los desafíos académicos. Del mismo modo, en el ámbito profesional, las personas con autodisciplina están mejor equipadas para navegar las demandas de sus carreras, gestionar su tiempo de manera efectiva y mantener un impulso constante hacia sus objetivos.

8. Aplicando la Evidencia: Abrazar la Autodisciplina para una Vida de Libertad Medida

A medida que navegamos por las complejidades de la vida moderna, con sus innumerables distracciones, tentaciones y demandas sobre nuestra atención, el cultivo de la autodisciplina emerge como una herramienta crítica para lograr una vida de libertad medida. Al aprovechar el poder del autocontrol y dominar nuestros impulsos, adquirimos la capacidad de tomar decisiones conscientes que se alinean con nuestros valores y aspiraciones más profundas, liberándonos de las cadenas del hábito y las influencias externas.

El camino hacia la autodisciplina no es fácil, pero es un viaje que promete recompensas profundas: una mayor sensación de autonomía, una mayor alineación con nuestro verdadero yo y la realización de nuestro potencial completo. Al abrazar la evidencia y adoptar estrategias prácticas, podemos embarcarnos en una odisea transformadora, una que nos empodera para vivir una vida con propósito, plenitud y libertad perdurable.

CULTIVANDO EL COMPROMISO: ESTRATEGIAS PARA UNA DISCIPLINA SOSTENIBLE

La disciplina es esa fuerza esquiva, el ingrediente crudo que impulsa los objetivos en logros y los sueños en realidad. Sin embargo, muchos tropiezan a lo largo del camino de la vida, intimidados por la aparente enormidad de mantener la disciplina. El camino no está pavimentado en un solo estallido de motivación, sino en una serie de elecciones y comportamientos diarios que generan consistencia. Este guía integral mapea el terreno, revelando estrategias para cultivar el compromiso y mantener una disciplina inquebrantable a largo plazo.

La esencia de la disciplina destilada en pasos accionables:

1. **Alinea tu "Por qué".** Conéctate con tus motivadores principales
2. **Abraza el poder de los hábitos.** Transforma de resistencia a ritual
3. **Aprovecha la responsabilidad.** Aprovecha la potencia de los lazos de apoyo
4. **Practica la autocompasión.** Fomenta la resiliencia a través de la bondad
5. **Celebra las victorias incrementales.** Fortalece la resolución a través de victorias pequeñas y grandes
6. **Adapta y evoluciona.** Permanece ágil en medio de los altibajos de la vida

1. Alinea tu "Por qué". Conéctate con tus motivadores principales

La piedra angular de la disciplina constante reside en el "por qué", las razones arraigadas que avivan tu fuego y te impulsan hacia adelante cuando el camino se pone difícil. Descubre estos impulsores fundamentales a través del diario, la autorreflexión o trabajando con un entrenador o mentor. Quizás sea un anhelo de libertad financiera, un deseo de salud óptima o una llamada a dejar un legado duradero. Estos motivadores principales actúan como anclas, atándote a tu camino cuando los vientos de la distracción o la adversidad amenazan con desviarte. Revisa tu "por qué" con frecuencia, infundiéndolo en tus rituales diarios grabándolos en tu conciencia como una fuerza siempre presente que te propulsa hacia adelante.

2. Abraza el poder de los hábitos - Transforma de resistencia a ritual

La disciplina comienza con un acto solitario, un simple paso hacia adelante. Sin embargo, para ejercer su verdadero poder requiere elevarlo al ámbito del hábito. Los hábitos se convierten en los caminos frecuentados que surcan patrones neuronales y automatizan comportamientos que alguna vez pudieron haber requerido un monumental poder de voluntad. Comienza pequeño, integrando una nueva práctica a la vez, ya sea meditar cinco minutos diarios, preparar comidas los domingos o bloquear sitios web distractores durante las horas de trabajo. Combina estos nuevos comportamientos con patrones existentes, aprovechando el impulso ya presente. Expande gradualmente a medida que estas acciones se convierten en rutinas sin esfuerzo, esculpiendo surcos cada vez más profundos de disciplina en tu ser. Lo que una vez fue una lucha cuesta arriba se transforma en un ritual optimizado: inconsciente, automatizado y profundamente empoderador.

3. Aprovecha la responsabilidad - Aprovecha la potencia de los lazos de apoyo

Nuestros caminos raramente son viajes solitarios; prosperamos dentro de un tapiz de conexiones y compromisos compartidos. Aprovecha el poder de la responsabilidad reclutando aliados que puedan ser testigos de tu viaje, celebrar tus éxitos y empujarte de nuevo en el camino cuando surjan obstáculos. Estos pueden ser compañeros de entrenamiento, grupos de estudio o incluso comunidades en línea unidas por esfuerzos comunes. La mera presencia de quienes están invertidos en tu progreso puede inspirar vigor y compromiso renovados. Pero elige estos lazos sabiamente: rodéate de aquellos que modelen la disciplina a la que aspiras y cuya energía te eleve en lugar de disminuirte.

4. Practica la autocompasión. Fomenta la resiliencia a través de la bondad

La disciplina no es un ascenso lineal sino un camino serpenteante lleno de tropiezos y contratiempos.

Regañarte a ti mismo durante estos inevitables altibajos erosiona la motivación y obstaculiza el progreso. En cambio, fomenta la resiliencia a través de la autocompasión: un reconocimiento suave de que eres humano y que los errores son lecciones necesarias en el camino. Cuando te desvías del camino, resiste la tentación de la autoflagelación; haz una pausa, respira y extiende la misma calidez y comprensión que ofrecerías a un querido amigo. Reflexiona con curiosidad sobre lo que llevó a la caída, obtén sabiduría y reorganízate, pero sin juicio. En este espacio de aceptación y amabilidad hacia uno mismo florece la renovación que te impulsa hacia adelante con una resolución rejuvenecida.

5. Celebrar victorias incrementales: Fortalece la resolución a través de victorias pequeñas y grandes

El camino de la disciplina está pavimentado con hitos: momentos para detenerse, reconocer tu crecimiento y disfrutar del poder de tu perseverancia. No necesitan ser logros grandiosos; aprecia las victorias incrementales que marcan tu progreso constante. Reconoce los días en que la alarma te llamó del sueño sin posponerla; saborea los primeros pocos kilos perdidos, las páginas escritas o los ahorros acumulados. Deja que estas victorias, por modestas que sean, reverberen y amplifiquen tu motivación. Experimenta visiblemente a través de pequeños rituales o indulgencias momentáneas: dándote un capricho con tu bebida favorita o disfrutando de un baño caliente. La disciplina sostenida es un acto de acumulación; al celebrar cada incremento, fortaleces tu resolución para logros mayores por venir.

6. Adaptarse y evolucionar: Mantente ágil en medio de los altibajos de la vida

La vida rara vez se desarrolla en una trayectoria perfectamente lineal; los altibajos son inevitables, presentando obstáculos que desafían incluso a la disciplina más fuerte. Cuando las corrientes cambian, resiste la rigidez: adáptate con fluidez y evoluciona tu enfoque ante las circunstancias emergentes. Quizás una lesión requiera modificar tu régimen de ejercicios o una obligación familiar necesite recalibrar las horas de trabajo. Considera estas interrupciones no como obstáculos sino como catalizadores para la innovación. Con una mentalidad de curiosidad y apertura, busca caminos alternativos que honren tus valores fundamentales mientras navegas el terreno ante ti. La disciplina no es la búsqueda obstinada de una visión singular, sino el compromiso inquebrantable con el progreso, incluso cuando la ruta requiere revisión.

La disciplina no es un estado pasajero; es una forma de ser, un conjunto de hábitos y mentalidades que crean el impulso creciente que te llevan siempre hacia adelante. Al alinear tu "por qué", ritualizar prácticas, aprovechar estructuras de apoyo, nutrir la autocompasión, celebrar hitos y mantenerte ágil, la disciplina se convierte en tu aliada constante: una fuerza empoderadora que transforma sueños en realidad. Emprende este camino y las posibilidades ante ti se desenvuelven en una grandeza impresionante.

MOSAICOS DE LA MENTE: UNIENDO UNA IMAGEN POSITIVA DE UNO MISMO

EL ESPEJO DE LA REFLEXIÓN

Cuando te miras en el espejo, ¿qué reflejo te saluda? ¿Es un retrato fiel de tu esencia, o una imagen distorsionada reflejando la percepción sesgada de la sociedad?

Desde la infancia, estamos condicionados a equiparar nuestro valor con medidas externas: nuestros logros, apariencias y adherencia a ideales culturales. Estas métricas, impuestas por las expectativas sociales y las comparaciones con otros, moldean cómo nos vemos a nosotros mismos. Pero aquí reside la crisis: al mirar demasiado intensamente en los espejos de reflejo de la validación externa, corremos el riesgo de perder de vista nuestra plenitud e individualidad innatas.

El costo de este desajuste reverbera en cada faceta de nuestra existencia. Nos contorsionamos para encajar en moldes creados por otros, suprimiendo las cualidades que nos hacen únicos. Nuestra autopercepción se convierte en un espejo de carnaval, distorsionando y fragmentando nuestros seres auténticos para conformarse a estándares siempre cambiantes de aceptabilidad. Las consecuencias se manifiestan como ansiedad, inseguridad y un perpetuo sentido de "no ser suficiente": un vacío que ningún logro o adulación puede llenar.

Los enfoques convencionales, por bien intencionados que sean, a menudo se quedan cortos. Los mantras de autoayuda para simplemente "amarse a uno mismo" suenan vacíos cuando nuestro valor propio depende de la validación de otros. Esforzarse interminablemente por los ideales sociales nos deja persiguiendo un horizonte siempre en retroceso, una ilusión que promete satisfacción perpetuamente más allá de nuestro alcance.

Para romper estos reflejos distorsionados y reclamar nuestra autenticidad, debemos reformular el espejo en sí, enfocando nuestra mirada hacia adentro, mirando en las profundidades de nuestra alma. Este viaje introspectivo requiere coraje, ya que exige que confrontemos las capas de condicionamiento que oscurecen nuestros seres más verdaderos. Sin embargo, al hacerlo, revelamos una fuente de poder: la capacidad de construir nuestra autopercepción, liberándonos de la tiranía de las narrativas externas.

Mary, una antigua cliente, personificó esta transformación. Como ejecutiva de alto nivel, había pasado décadas persiguiendo elogios y una visión esquiva de la perfección dictada por su industria. Sin embargo, bajo la apariencia de éxito, Mary lidiaba con sentimientos de vacío e inseguridad. A través de nuestro trabajo conjunto, comenzó a cuestionar la validez de los espejos de reflejo que habían moldeado su identidad. En su lugar, cultivó la autoaceptación, abrazando su vulnerabilidad y redefiniendo el valor en sus propios términos. Los fragmentos antes divididos se reintegraron, revelando a una mujer de profundidad, autenticidad y un inquebrantable sentido de propósito que trascendía los marcadores externos de logro.

Los escépticos pueden advertir que rechazar los estándares sociales es un camino hacia el nihilismo o el narcisismo. Pero la verdadera autoaceptación no es la elevación del ego; más bien, es la disolución de su control asfixiante. Al permitirnos ser vistos auténticamente, con defectos y todo, paradójicamente disolvemos la máscara del yo idealizado y nos conectamos más profundamente con quienes nos rodean. Nuestras relaciones se profundizan, nuestro impacto se amplifica y las ondas de nuestra autoactualización se irradian hacia afuera, inspirando a otros a liberarse de sus reflejos restrictivos.

El viaje hacia una autopercepción auténtica no es un destino, sino un despliegue continuo: un trabajo de toda la vida de discernimiento, desentrañando capas y recalibrando nuestra brújula interna. Requiere quietud para escuchar los susurros de nuestra alma en medio del clamor del ruido exterior. Requiere el valor de despojarse de las identidades mal ajustadas que hemos absorbido y la vulnerabilidad de ser vistos en toda nuestra luminosidad.

Por lo tanto, mira hacia adentro, más allá de las superficies distorsionadas. Permite que tu reflejo revele no lo que el mundo espera, sino la verdad de quién eres: un tapiz radiante de paradojas, una sinfonía de fortalezas y sombras en una danza armoniosa. Al hacerlo, te liberas y allanas el camino para que otros rompan sus espejos restrictivos hasta que la resonancia de la humanidad suene como un coro resonante de autenticidad y plenitud.

FRAGMENTOS DE IDENTIDAD

Al embarcarnos en nuestro viaje de autoexploración, nos encontramos con un laberinto de identidades multifacéticas, cada una reflejando un aspecto distinto de nuestro yo intricado. Para navegar por este paisaje intrincado, primero debemos comprender los componentes fundamentales que se fusionan en nuestra autopercepción holística. Comprender las complejidades de estos términos es fundamental, ya que iluminan el terreno que estamos atravesando y nos equipan con el vocabulario para articular nuestras experiencias vividas.

Primero, está el "Bastión del Logro", un término que insinúa las apariencias externas de éxito, los hitos y triunfos que hemos acumulado a lo largo del camino de la vida. Sin embargo, estos marcadores, aunque innegablemente significativos, solo rascan la superficie de nuestra profundidad.

El "Bastión del Logro" abarca los elogios, credenciales y logros que adornan nuestros currículos y repisas. Es el escaparate de nuestros triunfos tangibles: los títulos obtenidos, las promociones alcanzadas y las metas conquistadas. En un mundo que equilibra el valor con logros visibles, este bastión se alza grande, sus despojos sirviendo como una métrica para nuestra autoestima. Sin embargo, aquellos que residen únicamente dentro de sus muros fortificados corren el riesgo de convertirse en prisioneros de su éxito, sus identidades reducidas a una narrativa lineal de hazañas siempre en aumento. Se desconectan de la profundidad matizada que yace bajo la apariencia de logros, persiguiendo perpetuamente la próxima cumbre mientras descuidan los ricos valles de su ser.

Luego, encontramos la "Máscara de los Roles", una panoplia de personajes que asumimos mientras recorremos los diversos terrenos de nuestra vida. La "Máscara de los Roles" representa la multitud de identidades que habitamos: el progenitor, el profesional, el amigo, el socio y el aficionado. Cada rol lleva consigo expectativas, responsabilidades y modos de ser, un disfraz que asumimos para navegar en esa esfera particular.

Estas máscaras, aunque funcionales y necesarias, pueden calcificarse en fachadas restrictivas si nos involucramos demasiado en sus guiones prescritos. Corremos el riesgo de fragmentarnos, compartimentalizando nuestra autenticidad para adaptarnos a la narrativa prescrita de cada rol. El yo profesional se convierte en un autómata estoico, impulsado por la eficiencia, desconectado del tierno yo parental, que a su vez suprime el espíritu juguetón y aventurero que anhela una expresión sin límites. Sin embargo, cuando reconocemos estos roles como facetas dinámicas y cambiantes de un todo unificado, trascendemos sus limitaciones. Aprendemos a infundir cada persona con la esencia vibrante de nuestra verdad central, permitiendo que nuestra autenticidad radie a través de cada interacción y ámbito de la vida.

Acechando en las sombras de nuestros autoconceptos está la "Crítica Eco", esas voces interiorizadas de duda, desdén y menosprecio que socavan nuestra autopercepción. La "Crítica Eco" es un coro inquietante de juicios que hemos absorbido de fuentes externas, grabados en nuestra psique a través de la repetición y la resonancia emocional.

Estos ecos se originan de múltiples influencias: las burlas de los acosadores de la infancia, las observaciones despectivas de figuras de autoridad y el bombardeo de ideales culturales que nos hacen sentir "inadecuados" o "defectuosos". Se filtran en nuestra conciencia, echando raíces como mantras insidiosos de indignidad que colorean nuestra visión del mundo y erosionan nuestra autoconfianza. Sin embargo, al reconocer los orígenes externos de estos ecos, comenzamos a desarmar su potencia. Los reconocemos como impresiones, no como verdades inmutables, artefactos de nuestro condicionamiento, no déficits inherentes. Al iluminar sobre ellos la luz de la conciencia, cultivamos el poder de reescribir estos guiones distorsionados, reemplazándolos con afirmaciones alineadas con nuestros valores innatos y potencial ilimitado.

En contraste con la "Crítica Eco" se encuentra el "Manantial de Autenticidad", la esencia que resuena con nuestra más profunda verdad, sin contaminarse por narrativas externas o condicionamientos sociales. Este manantial es nuestro yo desenfrenado, desinhibido, la expresión sin filtro de nuestros pensamientos, emociones, peculiaridades y dones intrínsecos.

Accedido a través de la auto-indagación, la vulnerabilidad y el coraje de despojarse de las fachadas, el "Manantial de Autenticidad" brota en momentos de presencia profunda y autoaceptación. Es el deleite descarado del niño en el descubrimiento, la inmersión intrépida del artista en su oficio, el abandono desinhibido del amante. Volver a sintonizarnos con este manantial en medio del clamor de las expectativas externas es reclamar nuestra soberanía, anclando nuestro valor personal en la verdad inquebrantable de nuestra esencia. Al nutrir esta conexión, nuestra autenticidad irradia hacia afuera, inspirando a quienes nos rodean a abrazar la belleza de sus yo idiosincrásicos.

Estos fragmentos de identidad, el "Bastión del Logro", la "Máscara de los Roles", la "Crítica Eco" y el "Manantial de Autenticidad", se fusionan en el intrincado tapiz de nuestra autopercepción. Al entender sus matices e interacciones, iluminamos el paisaje que debemos recorrer para cultivar una autoaceptación auténtica e integrada.

Sin embargo, nuestro viaje no termina aquí, pues estos fragmentos son solo la base sobre la que construimos. En los capítulos siguientes, profundizaremos, explorando estrategias prácticas para reintegrar estas hebras dispares, silenciar los ecos de la autoduda y liberar la fuerza radiante de nuestro yo más auténtico. Solo cuando armonizamos estos fragmentos en un todo unificado podemos romper los espejos que nos confinan, ascendiendo a una perspectiva de profunda autoaceptación y expresión personal empoderada.

DESGARRADO A ENTERO: UN VIAJE PERSONAL

1. Breve Descripción

En el terreno ondulante del autodescubrimiento, cada viaje se despliega como una narrativa única, un testimonio de la resiliencia del espíritu humano y el poder transformador de la autoaceptación. Este estudio de caso narra una de esas odiseas, siguiendo el arco de la metamorfosis de Mila desde una percepción de sí misma fracturada y crítica a un nuevo, completo abrazo de su esencia auténtica.

2. Presentando a Mila

Mila era una gran triunfadora, una luchadora incansable cuya identidad estaba inextricablemente ligada a sus logros. Desde sus triunfos académicos hasta su floreciente carrera como ejecutiva de marketing, su vida era un montaje de laureles y ambiciones cumplidas. Sin embargo, bajo esta fachada dorada de éxito acechaba un sentido generalizado de desconexión, una fractura de sí misma que amenazaba con desenredar los hilos mismos de su ser.

3. El Desafío: Un Yo Fragmentado

Para Mila, el desafío no residía en escalar las cumbres del logro, sino en reconciliar los fragmentos dispares de su identidad que parecían volverse cada vez más dispares con cada nuevo hito. El "Bastión del Logro" dominaba, proyectando una larga sombra sobre el "Manantial de Autenticidad" que anhelaba expresión. Usar la "Máscara de los Roles" se convirtió en una estrategia de supervivencia refleja, compartimentando su autoexpresión para conformarse a los dictados de cada dominio.

En medio de esta fractura, los ecos de la autoduda se volvieron ensordecedores, amplificados por un constante bombardeo de expectativas sociales y críticas internalizadas. La disonancia entre sus éxitos externos y su inquietud interna se convirtió en un abismo, dejando a Mila a la deriva en un mar de autoduda y desconexión.

4. El Camino hacia la Integridad

El viaje de Mila hacia la plenitud comenzó con un momento crucial de ajuste de cuentas: un reconocimiento innegable de que su búsqueda incesante de la validación externa la había dejado profundamente agotada y desvinculada de su esencia. Este despertar catalizó una profunda introspección, una disposición a despojarse de la armadura de la perfección y confrontar los fragmentos de su autopercepción con una honestidad y compasión radical.

El primer paso fue desenredar la "Crítica Eco" de la voz auténtica interior. A través de prácticas de atención plena y escritura en diario, Mila comenzó a identificar los orígenes externos de estos guiones denigrantes, aflojando lentamente su control sobre su psique. Cultivó el coraje para desafiar estas narrativas, reemplazándolas con afirmaciones que honraban su valor intrínseco.

Luego, Mila se embarcó en un proceso de reintegración de la "Máscara de Roles", ya no compartimentando su autenticidad sino infundiendo cada persona con la esencia vibrante de su yo central. En la sala de juntas, permitió que su vulnerabilidad y empatía brillaran, fomentando conexiones más profundas con sus colegas. En casa, abrazó su sentido infantil de asombro y diversión, creando momentos preciados de alegría desenfrenada con su familia.

A medida que reclamaba estos aspectos fragmentados, Mila comenzó a sintonizarse más profundamente con la "Fuente de Autenticidad", esa expresión sin filtros e inhibiciones de su yo más verdadero. Se sumergió en actividades creativas, sin estar agobiada por juicios o expectativas externas, permitiendo que sus dones innatos fluyeran libremente.

Crucialmente, el viaje de Mila no fue un rechazo del "Bastión del Logro", sino una reestructuración de su lugar dentro de su identidad holística. Sus éxitos fueron celebrados no como el único barómetro de su valor, sino como expresiones de su talento y dedicación: facetas de una existencia multidimensional enraizada en la autoaceptación.

5. El Resultado: Un Yo Cohesivo

A través de este proceso arduo pero liberador, Mila emergió como una versión más integrada, centrada y radiante de sí misma. Su autoconfianza, una vez precariamente ligada a métricas externas, se convirtió en un ancla inquebrantable enraizada en el amor propio y la confianza en sí misma. Sus relaciones se profundizaron al presentarse como su yo auténtico, con vulnerabilidad y todo.

En su vida profesional, el estilo de liderazgo de Mila experimentó un cambio profundo: inspiró a quienes la rodeaban no con una fachada inflexible de perfección, sino con su coraje para ser real, para abrazar sus defectos y liderar desde un lugar de empatía y autenticidad. Su equipo prosperó, impulsado por un entorno que celebraba sus voces y perspectivas únicas.

Cuantitativamente, la empresa de Mila vio un aumento del 25% en el compromiso y la retención de empleados, así como un aumento del 18% en las calificaciones de satisfacción del cliente: métricas que hablaban de los efectos de ondas transformadoras de su viaje de autoaceptación.

6. Lecciones Aprendidas

La odisea de Mila ilumina una verdad fundamental: el camino hacia la plenitud no radica en esforzarse perpetuamente por un yo idealizado, sino en abrazar el intrincado tapiz de nuestras identidades multifacéticas con una autocompasión radical. Si hubiera permanecido atrapada en la búsqueda de la perfección, Mila habría continuado fragmentándose a sí misma, suprimiendo su autenticidad en una búsqueda inútil por conformarse a las expectativas externas.

Sin embargo, en su disposición a confrontar sus críticas eco, trascender las limitaciones de sus roles y sintonizarse con su fuente de verdad, Mila reclamó la soberanía de su autopercepción. Modeló una lección profunda: que nuestro mayor poder no radica en moldearnos en narrativas prescritas, sino en honrar valientemente la profundidad y amplitud de nuestros yo únicos.

7. Relevancia y Conclusiones

El viaje de Mila resuena profundamente con el tema central de este capítulo: la comprensión de que nuestra autopercepción es una construcción multifacética y en constante evolución, moldeada tanto por influencias internas como externas. Su narrativa subraya el potencial transformador de la autoindagación, la vulnerabilidad y el compromiso inquebrantable con el cultivo de la autoaceptación en medio de una cacofonía de narrativas conflictivas.

Para el lector, la odisea de Mila sirve como un faro de esperanza e inspiración: un testimonio de la capacidad humana para el crecimiento, la reinvención y la reclamación de nuestro yo auténtico. Su historia nos invita a embarcarnos en nuestros propios viajes de autodescubrimiento, a confrontar las críticas eco que nos confinan y a abrazar valientemente la plenitud que nos espera cuando armonizamos los fragmentos de nuestro ser.

8. Reflexión Final

Al despedirnos de la narrativa de Mila, queda una última pregunta: ¿En qué áreas de tu vida estás fragmentando tu autenticidad para conformarte a expectativas o narrativas externas? ¿Cómo sería honrar la profundidad y amplitud de tu yo multifacético, integrando cada faceta en un todo cohesivo y afirmativo? Que esta indagación encienda una chispa dentro de ti, iniciando un viaje hacia la expresión radiante y empoderada de tu yo más auténtico.

PERCEPCIÓN VS. REALIDAD: LA ENCRUCIJADA DE LA IMAGEN PROPIA

Dos espejos se enfrentan, sus superficies relucientes reflejan una procesión infinita de imágenes, una metáfora apta para la danza intrincada entre la autopercepción y las percepciones externas. ¿Cómo se alinean o divergen estos reflejos, y qué revela esta dinámica sobre la naturaleza fundamental de nuestra autoimagen?

Por un lado, tenemos el espejo interno: la lente a través de la cual nos vemos a nosotros mismos, formada por una constelación de narrativas internas, creencias y experiencias. Este espejo refleja nuestra autoconcepción, el tapiz intricado de atributos, fortalezas y defectos que tejemos en nuestra identidad central. Es un retrato multidimensional, coloreado por nuestras esperanzas, miedos y los ecos de autoconversación que resuenan dentro de nuestra psique.

Por otro lado, el espejo externo captura las percepciones y juicios que nos lanza el mundo que nos rodea: las proyecciones de otros que se filtran a través de sus lentes de prejuicio, expectativa y narrativa personal. Este reflejo puede ser un contraste marcado con nuestro espejo interno, validando o desafiando nuestra autopercepción de maneras profundas.

Al profundizar en la comparación y contraste entre estas dos realidades reflejadas, desenterramos una comprensión ricamente matizada de la autoimagen, que revela tanto armonías como disonancias, iluminando el complejo juego entre nuestras narrativas internas y externas.

Los aspectos que examinaremos incluyen: 1) Los orígenes de nuestra autopercepción: intrínseca vs. externamente derivada 2) El papel de las normas sociales, expectativas y prejuicios en dar forma a las percepciones externas 3) El impacto de la validación o invalidación en nuestra percepción de uno mismo 4) El grado de autoconciencia y autoaceptación en la conciliación de percepciones internas y externas 5) El poder transformador de replantear nuestra autoimagen mediante la integración de narrativas internas y externas

En el núcleo de nuestra autopercepción yacen las verdades intrínsecas y sin filtrar que sostenemos sobre nosotros mismos, el material bruto del que construimos nuestras identidades. Estos son los susurros auténticos de nuestro corazón, las fortalezas y peculiaridades innatas que nos hacen únicos, no contaminados por influencias externas. Sin embargo, nuestra autoimagen también se ve profundamente moldeada por los ecos de las percepciones externas que internalizamos, consciente o inconscientemente, a lo largo de nuestras vidas.

La sociedad, con sus innumerables normas, expectativas y prejuicios, impone una lente poderosa a través de la cual somos percibidos y juzgados. Desde los estándares idealizados de belleza y éxito hasta los estereotipos y suposiciones basadas en género, raza y estatus socioeconómico, estas narrativas externas pueden reforzar o desafiar nuestra autopercepción de maneras profundas.

Cuando el espejo externo refleja validación y afirmación de nuestras verdades internas, puede ser un potente catalizador para la autoconfianza y la autoaceptación. Por el contrario, cuando la reflexión externa invalida o distorsiona nuestra autopercepción, puede sembrar semillas de duda, inseguridad e incluso autodesprecio, fracturando nuestro sentido de uno mismo y socavando nuestra autenticidad.

El grado en que conciliamos estas reflexiones dispares reside en nuestra capacidad para la autoconciencia y la autoaceptación. Aquellos que poseen una conexión profunda e inquebrantable con sus verdades internas están mejor equipados para navegar las distorsiones de las percepciones externas, integrándolas en una autoimagen cohesionada y empoderada. Por el contrario, aquellos que carecen de este arraigo pueden encontrarse a la deriva, su autopercepción formándose más por las proyecciones de otros que por su esencia auténtica.

En última instancia, el viaje hacia una autoimagen armoniosa reside en el acto transformador de replantear, eligiendo conscientemente entretejer los hilos de narrativas internas y externas en un tapiz que honre nuestros yoes multifacéticos. Este es el camino de la autoaceptación, donde abrazamos las complejidades y matices de nuestras identidades, reconociendo tanto nuestras verdades intrínsecas como las perspectivas válidas de otros.

Así como un caleidoscopio refracta la luz en patrones infinitos de belleza, también podemos refractar los múltiples reflejos de nosotros mismos en una autoimagen vibrante y en constante evolución, que trasciende las limitaciones de cualquier lente única y abraza la riqueza de nuestra existencia multidimensional.

En nuestro mundo moderno, donde los espejos externos de las redes sociales y las presiones sociales pueden distorsionar nuestra autopercepción de maneras tóxicas, este viaje de armonizar nuestras narrativas internas y externas adquiere una urgencia particular. Estamos inundados con reflejos filtrados y curados que a menudo poco se asemejan a la realidad, dejándonos la tarea de navegar un laberinto de ilusiones idealizadas.

Sin embargo, en este mismo desafío yace una oportunidad: un llamado a cultivar una autoconciencia más profunda, a cuestionar las narrativas que buscan confinarnos, y a reclamar la soberanía de nuestra autopercepción. Al involucrarnos conscientemente con la danza entre nuestros espejos internos y externos, podemos embarcarnos en un viaje de autoaceptación radical, donde cada reflejo, cada proyección, se convierte en un peldaño hacia una expresión más integrada, empoderada y auténtica de nuestros seres únicos.

En última instancia, el enigma de la autoimagen no es un acertijo a resolver, sino un tapiz hermoso y en constante evolución que debemos abrazar. Es un recordatorio de que nuestras identidades no son estáticas, sino dinámicas, un caleidoscopio en constante cambio de narrativas internas y externas que tenemos el poder de remodelar, reencuadrar y reclamar. Así que avancemos, espejos en mano, y tejamos nuestras múltiples facetas en una obra maestra de amor propio y autenticidad radiante.

RECONSTRUYENDO LA AUTOESTIMA: DE LA CRÍTICA A LA COMPASIÓN

¿Alguna vez te has detenido a escuchar realmente la voz que te habla desde dentro? Ese flujo constante e implacable de comentarios internos, una voz tan íntimamente mezclada en el tejido de nuestra conciencia que a menudo no reconocemos su profundo impacto en nuestra autoestima y bienestar emocional.

Para muchos de nosotros, este diálogo interno es un maestro severo e implacable, un bucle interminable de crítica, duda y juicio despiadado. Es una voz que erosiona nuestra confianza con cada comentario despectivo, socava nuestro potencial con cada "no eres lo suficientemente bueno" y proyecta una sombra amenazante de insuficiencia sobre nuestros sueños y aspiraciones.

Esta fuerza insidiosa, este crítico interno, es quizás el mayor adversario que enfrentamos en el camino para cultivar la autoestima y la autocompasión. Es un enemigo formidable, porque nos habla en el idioma más íntimo: el lenguaje de nuestra psique, y posee el poder de dar forma a nuestra percepción de nosotros mismos y de nuestro lugar en el mundo.

Sin embargo, ¿qué pasaría si confrontáramos a este crítico, desafiáramos su autoridad y reclamáramos la narrativa de nuestro valor propio? ¿Y si, en lugar de sucumbir al embate de la autocrítica, aprendiéramos a adoptar un diálogo más compasivo y alentador, uno que fomente la resiliencia, la autoaceptación y el coraje para perseguir nuestras más altas aspiraciones?

El camino hacia la autocompasión comienza con el reconocimiento: un reconocimiento franco del profundo impacto que el diálogo interno negativo tiene en nuestro bienestar psicológico. Es un problema generalizado que trasciende barreras de edad, género o circunstancia, arrojando su sombra sobre individuos de todos los ámbitos de la vida.

Las implicaciones de esta crítica interna implacable son de largo alcance. Puede desencadenar una espiral descendente de baja autoestima, ansiedad e incluso depresión, erosionando nuestra capacidad de asumir riesgos, aprovechar oportunidades y aceptar plenamente nuestro yo auténtico. Puede manifestarse en conductas autodestructivas, mientras inconscientemente socavamos nuestros esfuerzos, sucumbiendo a la narrativa de insuficiencia que perpetúa nuestra voz interna.

Si no se controla, este ciclo de autocrítica puede convertirse en una profecía autocumplida, perpetuando un sentido de impotencia aprendida y obstaculizando nuestra capacidad de alcanzar nuestro máximo potencial. Es una carga que pesa sobre nuestro bienestar emocional y mental, y es una que debemos reunir el valor para confrontar.

La solución, sin embargo, no radica en silenciar al crítico interno, porque esa voz es una parte indeleble de nuestra psique. En cambio, debemos aprender a cultivar un diálogo interno más compasivo y alentador, que contrarreste los juicios severos con un abrazo gentil y afirmativo.

La autocompasión es el antídoto contra el veneno de la autocrítica. Es una práctica que implica tratarnos a nosotros mismos con la misma bondad, comprensión y apoyo que extenderíamos a un amigo querido o miembro de la familia. Es una decisión consciente reemplazar el lenguaje de "no soy lo suficientemente bueno" con la afirmación de "soy valioso, soy suficiente y estoy en un viaje de crecimiento y autodescubrimiento".

El camino hacia la autocompasión comienza con la atención plena: la capacidad de reconocer y observar nuestro crítico interno sin juicio ni resistencia. Es una práctica de reconocer el diálogo interno negativo, pero luego elegir conscientemente responder con amabilidad y comprensión, en lugar de reforzar la narrativa crítica.

Una técnica poderosa es personificar al crítico interno, dándole un nombre o una representación visual. Al externalizar esta voz, podemos crear una distancia saludable y responder a ella con la misma compasión y paciencia que ofreceríamos a un querido amigo que estuviera luchando con la inseguridad.

Otro aspecto clave de la autocompasión es el reconocimiento de que nuestras luchas e imperfecciones son una parte inherente de la experiencia humana. No estamos solos en nuestros momentos de autocrítica e inseguridad; son desafíos universales que nos unen con innumerables otros que navegan por las complejidades de la vida y la autoaceptación.

Al abrazar esta humanidad compartida, podemos cultivar un sentido de perspectiva y autoperdón, reconociendo que nuestras fallas y errores no definen nuestro valor, sino que más bien sirven como oportunidades para el crecimiento y el autodescubrimiento.

Al embarcarnos en este viaje de autocompasión, es importante recordar que es una práctica, un esfuerzo de toda la vida que requiere paciencia, perseverancia y un compromiso para nutrir un diálogo interno más positivo y afirmativo.

Habrá momentos de retroceso, donde el crítico interno reafirma su dominancia, impulsado por el peso de hábitos arraigados y presiones sociales. En estos momentos, es esencial responder con amabilidad y comprensión, no con más autocrítica. Debemos tratarnos con el mismo estímulo gentil que ofreceríamos a un niño aprendiendo a caminar, celebrando las pequeñas victorias y ofreciendo tranquilidad y apoyo cuando tropezamos.

Al cultivar esta práctica de autocompasión, podemos encontrar resistencia desde el núcleo mismo de nuestro ser, una creencia profundamente arraigada de que no somos dignos de tal amabilidad y aceptación. Es aquí donde debemos reunir el valor para desafiar estas narrativas limitantes, para confrontar la voz insidiosa que susurra "No mereces esto".

Durante demasiado tiempo, hemos sido condicionados a creer que la autocrítica es un motivador necesario, un severo capataz que nos lleva hacia la grandeza. Sin embargo, la verdad es que la compasión es el catalizador mucho más poderoso para el crecimiento y la transformación. Cuando nos abrazamos a nosotros mismos con amabilidad y comprensión, creamos un entorno acogedor en el cual nuestros yo auténticos pueden florecer, libres de las ataduras de la inseguridad y el juicio propio.

Imagina el impacto profundo que la autocompasión podría tener en nuestras vidas: los sueños que podríamos perseguir, los riesgos que podríamos tomar, y las alturas que podríamos escalar, libres del peso de la autocrítica. Imagina navegar por los desafíos y reveses de la vida con un sentido de resiliencia y autoaceptación, respondiendo a nuestros errores no con una condena severa, sino con un abrazo gentil y una determinación de aprender y crecer.

Este es el poder de la autocompasión: una fuerza transformadora que puede remodelar nuestra relación con nosotros mismos, nuestras aspiraciones y nuestro lugar en el mundo. Es un viaje que comienza con un solo paso: la decisión de enfrentar al crítico interno y reemplazar sus juicios severos por una voz interna más amable y acogedora.

Así que embarquémonos en este camino juntos, mano a mano, apoyándonos y elevándonos unos a otros mientras aprendemos a abrazar nuestras fallas, celebrar nuestras fortalezas y cultivar un profundo y constante sentido de autovalor que trasciende las limitaciones de la autocrítica. Porque en este acto de autoaceptación radical yace la clave para desbloquear nuestro potencial completo y el coraje para vivir nuestras vidas con autenticidad, alegría y un sentido profundo de paz interior.

CREANDO TU MOSAICO: PASOS HACIA UNA IMAGEN POSITIVA DE TI MISMO

Transformando Tu Imagen Personal: Una Guía Paso a Paso

Transformar tu imagen personal y abrazar el autovalor comienza con un paso valiente. Aunque el viaje pueda parecer desalentador, la determinación y la autocompasión pueden ayudar a remodelar tu narrativa interna y fomentar una relación positiva contigo mismo.

Meta: Desarrollar la autoapreciación, la resiliencia y la confianza al confrontar y revisar creencias negativas sobre uno mismo y al cultivar un diálogo interno más afirmativo.

Materiales/Prerrequisitos:

- Un diario para la reflexión y los ejercicios
- Una mente abierta y disposición para desafiar antiguas creencias
- Paciencia, autocompasión y compromiso con el crecimiento.

Resumen de Pasos:

1. Identifica y Enfrenta a Tu Crítico Interior:

- Reflexiona sobre la voz de la duda y su impacto.
- Nombrar o visualizar a este crítico interior para ganar objetividad.

- Acepta su presencia sin juicio y evita reforzar sus mensajes negativos.

2. Reta y Reformula Creencias Limitantes:

- Identifica y cuestiona creencias negativas sobre tu valía y capacidades.
- Reemplaza estas creencias con afirmaciones positivas y empoderadoras.
- Refuerza regularmente estas nuevas creencias para construir una autoimagen positiva.

3. Cultiva la Autocompasión a Través de la Conciencia Plena:

- Practica la atención plena a diario para mantenerte presente y observar la autocrítica con suavidad.
- Responde a la crítica interna con amabilidad y comprensión.
- Bríndate aliento y reconoce que las imperfecciones son parte de la experiencia humana.

4. Practica la Autoaceptación y Apreciación:

- Lista y revisa regularmente tus rasgos positivos y logros.
- Celebra pequeñas victorias y participa en actividades que traigan alegría y realización.
- Acepta tus cualidades y logros únicos.

5. Abraza el Amor Propio y la Resiliencia:

- Responde a la duda con compasión y resiliencia.
- Ve los contratiempos como oportunidades de crecimiento y celebra tu progreso.
- Mantente comprometido con la autocompasión, especialmente durante momentos difíciles.

Consejos y Mejores Prácticas:

- Sé paciente y constante, ya que los cambios profundos toman tiempo.
- Rodéate de una red de apoyo.
- Celebra pequeños éxitos y afronta los contratiempos con amabilidad.
- Mantén la fe en el proceso, incluso cuando el progreso parezca lento.

Posibles Obstáculos y Soluciones:

- **Autocrítica:** Responde con autocompasión y mentalidad de crecimiento.
- **Desánimo:** Confía en el proceso y mantén el compromiso.
- **Aislamiento:** Participa en una comunidad de apoyo.

Siguiendo estos pasos, irás cambiando gradualmente de una visión crítica de ti mismo a una autopercepción compasiva y segura. Este viaje, aunque no lineal, te ayudará a aceptar tus imperfecciones, celebrar tus fortalezas y desbloquear tu pleno potencial. Da el primer paso hacia la remodelación de tu autoimagen y descubre las posibilidades ilimitadas que hay dentro de ti.

LAS PIEZAS DE TI: COMPRENDIENDO LOS COMPONENTES DE LA AUTOIMAGEN

Comprendiendo y Transformando Tu Autoimagen

Idea Central: Tu autoimagen es un complejo tapiz tejido a partir de valores personales, creencias y experiencias. Desentrañar y comprender estos hilos puede ayudar a remodelar y mejorar tu autopercepción.

Componentes Clave:

1. Valores Personales:

- Tus valores son los principios fundamentales que guían tus elecciones y autopercepción. Están moldeados por la crianza, la cultura, y las experiencias.
- Los valores evolucionan con el tiempo, influyendo en cómo te percibes y alineando tu autoimagen con estas creencias cambiantes.

2. Creencias:

- Las creencias son convicciones profundas que conforman tu realidad. Pueden apoyar o impedir tu potencial.

- Creencias positivas como "Puedo lograr mis objetivos" fomentan la confianza, mientras que creencias negativas como "No soy lo suficientemente bueno" pueden erosionar la autoestima.

3. Experiencias:

- Cada experiencia, desde la niñez hasta el presente, contribuye a tu autoimagen. Las experiencias positivas construyen confianza, mientras que las negativas pueden crear dudas.
- Incluso los pequeños momentos impactan en tu autopercepción y contribuyen a la narrativa de quién eres.

4. Hilos Interconectados:

- Tu autoimagen es una mezcla dinámica y en evolución de valores, creencias experiencias. Estos elementos influyen y se remodelan mutuamente.
- Por ejemplo, una experiencia transformadora podría desafiar tus creencias y conducir a un crecimiento personal.

Viaje de Autodescubrimiento:

- Acepta la complejidad de tu autoimagen. Comprende y aprecia las diversas influencias que dan forma a quién eres.

- Utiliza la autocompasión y la resiliencia para enfrentar y reformular creencias y experiencias negativas.
- Transforma los desafíos en fortalezas y refina continuamente tu autoimagen para reflejar tu ser auténtico.

Al reconocer e integrar estos elementos, puedes remodelar tu autoimagen para alinearla mejor con tu verdadero yo, desbloqueando tu pleno potencial y abrazando una identidad más positiva y resiliente.

REFLEXIONES EVOLUTIVAS: LA HISTORIA DE LA AUTOPERCEPCIÓN

El tapiz de la autopercepción ha evolucionado a través de la historia, cada era añadiendo nuevos hilos a nuestro entendimiento de la identidad.

Cimientos Antiguos: Las raíces tempranas de la autopercepción se encuentran en la antigua Grecia con el aforismo "Conócete a ti mismo" del Templo de Apolo. Filósofos como Sócrates abogaron por la autorreflexión, sentando las bases para siglos de introspección.

Renacimiento e Individualismo: El Renacimiento (siglos XIV-XVII) marcó un cambio hacia la valoración de la identidad individual. Humanistas y artistas, incluidos Petrarca y Leonardo da Vinci, enfatizaron la expresión personal y la autorrepresentación.

Ilustración e Investigación Racional: Los siglos XVII y XVIII vieron a filósofos como Descartes y Locke explorando la conciencia y la autoconciencia, sentando las bases para la psicología como campo científico.

Psicología Moderna: A finales del siglo XIX se introdujo la psicología, con las teorías de Freud sobre el inconsciente desafiando las nociones de un yo unificado. Más tarde, las teorías psicológicas ampliaron el entendimiento a través de la investigación empírica.

Diversidad Cultural: Con la interconexión global, la autopercepción ahora incluye diversas perspectivas culturales. Las filosofías orientales como el budismo y el hinduismo ofrecen visiones alternativas sobre la identidad, promoviendo una comprensión más holística.

Desafíos Contemporáneos: Las tecnologías digitales y las redes sociales han introducido nuevas complejidades, distorsionando la autoimagen con personas idealizadas en línea. Sin embargo, estas plataformas también permiten la autoexpresión y la construcción de comunidades, destacando la interseccionalidad y las identidades diversas.

Viaje Continuo: La exploración de la autopercepción es un viaje continuo moldeado por cambios históricos, experiencias personales y narrativas culturales. Abrazar esta rica historia ayuda a profundizar la autoconciencia y navegar la identidad con empatía y comprensión.

LA CIENCIA DE LA AUTOIMAGEN

La experiencia humana de la autopercepción es una compleja interacción de factores psicológicos, científicos y personales. La investigación destaca cómo nuestra visión de nosotros mismos impacta profundamente el bienestar y las trayectorias de vida.

Importancia de un Entendimiento Basado en Evidencia: La autopercepción influye en nuestros pensamientos, emociones y comportamientos. La investigación científica rigurosa es esencial para comprender totalmente sus complejidades y efectos. Un enfoque basado en evidencia ayuda a revelar los factores que moldean la autopercepción y los resultados de visiones positivas frente a negativas.

Poder de la Autopercepción Positiva: Cultivar una imagen saludable de uno mismo es crucial para el crecimiento personal y la resiliencia. La investigación sobre la profecía autocumplida demuestra que nuestras creencias sobre nosotros mismos pueden significativamente moldear nuestros comportamientos y resultados.

Mecanismos de Autopercepción:

- **Autocharla:** El diálogo interno impacta la autopercepción y el comportamiento.
- **Comparación Social:** Compararnos con otros puede mejorar o disminuir nuestra autoimagen.
- **Mentalidad:** La investigación de Carol Dweck sobre mentalidades de crecimiento versus fijas, muestra cómo

las creencias sobre nuestras habilidades afectan la motivación y la resiliencia.

Desafíos y Autocompasión: Cultivar una imagen positiva de uno mismo puede ser desafiante debido a las presiones sociales o problemas personales. La autocompasión, que implica tratarnos con bondad y comprensión, puede mitigar los efectos de la autocrítica y apoyar una autoimagen más saludable.

Impacto Fisiológico: La autopercepción positiva también afecta la salud física. Los estudios vinculan una alta autoestima con niveles más bajos de hormonas del estrés y una mejor función inmunológica, demostrando sus amplias implicaciones para la salud general.

Estrategias Prácticas:

- **Reestructuración Cognitiva:** Reenfocar la autocharla negativa para mejorar la autopercepción.
- **Autoafirmación:** Afirmar regularmente las fortalezas y logros puede aumentar la autoconfianza.
- **Atención Plena:** Practicar la conciencia sin juicio fomenta la autoaceptación.
- **Apoyo Social:** Las relaciones positivas proporcionan un entorno de apoyo para el crecimiento personal.

Implicaciones Más Amplias: La ciencia de la autoimagen tiene implicaciones significativas para la educación, la salud pública y el bienestar social. Implementar estrategias basadas en la investigación puede llevar a un mejor rendimiento, comunidades más saludables y una sociedad más resiliente.

En resumen, entender la autoimagen a través de un enfoque basado en la evidencia revela su profundo impacto a nivel personal y social. Al aplicar estrategias respaldadas por la investigación, podemos mejorar la autopercepción, promoviendo el crecimiento, la resiliencia y el bienestar general.

TÁCTICAS DE EMPODERAMIENTO: PILARES DE UNA AUTOIMAGEN POSITIVA

Bienvenido a esta completa recopilación de estrategias y prácticas para mejorar la autoimagen, donde profundizamos en el poder transformador de cultivar una percepción de sí mismo positiva y afirmativa. En esta exploración perspicaz, descubrirás una gran cantidad de herramientas y técnicas respaldadas por investigaciones que pueden servir como los pilares para construir un sentido de sí mismo más capaz y empoderado.

1. Introducción: La Importancia de una Autoimagen Positiva Una autoimagen positiva no es meramente un lujo; es una base esencial para el crecimiento personal, la resiliencia y el bienestar en general. Tu percepción de ti mismo moldea tus pensamientos, emociones y comportamientos, actuando como un lente a través del cual navegas el mundo. Al cultivar una visión de ti mismo sana y afirmativa, desbloqueas una miríada de beneficios que se extienden a todos los aspectos de tu vida, desde tus relaciones y carrera hasta tu salud mental y sentido de satisfacción.

2. Los Pilares: Una Lista Completa

- **Afirmaciones:** El Poder del Diálogo Positivo con Uno Mismo
- **Visualización:** Creando Planos Mentales para el Éxito
- **Establecimiento de Metas:** Trazando el Camino hacia el Crecimiento Personal
- **Autocompasión:** Abrazando tu Humanidad con Amabilidad
- **Mindfulness:** Cultivando la Conciencia del Momento Presente
- **Apoyo Social:** Construyendo una Red de Apoyo
- **Reestructuración Cognitiva:** Reenfocando Patrones de Pensamiento Negativo
- **Práctica de Gratitud:** Fomentando Apreciación y Positividad
- **Autocuidado:** Nutriendo Mente, Cuerpo y Alma
- **Mentalidad de Crecimiento:** Abrazando el Potencial de Cambio

3. Elaboración: Los Pilares Desvelados

Afirmaciones: Repetir afirmaciones positivas puede reformar tu percepción personal al reforzar creencias edificantes y contrarrestar la negatividad. Usar afirmaciones regularmente puede aumentar el amor propio y la confianza.

Visualización: Crear imágenes mentales detalladas de tus metas y aspiraciones puede mejorar tu autopercepción y motivarte.

Involucrar tus sentidos y emociones en este proceso ayuda a prepararte para el éxito.

Establecimiento de Metas: Establecer metas SMART proporciona dirección y propósito, ayudándote a enfocarte en el crecimiento personal. Lograr estas metas infunde un sentido de logro y refuerza una autoimagen positiva.

Autocompasión: Tratarte a ti mismo con amabilidad y comprensión contrarresta la autocrítica y fomenta la resiliencia emocional. Abrazar tus defectos y dignidad promueve una percepción personal positiva.

Mindfulness: Focalizarse en el momento presente sin juzgar mejora la autoconciencia y la autoaceptación. Practicar la meditación te ayuda a comprenderte y valorarte más plenamente.

Apoyo Social: Construir una red de amigos, familia y mentores de apoyo refuerza tu autoestima y crecimiento personal. Las relaciones positivas crean un entorno que nutre una autoimagen sana.

Reestructuración Cognitiva: Desafiar y reenfocar patrones de pensamiento negativo puede cambiar tu autopercepción. Reemplazar creencias autolimitantes con perspectivas equilibradas abre nuevas posibilidades.

Práctica de Gratitud: Reconocer y apreciar regularmente lo que tienes cambia el enfoque de los déficits a la abundancia, mejorando tu autoimagen y positividad.

Autocuidado: Involucrarte en actividades que nutran tu mente, cuerpo y alma demuestra respeto y valía propia. Priorizar el autocuidado refuerza el mensaje de que mereces amor y atención.

Mentalidad de Crecimiento: Creer en tu capacidad para crecer y mejorar, fomenta tus fortalezas y una autoimagen positiva. Abrazar los desafíos como oportunidades de desarrollo fomenta el crecimiento personal.

Cada uno de estos pilares ofrece una estrategia poderosa para mejorar tu autoimagen, pero su verdadero poder transformador radica en su sinergia. Al combinar y adaptar estas prácticas a tus necesidades y preferencias únicas, puedes crear un enfoque holístico y personalizado para cultivar una percepción de sí mismo más positiva y afirmativa.

Recuerda, el camino hacia una autoimagen sana es un proceso continuo que requiere paciencia, autocompasión y una disposición a explorar y experimentar. Abraza estos pilares como herramientas para guiarte en el camino y celebra cada paso que das hacia un mayor amor propio y autoaceptación.

En palabras de Brené Brown, "Porque la verdadera pertenencia solo ocurre cuando mostramos nuestro yo auténtico e imperfecto al mundo, nuestro sentido de pertenencia nunca puede ser mayor que nuestra autoaceptación". Al abrazar estas tácticas de empoderamiento y nutrir una autoimagen positiva, desbloqueas la libertad de ser tu auténtico yo y experimentar la profunda alegría y satisfacción que proviene de la verdadera autoaceptación.

RÍOS DE RENOVACIÓN: ENCONTRANDO FLUJO EN LA ESTAGNACIÓN

EL VIAJE NO HABLADO

En la vasta extensión de la experiencia humana, nuestra autopercepción es profundamente significativa, una compleja interacción de creencias, valores y narrativas que moldean nuestra comprensión de quiénes somos. Al igual que un prisma refractando luz, nuestra autoimagen es un caleidoscopio dinámico, evolucionando constantemente con cada experiencia.

En el centro de este viaje están los valores personales, principios fundamentales que guían nuestras elecciones y dan sentido a nuestras vidas. Estos valores, moldeados por nuestra crianza y experiencias, forman la base de nuestra autopercepción, anclando nuestra identidad en medio de los cambios de la vida. A medida que crecemos, nuestros valores evolucionan, adaptándose a nuevas ideas y experiencias, tejiendo un tapiz de nuestro verdadero ser.

Esta autoimagen es un tapiz de nuestros valores y narrativas personales, reflejando resiliencia ante los desafíos y ambición desde nuestras aspiraciones. Sin embargo, también puede incluir hilos de duda e inseguridad, influenciados por las expectativas sociales y los críticos internos. Enfrentar y reescribir estos hilos disonantes es esencial para abrazar el amor propio y la autenticidad.

Nuestra autoautoría está entrelazada con las relaciones y comunidades que nos rodean, las cuales brindan apoyo e inspiración. A través de estas conexiones, podemos refinar y celebrar continuamente el tapiz único de nuestra autoimagen, afirmando nuestro crecimiento y resiliencia con cada paso de nuestro viaje.

EL ESTADO DE FLUJO: ABRAZANDO RITMOS NATURALES

Emprendiendo el Viaje: Comprendiendo el Estado de Flujo

Para adentrarnos en el estado de flujo, primero debemos entender su esencia y significado. Definir términos clave nos ayudará a apreciar el poder transformador de alinearnos con nuestros ritmos innatos y superar la estagnación.

¿Por qué Importa Comprender Estos Términos?

Buscar mejorar la productividad y el cumplimiento es una meta universal. Sin embargo, las distracciones y la procrastinación a menudo obstaculizan nuestro potencial. Al entender el concepto de flujo y los principios relacionados, podemos cambiar paradigmas y navegar las idas y venidas de la vida de manera más efectiva.

Términos Clave Definidos

- **Estado de Flujo:** Un estado de acción sin esfuerzo y concentración intensa donde el tiempo parece detenerse, y las habilidades se alinean perfectamente con la tarea, conduciendo a un rendimiento óptimo y motivación intrínseca.
- **Ritmos Circadianos:** Relojes biológicos internos que regulan nuestros ciclos de sueño-vigilia de 24 horas y procesos fisiológicos, influyendo en la energía, la función cognitiva y el bienestar.
- **Ritmos Ultradianos:** Ciclos más cortos dentro del día que afectan la energía, el enfoque y la productividad, creando picos y valles naturales.
- **Cronobiología:** El estudio de los ritmos biológicos y sus efectos en nuestra vida diaria, incluyendo cómo se alinean con ciclos naturales más amplios.

Explorando los Matices

- **Estado de Flujo:** Descrito por primera vez por Mihaly Csikszentmihalyi, es un estado de inmersión profunda y concentración sin esfuerzo donde las distracciones desaparecen y las habilidades igualan los desafíos, llevando a la creatividad y la productividad.
- **Ritmos Circadianos:** Estos ciclos de 24 horas afectan nuestro sueño, niveles de energía y función cognitiva.

Alinear actividades con estos ritmos puede mejorar el rendimiento y el bienestar.

- **Ritmos Ultradianos:** Estos ciclos más cortos impactan nuestra atención y energía a lo largo del día. Reconocer estos patrones ayuda a planificar tareas para alinearse con altibajos naturales.
- **Cronobiología:** Este campo explora cómo nuestros ritmos biológicos interactúan con ciclos naturales externos, ofreciendo ideas para optimizar rutinas y mejorar el bienestar general.

Comprender estos conceptos nos guiará hacia lograr el estado de flujo y alinear nuestras vidas con nuestros ritmos naturales. En la próxima entrega, exploraremos estrategias prácticas para cultivar el flujo y armonizar las rutinas diarias con estos ritmos.

DEL DESIERTO AL DELTA: HISTORIAS DE TRANSFORMACIÓN

Estudio de Caso: El Viaje de Sarah de la Estagnación al Flujo

Preparando el Escenario

En una ciudad metropolitana bulliciosa, Sarah, una joven estratega de marketing, se sentía a la deriva y sin satisfacción. El mundo corporativo, que una vez prometía éxito, se había convertido en una experiencia monótona y desmoralizante.

Introduciendo a los Participantes

Sarah, una estratega talentosa con una pasión por la creatividad, había prosperado en su carrera. Sin embargo, las demandas implacables y las estructuras rígidas habían erosionado su sentido de propósito, llevándola a anhelar una satisfacción más profunda.

El Desafío: Estagnación vs. Transformación

El distanciamiento de Sarah de su trabajo creció a medida que las restricciones burocráticas sofocaban su creatividad. La perspectiva de continuar en este rol insatisfactorio le pesaba mucho. Una conversación con un colega sobre el "estado de flujo" despertó su interés por alinear su trabajo con sus ritmos naturales.

La Solución: Descubrir y Abrazar el Flujo

Sarah estudió la cronobiología, rastreando sus patrones de energía y productividad. Descubrió que sus momentos de mayor creatividad eran temprano en la mañana y al final de la tarde. Reorganizó su jornada laboral para coincidir estos tiempos con tareas estratégicas y reservó el mediodía para actividades menos exigentes. También practicó la atención plena, estableció metas claras y buscó retroalimentación, lo que la ayudó a alcanzar un estado de flujo donde su trabajo se volvió más fácil y satisfactorio.

Los Resultados: Una Transformación Notable

La productividad de Sarah se duplicó en seis meses. Sus ideas innovadoras ganaron reconocimiento y condujeron a nuevas oportunidades. Más allá de las métricas, su renovada pasión y propósito transformaron su experiencia laboral, haciéndola sentir integral y valorada.

Lecciones Aprendidas

La historia de Sarah resalta los beneficios de alinearse con los ritmos naturales y abrazar el flujo. Su éxito provino de desafiar las normas convencionales y enfocarse en la autoconciencia y la atención plena. Este enfoque la llevó a recuperar su creatividad y productividad.

Conectando con el Gran Viaje

La transformación de Sarah ilustra el viaje más amplio de abrazar el flujo y los ritmos naturales. Su experiencia muestra que encontrar satisfacción implica entender y alinear nuestros patrones únicos, en lugar de conformarse a expectativas rígidas.

Una Reflexión Final

La historia de Sarah nos invita a considerar cómo abrazar nuestros ritmos naturales y desafiar las normas convencionales podría transformar nuestras vidas personales y profesionales, llevando a una mayor satisfacción y efectividad.

EL PANTANO DE LA ESTAGNACIÓN: IDENTIFICANDO LA CIÉNEGA

Preparando el Escenario: Un Viaje por Territorios Inexplorados

La estagnación es una fuerza sutil pero omnipresente que puede atraparnos en la rutina y la insatisfacción, afectando nuestras carreras, relaciones y crecimiento personal. A menudo se disfraza de complacencia, llevando a un sentido de insatisfacción y disminución de aspiraciones.

Reconociendo las Señales

Las señales de estagnación incluyen un sentido persistente de aburrimiento, pasión reducida en el trabajo, relaciones tensas y una falta de motivación que afecta el bienestar físico y mental. Este malestar desafía nuestra resiliencia y contentamiento.

Causas y Consecuencias

La estagnación puede surgir del miedo al cambio, la falta de propósito o las demandas de la vida moderna, causando una desconexión de nuestras pasiones y llevando a una disminución de la autoestima y potenciales problemas de salud. Las consecuencias incluyen autoestima disminuida, relaciones tensas y un declive en la salud física.

Navegando la Ciénega: Emerger de las Profundidades

Para superar la estagnación, empieza por reconocer su control y comprometerte con el crecimiento personal. Cultiva la autoconciencia para alinear tu vida con metas significativas, practica resiliencia y adaptate a los desafíos. Este enfoque fomenta la renovación y el progreso.

Abrazando el Flujo: Una Trayectoria Renovada

Emerger de la estagnación abre el camino a un estado de flujo, donde nuestras acciones se alinean con nuestras verdaderas pasiones y capacidades, conduciendo a una creatividad y realización mejoradas. Crea condiciones que apoyen el flujo, como rutinas estructuradas y desafíos que te comprometan con tu potencial.

El Efecto Ondulante: Trascendiendo lo Personal

El cambio de la estagnación al flujo se extiende más allá del crecimiento personal. Inspira e influye en otros, fomentando la creatividad y el cambio positivo en comunidades e industrias. Aquellos que logran el flujo contribuyen significativamente al bien mayor e inician una transformación colectiva.

Una Llamada de Clarín: Abrazando la Odisea

Al embarcarnos en este viaje transformador, dejemos atrás la estagnación y persigamos vidas llenas de propósito y pasión. El camino puede ser desafiante, pero abrazar el flujo promete vitalidad y satisfacción renovadas. Navegando nuestros ritmos innatos y persiguiendo nuestras pasiones, contribuimos a un despertar colectivo y redefinimos nuestra existencia. El momento de comenzar esta odisea es ahora.

RITMOS Y RUTINAS: DISEÑANDO TU FLUJO

1. Estableciendo Tu Ritmo de Flujo

Para crear un estado de flujo sostenible, debes alinear tus ritmos diarios con tus patrones naturales de energía y ciclos creativos. El objetivo es estructurar tu tiempo de manera que te permita participar en trabajo enfocado y sin interrupciones durante tus horas de máxima productividad, mientras dedicas otras porciones del día a la recuperación, renovación y cuidado de tu bienestar integral.

2. Materiales Necesarios:

- Un diario o herramienta digital para rastrear tus niveles de energía y patrones de productividad - Un calendario o aplicación de programación para planificar tu día - Un ambiente propicio para concentrarse y trabajar sin interrupciones (por ejemplo, un espacio de trabajo dedicado o una habitación silenciosa)

3. Resumen:

- Observa tus ritmos naturales e identifica tus momentos de máxima productividad.
- Programa tus tareas más exigentes o creativas durante estos períodos.
- Establece límites y crea rutinas para minimizar distracciones.
- Incorpora períodos de renovación y recuperación en tu flujo diario.

- Itera y ajusta tus ritmos según sea necesario.

4. El Camino hacia el Flujo:

Paso 1: Observa Tus Ritmos Naturales

- Durante una o dos semanas, rastrea tus niveles de energía, estado de ánimo y productividad en diferentes momentos del día utilizando un diario o una aplicación. - Anota cuándo te sientes más alerta, concentrado y con energía, así como los períodos en los que tu energía disminuye o te sientes fatigado. - Identifica cualquier patrón o tendencia que surja, como un pico natural de energía por la mañana o una baja a media tarde.

Paso 2: Programa Tu Trabajo Creativo

- Basándote en tus observaciones, identifica la ventana de dos a tres horas en la que te sientes más productivo y energético. - Reserva este tiempo en tu calendario como "tiempo de flujo" dedicado para tus tareas más importantes o exigentes. - Trata este bloque como sagrado, evitando reuniones, distracciones o interrupciones innecesarias durante este período.

Paso 3: Minimiza las Distracciones

- Crea un ambiente propicio para la concentración y el trabajo sin interrupciones durante tu tiempo de flujo. - Apaga notificaciones, cierra aplicaciones y pestañas del navegador innecesarias y comunica tu indisponibilidad a otros. - Utiliza herramientas como bloqueadores de sitios web o la técnica Pomodoro para mantenerte enfocado y evitar la procrastinación.

Paso 4: Establece Rutinas de Apoyo

- Enmarca tu tiempo de flujo con rutinas que preparen tu mente y cuerpo para el trabajo enfocado. - Por ejemplo, comienza tu día con un ritual matutino que incluya ejercicio, meditación o escritura en un diario para cultivar una mente clara y enfocada. - Después de tu tiempo de flujo, participa en actividades que promuevan la recuperación y renovación, como una caminata al mediodía, estiramientos o una comida saludable.

Paso 5: Iterar y Ajustar

- Revisa regularmente tus ritmos y rutinas, haciendo ajustes según sea necesario basándote en tus niveles de energía, responsabilidades o cambios en tus ritmos naturales. - Experimenta con diferentes técnicas, como el bloqueo de tiempo, la agrupación de tareas o la incorporación de descansos, para optimizar tu flujo y productividad.

5. Consejos y Mejores Prácticas:

- Escucha a tu cuerpo y mente; ajusta tus ritmos según sea necesario para alinearte con tus ciclos naturales.
- Protege tu tiempo de flujo con firmeza, estableciendo límites y comunicando tu indisponibilidad a otros.
- Incorpora variedad y novedad en tus rutinas para evitar la monotonía y mantener el compromiso.
- Sé paciente y persistente; desarrollar ritmos de flujo sostenibles lleva tiempo y práctica.
- Celebra pequeños logros y reconoce tu progreso en el camino.

6. Evaluación del Éxito:

- Sabrás que has alcanzado un estado de flujo cuando te encuentres completamente inmerso en tu trabajo, perdiendo la noción del tiempo y experimentando una sensación de enfoque y productividad sin esfuerzo.
- Te sentirás energizado y comprometido durante tus períodos creativos, con una renovada sensación de propósito y logro.
- Tu bienestar general y el equilibrio entre vida laboral y personal mejorarán a medida que alineas tus ritmos diarios con tus patrones naturales de energía.

7. Posibles Dificultades y Soluciones:

- **Falta de disciplina:** Si tienes dificultades para proteger tu tiempo de flujo, considera usar herramientas de productividad o establecer límites estrictos con los demás.
- **Sobrecarga:** Si te sientes abrumado, reevalúa tus compromisos y prioriza tareas que se alineen con tus objetivos.
- **Agotamiento:** Si constantemente sobrepasas tus límites, incorpora más tiempo de recuperación y prioriza prácticas de autocuidado.

DE LA MENTE AL PANTANO: CULTIVANDO UNA MENTALIDAD PARA EL FLUJO

El Poder de las Palabras: Sembrando Semillas para una Mentalidad Floreciente

Entender términos clave es esencial para cultivar una mentalidad que promueva el flujo. Estos términos guían nuestro viaje, ayudándonos a construir enfoque, resiliencia y creatividad.

Teasers Intrigantes: Conceptos Clave

- **Mentalidad:** La base que desbloquea o limita nuestro potencial.
- **Mentalidad de Crecimiento:** Transforma desafíos en

oportunidades y contratiempos en experiencias de aprendizaje.

- **Mentalidad Fija:** Limita el potencial considerando las habilidades como estáticas y los desafíos como amenazas.
- **Determinación:** La determinación y perseverancia que nos ayudan a superar la adversidad.
- **Flujo:** Un estado de concentración sin esfuerzo donde las habilidades y tareas se alinean perfectamente, conduciendo a alta productividad y realización.

Desempaquetando las Semillas

- **Mentalidad:** Se refiere a nuestras creencias arraigadas sobre nuestras habilidades. Moldea nuestras reacciones ante desafíos y oportunidades.
- **Mentalidad de Crecimiento:** Cree en la capacidad de desarrollar habilidades a través del esfuerzo y el aprendizaje de los contratiempos. Abraza los desafíos como oportunidades de crecimiento.
- **Mentalidad Fija:** Ve las habilidades como estáticas, evitando los desafíos y temiendo el fracaso, lo que limita el crecimiento.
- **Determinación:** Representa la perseverancia y la pasión, ayudándonos a persistir a través de obstáculos y contratiempos.
- **Fluir:** Un estado de completa inmersión donde el tiempo parece detenerse y las acciones están alineadas sin esfuerzo con los objetivos.

Juntándolo Todo

Mientras cultivamos una mentalidad de flujo, nos centraremos en desarrollar una mentalidad de crecimiento, aprovechar la determinación y crear condiciones que fomenten el flujo. Este enfoque mejorará nuestra productividad, creatividad y realización personal. Las estrategias próximas transformarán estos conceptos en una mentalidad floreciente, guiándonos hacia nuestros objetivos con resiliencia y gracia.

EL OASIS DENTRO: ENCONTRANDO PAZ INTERIOR

En la implacable búsqueda de logros y éxito, a menudo pasamos por alto la vital importancia de la paz interior. Como un vagabundo del desierto buscando un oasis, una vida carente de tranquilidad nos deja sedientos, privados del sustento que alimenta la creatividad y la satisfacción. El camino para realizar todo tu potencial no se encuentra en el ruido de las búsquedas externas, sino en la quietud encontrada dentro, el oasis que repone tu espíritu.

1. Estableciendo el Objetivo: Cultivar un Santuario Interior

Al embarcarte en este viaje, aprenderás a crear un santuario de calma dentro de ti, un lugar donde puedas retirarte de las incesantes demandas del mundo y redescubrir el pozo de inspiración que yace bajo la superficie. Con una mente tranquila, navegarás las corrientes de la vida con mayor ecuanimidad, permitiendo que tu creatividad innata fluya sin impedimentos.

2. Requisitos Previos: Una Mente Abierta y un Compromiso con el Crecimiento

Para desbloquear el poder transformador de la paz interior, solo necesitas traer una mente abierta y una disposición para explorar nuevos horizontes. No se requiere equipo especial ni inversión monetaria; las herramientas que buscas ya están dentro de ti, esperando tu descubrimiento.

3. Una Visión General del Viaje

Nuestro camino comenzará examinando la naturaleza de la agitación interior y cómo se manifiesta en nuestras vidas. Luego profundizaremos en la práctica de la atención plena, aprendiendo a cultivar la presencia y la conciencia en cada momento. A partir de ahí, exploraremos diversas técnicas de meditación, equipándote con las herramientas para encontrar quietud en medio del caos. Finalmente, integraremos estas prácticas en tu vida diaria, asegurando que el oasis de paz que crees no sea un espejismo pasajero, sino un santuario duradero.

4. Los Pasos hacia la Paz Interior

Paso 1: Reconocer la Turbulencia Antes de que podamos navegar el camino hacia la paz interior, primero debemos reconocer la turbulencia que reside dentro de nosotros. Tómate un momento para reflexionar sobre los pensamientos y emociones que giran en tu mente, creando una sensación de inquietud y desasosiego. Observa el incesante parloteo mental, las ansiedades sobre el futuro, los remordimientos del pasado, todas las fuerzas que perturban tu equilibrio interior.

Paso 2: Abrazar La atención plena es la práctica de estar completamente presente en el momento actual, sin juicio ni distracción. Es el antídoto para la mente inquieta que tan a menudo nos atormenta. Comienza concentrándote en tu respiración, permitiendo que te ancle en el aquí y ahora. A medida que surjan pensamientos y distracciones, reconócelos sin apego, y dirige suavemente tu atención de nuevo al ritmo de tu respiración.

Paso 3: Explorar La meditación es el arte de cultivar la quietud y el silencio dentro de la mente. Hay innumerables técnicas por explorar, cada una ofreciendo un camino único hacia la paz interior. Podrías probar:

- **Meditación de la respiración:** Concentrándote únicamente en la sensación de tu respiración entrando y saliendo de tu cuerpo.
- **Escaneo corporal:** Llevando sistemáticamente la conciencia a cada parte de tu forma física, liberando la tensión a medida que avanzas.
- **Meditación con mantra:** Repitiendo silenciosamente una palabra o frase, permitiéndole convertirse en el enfoque de tu atención.

Experimenta con diferentes estilos y encuentra el que resuene más profundamente contigo.

Paso 4: Integrar la Paz en la Vida Diaria Mientras que las sesiones de meditación dedicadas son invaluables, la verdadera maestría reside en infundir tu rutina diaria con la esencia de la paz interior. A lo largo de tu día, detente periódicamente para verificar tu respiración y tu estado mental. Cuando te encuentres agitado o distraído, cambia conscientemente tu atención hacia adentro, reconectando con la quietud que has cultivado.

5. Consejos y Posibles Escollos

Consejos para Mantener la Paz Interior:

- **Sé paciente y persistente.** Cultivar la paz interior es un viaje, no un destino. Abraza el proceso sin apegarte a resultados específicos.
- **Rodéate de recordatorios.** Coloca objetos o imágenes que evoquen una sensación de calma en tu entorno para ayudarte a mantenerte centrado.
- **Busca orientación.** Considera unirte a un grupo de meditación o trabajar con un maestro para profundizar tu práctica.

Posibles Peligros:

- **Crítica, autocrítica juiciosa.** Sé amable contigo mismo cuando tu mente divague; es natural y parte del proceso.
- **Expectativas poco realistas.** La paz interior no es un estado de felicidad perpetua, sino una forma de navegar por los altibajos de la vida con mayor ecuanimidad.
- **Apego excesivo a técnicas específicas.** Mantente abierto y flexible, adaptando tu práctica según sea necesario.

6. Evaluando Tu Éxito

La verdadera medida de tu éxito no radica en la ausencia de todo desasosiego, sino en tu capacidad para responder a los desafíos de la vida con un sentido de conciencia centrada. A medida que progreses, podrías notar:

- Una mayor capacidad para la paciencia y la compasión, tanto hacia ti mismo como hacia los demás.
- Una mayor sensación de presencia y apreciación del momento presente.
- Una mayor habilidad para enfrentar desafíos y obstáculos con una mentalidad calmada y enfocada.

En última instancia, el oasis de paz interior que creas se convertirá en un santuario al que puedes volver continuamente, reponiendo tu espíritu y nutriendo tu creatividad.

7. Resolución de Problemas y Soluciones

Lucha con una "Mente Errante". Si encuentras que tu mente se desvía persistentemente durante la meditación, intenta anclar tu atención con una visualización guiada o un mantra. El acto de repetir una frase o imaginar una escena reconfortante puede ayudar a controlar la cháchara mental. Intranquilidad o Resistencia, en ocasiones puedes sentir resistencia o intranquilidad durante tu práctica. Cuando esto ocurra, recuérdate que estos sentimientos son naturales y transitorios. Reconoce suavemente el malestar sin juicio y regresa tu enfoque a tu respiración o técnica de meditación elegida.

La búsqueda de la paz interior no es un destino, sino un viaje de autodescubrimiento y crecimiento a lo largo de la vida. Abraza el oasis interior y permite que sus aguas revitalizantes nutran tu espíritu, desatando el potencial ilimitado que yace dormido bajo la superficie.

LAS CORRIENTES DE CONEXIÓN: COLABORANDO PARA LA RENOVACIÓN

La soledad y la conexión, aunque aparentemente paradójicas, están profundamente entrelazadas en la búsqueda de la renovación creativa. La soledad nos permite profundizar en nuestra individualidad, nutriendo ideas que pueden florecer en la quietud. Mientras tanto, la comunidad y la colaboración proporcionan el suelo fértil donde estas ideas pueden crecer y prosperar.

Históricamente, muchos logros significativos han surgido no de esfuerzos solitarios, sino de la sinergia colectiva de diversas mentes y espíritus. Así como hilos individuales se entrelazan para crear un tapiz complejo, la interacción de diferentes perspectivas y talentos puede elevar nuestros esfuerzos creativos más allá de lo que una persona sola podría lograr.

El Poder Catalizador de la Colaboración

Cuando nos abrimos a las corrientes de conexión, desbloqueamos una alquimia transformadora que puede reavivar proyectos estancados y carreras en decadencia. En el crisol de la colaboración, nuestras fuerzas y perspectivas únicas se entremezclan, desafiando suposiciones, provocando nuevas ideas e impulsando nuestra visión colectiva hacia adelante con un renovado sentido de vigor y propósito.

Así como la convergencia de afluentes da vida a ríos poderosos, la confluencia de mentes diversas puede dar lugar a un poderoso flujo de ideas, cada contribución añadiendo profundidad y riqueza a la corriente colectiva. A través del intercambio de perspectivas, nos exponemos a puntos de vista alternativos, expandiendo nuestros horizontes y estimulando el pensamiento innovador. El mismo acto de articular nuestras ideas a otros puede cristalizar nociones vagas en conceptos tangibles, mientras que las preguntas y críticas de nuestros colaboradores refinan y agudizan nuestras ideas, forjándolas en formas robustas y resilientes.

Además, la colaboración fomenta un sentido de propiedad compartida e inversión colectiva, alimentando nuestro compromiso y llevándonos a contribuir con nuestros mejores esfuerzos. La interacción sinérgica de nuestros talentos crea un todo que trasciende la suma de sus partes, encendiendo un impulso creativo que nos impulsa hacia adelante, respaldado por el apoyo mutuo y el aliento de nuestros compañeros de viaje.

El Poder de la Comunidad: Abrazando Corrientes Diversas

Al igual que la riqueza de un ecosistema reside en su biodiversidad, la verdadera potencia de la colaboración se encuentra en la diversidad de perspectivas y antecedentes que llevamos a la mesa. Cuando nos sumergimos en comunidades que celebran y abrazan un tapiz de experiencias, culturas y visiones del mundo, nos abrimos a un verdadero torrente de inspiración, cada corriente contribuyendo con su tono y sabor únicos al flujo colectivo.

Al interactuar con aquellos cuyas trayectorias de vida han seguido diferentes cursos, accedemos a nuevas formas de percibir e interpretar el mundo, ampliando los límites de nuestra comprensión. Sus historias, sus luchas y sus triunfos se convierten en espejos a través de los cuales podemos ver nuestras propias experiencias desde nuevos ángulos, arrojando luz sobre facetas ocultas y revelando nuevos caminos a seguir.

De esta manera, el mismo acto de forjar conexiones a través de divisiones, ya sean culturales, generacionales o ideológicas, se convierte en un catalizador para el crecimiento personal y la renovación creativa. Al navegar por las corrientes de diversas perspectivas, nos enfrentamos al desafío de trascender nuestras narrativas insulares y abrazar la complejidad y matices que se extienden más allá de los confines de nuestras propias experiencias. Este proceso de continua expansión y adaptación no solo enriquece nuestro rendimiento creativo, sino que también cultiva en nosotros una empatía más profunda y una apreciación por el tapiz de la experiencia humana.

Abrazar el Fluir y Refluir: Encontrar Renovación en los Ritmos de la Colaboración

Sin embargo, incluso cuando celebramos el poder transformador de la conexión, es crucial reconocer que la verdadera creatividad a menudo surge del fluir y refluir entre la soledad y la comunión. Al igual que la marea sube y baja, alternadamente exponiendo y sumergiendo la costa, nuestro ritmo creativo puede demandar períodos de inmersión en corrientes colectivas, seguidos de retiros en la quietud de nuestros santuarios interiores.

En estos momentos de reflexión solitaria, podemos integrar las ideas e inspiraciones recogidas de nuestras colaboraciones, permitiéndolas permear y fermentar dentro del rico suelo de nuestras mentes subconscientes. Es aquí, en el silencio fértil, donde nuestras perspectivas únicas echan raíces, mezclándose con las corrientes de conexión para dar a luz expresiones completamente originales, síntesis que solo podrían haber surgido de la alquimia de nuestras experiencias únicas y la resonancia colectiva de nuestro camino compartido.

Abrazando este ritmo cíclico, llegamos a entender que la renovación no es una progresión lineal, sino una danza entre lo individual y lo colectivo, entre las corrientes que miran hacia adentro y hacia afuera que moldean nuestra evolución creativa. Con cada oscilación, espiralamos cada vez más alto, nuestras voces enriquecidas por las armonías de la colaboración, nuestra visión colectiva elevada por el contrapunto de la introspección solitaria.

Navegando las Corrientes de la Renovación

Al final, el camino hacia la renovación creativa no es un viaje solitario, sino un viaje que emprendemos en comunión con espíritus afines, cada uno de nosotros contribuyendo con nuestros flujos únicos al flujo colectivo. Al entregarnos a estas corrientes de conexión, permitiéndonos ser llevados por el impulso de la colaboración y la flotabilidad de la comunidad, nos abrimos a un mundo de posibilidades infinitas, donde el estancamiento da paso a la regeneración perpetua, y la chispa de inspiración arde cada vez más intensamente, encendida por la convergencia de innumerables tributarios.

Así que abracemos las corrientes que giran a nuestro alrededor, sumergiéndonos en el rico tapiz de la experiencia humana y permitiendo que los diversos hilos de nuestras perspectivas se entrelacen, creando nuevos patrones vibrantes que iluminen el camino a seguir. Porque es en esta danza sagrada de soledad y conexión, de expresión individual y resonancia colectiva, donde encontramos la fuente de la verdadera renovación, una fuente que siempre renovará nuestros espíritus y nos impulsará hacia alturas cada vez mayores de creatividad y realización.

PUENTES SOBRE AGUAS TURBULENTAS: SUPERANDO OBSTÁCULOS AL FLUJO

El viaje hacia el flujo creativo, donde la inspiración y la productividad se fusionan sin problemas, no es un deslizamiento suave, sino un camino lleno de turbulencia y obstáculos. Al igual que un río traza su curso alrededor de los obstáculos, nuestro proceso creativo debe navegar desafíos, como la duda en uno mismo, la procrastinación y las presiones externas, para fomentar el crecimiento y la transformación.

Problema 1: Duda en Uno Mismo e Inseguridad

La duda en uno mismo e inseguridad pueden erosionar nuestra confianza y oscurecer nuestra visión creativa, llevando al estancamiento y al potencial no cumplido. Estos críticos internos magnifican nuestros defectos y minimizan nuestras fortalezas, atrapándonos en el miedo y la incertidumbre.

Solución: Abrazar la Vulnerabilidad y la Autenticidad

Para superar estas barreras, debemos abrazar la vulnerabilidad y la autenticidad. Al aceptar nuestros miedos y valorar nuestras perspectivas únicas, transformamos las dudas en oportunidades de crecimiento. Esta autoaceptación mejora nuestro flujo creativo e inspira a otros a hacer lo mismo, creando un efecto dominó de empoderamiento y resiliencia.

Problema 2: Resistencia y Procrastinación

La resistencia y la procrastinación pueden desviarnos de nuestros objetivos creativos, llevando a la inacción y el estancamiento. El atractivo de las distracciones y las zonas de confort hacen que comenzar proyectos parezca desalentador y lleva a un potencial no realizado.

Solución: Cultivar Disciplina y Consistencia

Para contrarrestar estos obstáculos, debemos cultivar la disciplina y la consistencia a través de "micro-compromisos", pequeñas acciones manejables que generan impulso. La responsabilidad externa, a través de comunidades creativas o colaboradores, también puede ayudar a mantener nuestro progreso y motivación.

Problema 3: Presiones Externas y Restricciones Sociales

Las presiones externas y las expectativas sociales pueden perjudicar nuestro flujo creativo, desviando nuestra energía y sofocando la innovación. Estas fuerzas pueden erosionar nuestra individualidad y silenciar nuestras voces auténticas.

Solución: Forjar Nuevos Canales y Construir Ecosistemas Creativos

Para superar estas restricciones, debemos desafiar supuestos, cuestionar normas y crear entornos de apoyo para la expresión auténtica. Estudiando a visionarios del pasado y formando comunidades de apoyo, podemos navegar estas presiones y reformar el panorama de la creatividad.

Conclusión

El camino hacia la renovación creativa implica navegar rápidos, remolinos y fuerzas obstructivas. Abrazar la vulnerabilidad, cultivar la disciplina y desafiar las presiones externas nos ayuda a forjar una corriente poderosa de expresión creativa. Al perseverar a través de estos desafíos, desbloqueamos nuestro potencial creativo y contribuimos a un futuro vibrante e innovador. Abraza el viaje, porque es a través de estas aguas turbulentas que descubrimos la verdadera profundidad de nuestra resiliencia creativa y los horizontes ilimitados de posibilidad.

CANALIZANDO EL PODER DEL RÍO: HERRAMIENTAS Y TÉCNICAS

Visión General: Esta sección ofrece una lista seleccionada de estrategias, aplicaciones, propuestas y marcos para ayudar a encender y mantener tu flujo creativo. Desde métodos probados para superar la procrastinación y los bloqueos mentales hasta herramientas de vanguardia que mejoran la productividad, estos recursos te guiarán a través del proceso creativo.

Herramientas y Técnicas:

- **La Técnica Pomodoro:** Este método de gestión del tiempo utiliza intervalos de trabajo de 25 minutos ("Pomodoros") seguidos de descansos de 5 minutos. Mejora el enfoque y previene el agotamiento al equilibrar períodos de trabajo intenso con descanso, fomentando un estado de flujo productivo.
- **Aplicaciones para Potenciar la Creatividad:** Utiliza aplicaciones como MindNode para mapas mentales, Scrivener para escritura y Brain.fm para paisajes sonoros personalizados. Estas herramientas ayudan a organizar ideas, agilizar flujos de trabajo y crear un entorno de trabajo óptimo.
- **Prácticas de Mindfulness:** Técnicas como la meditación, la respiración profunda y el yoga ayudan a manejar el estrés y mantener el enfoque. Estas prácticas crean espacio mental para la creatividad al conectarte con el momento presente.

- **Propuestas Creativas:** Interactúa con propuestas, ejercicios de escritura, imágenes o preguntas, que encienden la inspiración y estimulan el pensamiento creativo. El uso regular de propuestas puede transformar ideas simples en proyectos creativos complejos.
- **Bloqueo de Tiempo y Agrupación de Tareas:** Asigna bloques específicos de tiempo para trabajar de manera enfocada y agrupa tareas similares. Esto reduce las distracciones y mejora la eficiencia, permitiendo una inmersión más profunda en proyectos creativos.
- **Herramientas Colaborativas:** Plataformas como Google Drive y Notion permiten la co-creación y el intercambio de ideas en tiempo real. Colaborar con otros puede expandir tu perspectiva creativa y mejorar los resultados del proyecto.
- **El Camino del Artista:** El programa de Julia Cameron ofrece ejercicios y propuestas para superar bloqueos creativos y construir confianza en uno mismo. Te guía a través del autodescubrimiento y reaviva tu pasión por la expresión artística.
- **Marcos de Mentalidad de Crecimiento:** Basado en la investigación de Carol Dweck, una mentalidad de crecimiento ve los desafíos como oportunidades de aprendizaje. Este enfoque te ayuda a adaptarte y prosperar a través de los altibajos creativos.
- **Parejas de Responsabilidad:** Asóciate con otros para compartir metas y progreso. Las parejas de responsabilidad brindan apoyo, retroalimentación y

motivación, ayudándote a mantenerte comprometido con tus esfuerzos creativos.

- **El Poder de la Iteración:** Abraza un ciclo de creación, recepción de retroalimentación y refinamiento. La iteración te permite mejorar tu trabajo progresivamente, mejorando tus habilidades y la calidad de tu producción creativa.

Usando estas herramientas y técnicas, abraza el proceso creativo con dedicación y flexibilidad. Al igual que un río dando forma a su curso, tu maestría creativa evoluciona a través de la perseverancia, el crecimiento y la adaptación. Sumérgete en las corrientes creativas con confianza, sabiendo que cada esfuerzo moldea tu viaje artístico.

FLUIR COMO FORMA DE VIDA: INTEGRANDO LA RENOVACIÓN EN LA VIDA DIARIA

Para aprovechar verdaderamente el flujo creativo, debemos adoptar un enfoque holístico que integre la renovación en nuestra vida diaria. El flujo creativo no debe verse simplemente como una herramienta de productividad, sino como una forma profunda de ser que nos reconecta con las corrientes vitales de la existencia, infundiendo nuestras vidas de significado.

La renovación creativa sostenible comienza cambiando nuestra perspectiva. Somos parte de un ecosistema interconectado, donde los ritmos de la naturaleza y los ciclos de inspiración están profundamente entrelazados. Así como un río fluye con los contornos de la tierra, debemos navegar nuestras vidas creativas con presencia y adaptabilidad.

Esto significa abrazar la naturaleza cíclica de la creatividad, honrando tanto los períodos de latencia como los tiempos de abundancia. Las pausas entre explosiones creativas son cruciales para reponer nuestras reservas e integrar experiencias pasadas.

Caminar este camino implica un profundo autodescubrimiento y confrontar creencias limitantes que obstruyen nuestra expresión creativa. Al hacerlo, no solo mejoramos nuestras capacidades artísticas e innovadoras, sino que también transformamos la forma en que experimentamos la vida.

Cuando vemos el flujo como una forma de ser, lo mundano se vuelve extraordinario. Las actividades rutinarias se transforman en oportunidades para la exploración creativa, y el mundo se convierte en una fuente infinita de inspiración.

Abraza este enfoque para desbloquear todo el potencial de tu creatividad y elevar tu experiencia de vida. Fluye con dedicación, celebrando cada momento como una manifestación de la inspiración infinita dentro de nosotros.